# 价 值

张磊 著

浙江教育出版社·杭州

在长期主义之路上,

与伟大格局观者同行,

做时间的朋友。

自　序

# 这是一条长期主义之路

在纷繁复杂的世界中，变化可能是唯一永恒的主题。我时常思考：究竟怎样才能在这样的世界中保持心灵的宁静？作为一名投资人，究竟怎样才能找到穿越周期和迷雾的指南针？作为一名创业者，究竟怎样才能持续不断地创造价值？

当这些问题交织在一起时，有一个非常清晰的答案闪耀在那里，那就是"长期主义"——把时间和信念投入能够长期产生价值的事情中，尽力学习最有效率的思维方式和行为标准，遵循第一性原理，永远探求真理。

价　值

在多年投资实践中，我逐渐理解，长期主义的胜利，不仅关乎投资的结果，更关键的是在投资的旅途中发现创造价值的门径，与一群志同道合的人，与拥有伟大格局观的创业者，勠力同心，披荆斩棘，为社会、为他人创造最有益的价值。更让人欣喜的是，这条长期主义之路，因为志同道合，因为创造价值，而变得妙趣横生。

这是一条越走越不孤独的道路。

长期主义不仅仅是投资人应该遵循的内心法则，而且可以成为重新看待这个世界的绝佳视角。因为，于个人而言，长期主义是一种清醒，帮助人们建立理性的认知框架，不受短期诱惑和繁杂噪声的影响。于企业和企业家而言，长期主义是一种格局，帮助企业拒绝狭隘的零和游戏，在不断创新、不断创造价值的历程中，重塑企业的动态护城河。企业家精神在时间维度上的沉淀，不是大浪淘沙的沉锚，而是随风起航的扬帆。于社会而言，长期主义是一种热忱，意味着无数力量汇聚到支撑人类长期发展的基础领域，关注教育、科学和人文，形成一个生生不息、持续发展的正向循环。无论是个人、企业还是社会，只要在长期的维度上，把事情看清楚、想透彻，把价值创造出来，就能走在一条康庄大道上。

这是一条越走越行稳致远的道路。

其实，人生的每一次选择都是一次重要的价值判断，而每一次判断都来源于人们的底层信念。在社会、经济、科技、人文迅速发展变化的当下，对机会主义和风口主义尤要警惕。长期主义不仅仅是一种方法论，更是一种价值观。流水不争先，争的是滔滔不绝。从事任何工作和事业，只要着眼于长远，躬耕于价值，就一定能够经受时间的考验，找到迎接挑战的端绪。

这是一条越走越坦然宁静的道路。

在坚持长期主义的历程中，无数难忘的经历构成了我的人生体认。书中介绍了我的个人历程、我所坚持的投资理念和方法，以及我对价值投资者自我修养的思考。只要保持理性的好奇、诚实与独立，坚持做正和游戏，选择让你有幸福感的投资方式，就能够从更长期、更可持续的视角理解投资的意义。

**真正的投资，有且只有一条标准，那就是是否在创造真正的价值，这个价值是否有益于社会的整体繁荣。** 坚持了这个标准，时间和社会一定会给予奖励，而且往往是持续、巨大的奖励。

书中也谈到我对具有伟大格局观的创业者、创业组织以及对人才、教育、科学观的理解，这些恰恰是投资工作中最难得的际遇。今天的价值投资，在科技创新、商业进化的历程中，不仅可以扮演催生创新发展动能的孵化器，也可以消弭传统经济与科技创新之间的数字鸿沟。这也是资本服务于实体经济、参与资源最优化配置的最好方式。

价　值

为此，我需要感谢所有的师长。得益于良好的教育，我可以永远走在探索真理的路上，这也是投资的最大乐趣。我也无法忘记在历次关键时刻始终信任我们的出资人、投资人，他们专业审慎的态度和坚持长期主义的眼光始终令我敬仰。我尤其需要感谢与我们拥有同样价值观、矢志不渝地创造价值的创业者、企业家和科学家，与他们共同创造价值，是人生最快意的事情。

在这本书即将出版的时候，新型冠状病毒肺炎疫情肆虐全球，影响着无数家庭、社区和各行各业，世界经济的不确定性使得人们难以判断未来。困难是一面镜子，最好的反省往往都来源于此。**每次危机出现，都为我们提供了一次难得的压力测试和投资复盘的机会，而最终是价值观决定了你将如何应对和自处。**在这样的特殊时期里，我们依然坚守长期主义，就是因为我们既看到了当下，关注企业短期的利润、现金流，努力做足准备以摆脱短期的困境，挺过"眼前的苟且"，又相信未来，对于创造价值的事情从不怀疑，坚持追求长期结构性投资机会，找到价值的"诗和远方"。

最后，我想和大家分享的是，每个人都可以成为自己的价值投资人，时间、精力、追求和信念，这无数种选择，都是对自己人生的投资。价值创造无关高下，康庄大道尽是通途。以赤子之心，不被嘈杂浇铸；出走半生，归来仍是少年。希望在坚持长期主义的旅途中，与你们同行，做时间的朋友。

目　录

自　　序　　这是一条长期主义之路 _I

# 第一部分　　寻找价值的历程 _001

## 第 1 章　　价值的底色 _003

我的知识大树 _006

人生第一次"操盘" _012

从五矿到五湖四海 _018

## 第 2 章　　价值投资启蒙 _025

现代历史交集之地纽黑文 _028

偏执带来的不断碰壁 _031

初识大卫·史文森 _036

走近耶鲁捐赠基金 _041

## 第 3 章　价值投资初试炼 - 051

孕育和新生 - 054
"老友记"开张 - 060
"中国号快车",请立即上车 - 064
大行情中的"特立独行" - 070
基因决定了非如此不可 - 078

## 第二部分　价值投资的哲学与修养 - 085

### 第 4 章　价值投资方法与哲学 - 087

从持续 20 年的零售业研究谈起 - 091
研究驱动 - 101
理解时间的价值 - 113
世界上只有一条护城河 - 120
投资的生态模型 - 130
从发现价值到创造价值 - 140
坚守三个投资哲学 - 148

### 第 5 章　价值投资者的自我修养 - 159

坚持第一性原理 - 163
强调理性的好奇、诚实与独立 - 168
拒绝投机 - 174

# 目录

警惕机械的价值投资 - 177
避开价值投资中的陷阱 - 182
价值投资无关对错,只是选择 - 189
交给我管的钱,就一定把它守护好 - 192

▶ 高瓴公式 - 197

## 第三部分　价值投资的创新框架 - 213

### 第 6 章　与伟大格局观者同行 - 215

拥有长期主义理念 - 219
拥有对行业的深刻洞察力 - 227
拥有专注的执行力 - 233
拥有超强的同理心 - 237
选择与谁同行,比要去的远方更重要 - 243

### 第 7 章　持续创造价值的卓越组织 - 251

实践价值管理:做一名超级 CEO - 255
打造文化:追求内心的宁静 - 259
"绽放"人才:和靠谱的人做有意思的事 - 264
激活组织:创建好的小生态系统 - 268

价 值

## 第 8 章　产业变革中的价值投资 - 275
哑铃理论：让科技成为和谐再造的力量 - 279
突破生命科学：研发与创新 - 285
拥抱消费转型：升级与细分 - 299
闯入智能时代：产业互联网 - 307
价值创造赋能路线图 - 317

## 第 9 章　价值投资的实践探索 - 327
创造新起点：实体经济巨头的价值重估 - 330
激发新动能：重仓中国制造 - 342
开拓新世界：think big, think long - 347

## 第 10 章　永远追求丰富而有益的人生 - 357
长期主义的人才观 - 362
成长型的人才培养机制 - 366
教育和人才是永不退出的投资 - 373

## 后　　记　**做时间的朋友** - 381

# 目 录

**附　录　我的演讲和文章** _ 387

将绽放进行到底 _ 388

选择做时间的朋友 _ 392

有一条解决当今很多现实问题的根本途径 _ 397

用"科技+"做正和游戏 _ 402

数字化转型时要让企业家坐在主驾驶位上 _ 410

人工智能是对话未来的语言 _ 414

这是一门需要用一生去研习的必修课 _ 417

论一个投资人的自我修养 _ 420

以价值投资理念优化市场资源配置 _ 443

"科技创新2.0"助力构建经济新格局 _ 454

大学筹资核心在于广泛性和永续性 _ 458

致敬雪山之魂 _ 461

"守正用奇",论耶鲁捐赠基金的投资哲学 _ 464

心灵宁静,"延迟满足" _ 469

叙事:理解过去与未来 _ 472

## 你是不是长期主义者?

扫码鉴别正版图书
获取您的专属福利

扫码获取全部测试题
及答案,
看一看你是否是
长期主义者

- 只要理性地分析数据、信任数据,就能做出最正确的投资决策。这种说法对吗?
  A. 对
  B. 错

- 下面哪种体育运动和投资有更多的相似之处?
  A. 拳击
  B. 滑雪
  C. 长跑

- 无论是投资还是创业,想要创造价值、获得成功,以下哪件事是最重要的?
  A. 找到最有天赋的人才
  B. 找到最有发展潜力的行业领域
  C. 让人与事相匹配,让合适的人在合适的事业上

扫描左侧二维码查看本书更多测试题

# BE A FRIEND OF TIME

第一部分

—

# 寻找价值的历程

# 第 1 章

## 价值的底色

―――
一个人的
知识、能力和价值观，
才是深藏于内心
并真正属于
自己的"三把火"。

## 第 1 章　价值的底色

　　每年冬季,我最热爱的运动就是滑雪。在前往雪场的车上,我会迫不及待地换上装备,到了雪场之后就立刻扛着雪板开始我的滑雪之旅。滑雪于我而言是极佳的放松运动,帮助我从忙碌、复杂的工作中超脱出来,求得一种"入定"的感觉。当我凭借地势和角度,在重心变换间快速滑行时,便可对朔风天籁、最好的雪景尽赏无余。

　　从事投资工作多年以后,我逐渐意识到滑雪和投资竟有许多相似之处,都需要时刻把握平衡,既要盯着脚下,又要看到远方,在一张一弛间把握节奏,并凭借某种趋势求得加速度,而最关键的是都要保持内心的从容。

　　我在与孩子们一起玩耍时爱上了这项运动,孩子们的身姿比我的灵活飘逸得多。我带着孩子们滑雪,就是希望他们能够在很小的时候就学会经受寒冷、控制平衡、历练心志。每个人都会受到自己儿时的影响,我也不例外,儿时的热爱、难得的际遇、坚定的选择,塑造了现在的我。

价 值

# 我的知识大树

从事投资多年以后,我深刻意识到,投资所需要的知识是无止境的。**构建属于自己的知识体系和思维框架,是塑造投资能力的起点,而这与我的儿时际遇不无关系。**

## 独立思考的种子

1972 年,我出生在河南省驻马店市的一个双职工家庭。作为双职工家庭的孩子,有个最大的"好处"就是没有人管,可以趁父母上班时偷跑出去。我经常和一群小伙伴集体出游、四处玩耍。那时我不爱上学,满脑子都是对"仗剑走天涯"的憧憬,想做一名游侠纵横江湖。记得当时看完一部很火的电影《少林寺》,我还真的"投奔"嵩山,想学盖世神功。小学时我的成绩很差(唯独体育还好),整天和一群小伙伴踢球、打球、在河里游泳,差点没考上初中。说"差点",是因为那时候小学考初中的最低录取分是 140 分,而我考了 141 分,刚好就多了 1 分。进入初中以后,当时的班主任游仙菊老师还时常鼓励我,让我把分散的精力集中起来,好好用于功课。

虽然不喜欢学校里的功课,但我从小就喜欢读各种各样的书。那时我觉得,别人能告诉我的,书里可能都有;但书里有的，别人未必知道。我从书中看到的世界，要比四处闲逛看到的大得多。当时家里有一位亲戚在市图书馆工作，父母就经常把我"扔"到这位亲戚那里，亲戚怕我乱跑，就把我"锁"在图书馆里。我虽然天生好动，却能够安静下来，一个人在图书馆里看一整天的书。当时，我对读书特别痴迷，读了很多不同种类的书：武侠小说、散文诗歌、人物传记……包括很多东欧国家和苏联作者的书。我印象最深的一本书是苏联作家米哈依尔·肖洛霍夫（Mikhail Sholokhov）创作的长篇小说《静静的顿河》，里面有一句话对我影响很大："人们正在那里决定着自己的和别人的命运，我却在这儿牧马。怎么能这样呢？应该逃走，不然我就会越陷越深，不能自拔。"现在回想，这些书不仅仅让我对知识的涉猎更加丰富，也给了我人生智慧的启迪。

当几乎读完所有我感兴趣的"文艺"书后，有一些学术书籍引起了我的注意：一方面，这些逻辑性极强的书提供了严谨的问题分析框架；另一方面，这些分析的背后还有许多关于人类正义感和社会道德判断的内容，令人深思。伴随着阅读的深入，我不断意识到，原来深入思考、逻辑推理和缜密决策是这样有趣的事情。可能正是从那时起，我突然在功课上认真起来，开始努力提高文化课成绩，渴望能考上最好的大学，去更大的城市，接受最好的教育。那时我读高中二年级，幸亏觉醒得还不晚。

中国的 20 世纪 80 年代是一个读书和启蒙的年代，激情、浪漫和理想主义是那个年代特有的标签，而我尤为幸运：从小

价 值

阅读的大量书籍无疑成为我最好的伙伴，通览闲书"走南闯北"，领略山川自然、历史长河和人文掌故；研读经典"醍醐灌顶"，在潜移默化中养成逻辑分析的习惯。南宋著名诗人、藏书家尤袤说："饥读之以当肉，寒读之以当裘，孤寂而读之以当友朋，幽忧而读之以当金石琴瑟也。"查理·芒格（Charlie Munger）也曾说："学习让你每天晚上睡觉的时候都比那天早上醒来时聪明一点点。"尽管当时读书只在我的脑海中埋下了独立思考的懵懂种子，但后来在东西方接受的教育，以及东西方文化的融合，让我能够以更加开放的心态，从外在的原理和内在的感悟出发重新提炼这些经典的智慧。时至今日，我依然享受阅读的乐趣，家里的书架上全是好书，对一些重要读本反复阅读，仍能常读常新。

记得在上学时，我受文化课上天天背诵的"三个有利于"启发，总结出自己的"三把火"理论，即凡是能被火烧掉的东西都不重要，比如金钱、房子或者其他物质财富，而无法烧掉的东西才重要，总结起来有三样，那就是**一个人的知识、能力和价值观，这也是深藏于内心并真正属于自己的"三把火"**。在我看来，求知、思考和实践最能让人保持一颗"少年心"。如果把人类掌握的所有科学知识、技术、经验和想象力比喻成一棵知识大树，每当不同领域的学者、不同行业的实践者有重要著作出版，就好比这棵大树生出新的枝丫，而我有幸能在小的时候就在这棵大树旁采撷一二，现在依然守候着这棵大树，通过海量的跨学科阅读，掌握各个学科最重要的智慧，构建属于自己的思维体系。我深刻意识到，要做出正确的决策，价值投资所需要的知识是无止境的。**在快速变化的市场中寻得洞见，不仅需要掌握金融理论和商业规律，还要全面回顾历史的曲折演进，通晓时事的来龙去脉，更要洞悉人们的内心诉求。**我所坚持的和小时候热爱的并没有改变，全出于内心的好奇和对真理的渴望。

## "小小独角兽"

我不仅喜欢看书，还做过跟书有关的生意，严格来讲这算是我的第一次创业。

驻马店位于河南省中南部，有山有湖有寺，古往今来出过不少名人，我的中学校友、师兄施一公，是现在名气最大的驻马店人之一。他担任过清华大学副校长，现在担任由社会力量举办、国家重点支持，聚焦基础研究和前沿技术原始创新的新型高等学校——西湖大学的首任校长。他说："驻马店之于河南，就像河南之于中国，亦像中国之于世界。从地理、从经济、从科技、从文化看都是这样，我们一直在奋力追赶。"这座中原小城与火车站也有很大的关系，中国有句老话叫"靠路吃饭"，驻马店曾是外出务工人口大市，京广线上的火车每到驻马店站，停的时间常常比较长。这座城市的发展曲线、许多驻马店人的生活轨迹，可能正是靠铁路来改变的。百年前的驿路不再，如今铁路已成寻常交通方式，运送

价 值

着物资、上大学的学生和无数外出打工者,成为某种资源分配的方式,也成为人们谋生和改变命运的轨道。勤劳的品质、通过教育改变命运的努力以及走出去闯一闯的勇气,是这座火车站给我的启蒙。

我家住在火车站旁,常能看到人们背着行囊搭乘火车的场景。别人可能会从中看到远方的诗意,那时的我却看到了眼前的生意。当时最主要的交通工具——绿皮火车常常晚点,总是超载,等车的老乡们在候车室或者广场上不是打盹,就是发呆。所谓商机就是解决痛点,对于候车的乘客们来说,消解无聊、制造快乐的东西就是最好的产品。于是"创业"开始了:我发动同学们从家里拿来各式各样的小人书,有单行本,还有连环画,到后来还有各种杂志,在火车站"摆地摊",搞"流动借书站",供老乡们有偿借阅。我们甚至还做起了"捆绑销售""套餐服务"——租5本书就送水、送零食。起初只有我一个人在火车站经营,后来高三暑假时,我还把租书、卖书的生意发展到了火车上,拉起了一个五六人的小团队,在京广线上"流动服务"。其实拓展"卖书场景"的另一个目的是借此机会四处游玩。那个时候,租小人书算是比较流行的,孩子们喜欢看,大人们也爱看。用现在互联网圈的话说,也算是"共享经济"。小人书、连环画是那个年代最有意思的文化产品,火车站候车场景提供了巨大的流量入口和充足的用户时间,用户有强烈的触发机制,而且那时还没有手机和各种电子产品可以用来打发时间，所以形成了租小人书、连环画的刚需。现在想想，要是当时有风险投资，没准儿这个小生意还能拉到融资，成为"独角兽"。这当然是笑谈。

每个人都会受到幼时经历的影响，我也不例外。我在这座城市读书上学、踢球游泳、摆书摊，接受中国传统文化的熏陶和传承，很多人生阅历、社会感触、未来憧憬都是这座城市带给我的。记得上高中时，我担任班长，班主任孟发志老师告诉我，要想当好班长，就一定要学会换位思考，设身处地地理解他人的感受。上大学前，为了体验生活，我还跑到一个建筑工地干过一个月的砖瓦工。砌砖时，有人在一楼扔砖，我在二楼徒手接砖，练就了一手"硬本领"。干完活最大的体会就是，劳动是幸福的，因为干完活吃什么食物都很香。这些儿时的想法在今天仍然没有改变，我始终希望去感同身受地了解他人的生活、处境，理解不一样的人生际遇，认识这个丰富而变化着的世界。在今天的投资实践中，我仍然受惠于这些难得的成长经历，因为**价值投资不是数学或推理，不能纸上谈兵，必须像社会学的田野调查一样，理解真实的生产生活场景，才能真正掌握什么样的产品是消费者所需要的、什么样的服务真正有意义。**

价 值

# 人生第一次"操盘"

第一次接触投资是在大学,当时我在中国人民大学(简称"人大")财政金融系(现在是财政金融学院)读国际金融专业。那时金融专业远不像现在这样家喻户晓,我在报考时完全搞不清楚在国际金融专业究竟能够学到什么,只听说这个专业录取分数高,还有外教教授外语。于是和大多数高考生一样,哪个专业分数高我就报了哪个。

当时,人大财政金融系有三个专业,除了国际金融专业以外,还有财政专业和金融专业。当时的系党总支书记关伟老师戏称,这三个专业的学生各有特色:国际金融专业的学生天马行空,独来独往;财政专业的学生稳健谨慎,一板一眼;金融专业的学生则介于二者之间。

## 习得一手调研的方法

20世纪90年代的人大依然充满人文气息,关注社会发展和时代进步,特别是在经济、法学、哲学等领域颇有建树,培养了一大批秉承"经世致用"学术风格的经济学、法学和哲学学者。那时,中国正处于快速变化、新旧交替的非凡时期。六七十年代渐渐远去,八九十年代滚滚而来,中国从改革开放初期广泛地引

## 第 1 章 价值的底色

进西方思想，逐渐转为有系统地思考社会发展。人大的老师和学生则更多地立足于中国实际，在参考国际经验的基础上，纷纷研究同时期中国社会迫切需要解决的重大问题。经世济国的治学理想和日新月异的社会变化，让我每天都有一种时不我待的兴奋感，我庆幸青年时代在这样的大学和这样的年代里度过。

正是源于实事求是的治学风气，我在大学时一直热衷于参加各种实践活动，希望参与调查研究，把学习到的理论知识与时下的社会脉搏紧密结合，提出解决实际问题的可行方案。我参加的第一个实践活动是为当时的北京牡丹电视机厂做市场调研。

北京牡丹电视机厂成立于 1973 年，最早生产 9 英寸（约 22.86 厘米）尺寸的黑白电视。20 世纪 80 年代初，日本松下电器创始人松下幸之助老先生还来到厂里参观访问，促使牡丹电视机厂引进了松下的彩电生产线。在凭票供应的时代，牡丹牌电视机占据了惊人的 50% 以上的市场份额，"牡丹虽好，还要爱人喜欢"这句广告语深入人心。当时有一个非常有意思的小故事。1984 年 8 月 25 日，《北京日报》报道：一台牡丹牌电视机沉入长江一个月之久，打捞上来像个"泥蛋"，维修人员对电视机进行了检修，仅换了一下扬声器的纸盆和音圈，电视机依然图像清晰，收视效果与出厂产品相差无几。在那时，牡丹牌电视机一度是北京电子工业的象征，拥有一台牡丹牌彩电是众多普通家庭的梦想，就好比史蒂夫·乔布斯（Steve Jobs）时代的苹果产品，被排队抢购，红极一时。然而，20 世纪 90 年代以后，随着市场

价　值

竞争的加剧，牡丹牌电视机的市场份额不断缩小，企业面临发展转型的严峻挑战。

这次市场调研就在这样的背景下展开了。与其他研究小组高举高打的"理论研究"和大城市调研不同，我们研究小组的"几个臭皮匠"选择了更易于开展调研的农村、乡镇和三四线城市。事后回想，这不仅仅是独辟蹊径，更是经过深思熟虑的选择，因为只有选对了目标市场才能总结出符合实际的商业规律。当时我们还没有掌握特别系统的调研方法，一切边学边干，包括制订调研计划、拆解工作目标、制作问卷、做访谈等，然后小组成员分头行动。我的任务就是回到老家，到社区、集镇和乡村收集、了解普通市民和农民的购买决策信息。用现在的话说，就是进行消费者购买决策过程研究，包括购买渠道、价格敏感度、品牌知名度和美誉度、产品喜好、售后服务满意度等内容，分析影响消费者购买决策的主要因素。我们戏称，当时在农村做市场调研，就要学习当年毛主席在湖南做农民运动考察的方式，深入农村和农民群众，才能了解真实的中国。最后，凭借"有特色"的深入研究，这份实践报告获得了特等奖，奖品是当时市场上最大屏幕尺寸的牡丹牌彩电，老百姓结婚的"三大件"之一。

在大学里开展实践调研现已成为大学生的"必修课"，但对于当时的大学生来说，围绕这样的现实课题来做一场扎实的调研，委实深受启发。商业中的洞见不仅来源于前人的总结，更有效的是一手调研，通过对原始数据的挖掘积累，发现一手的市场规律。现在看来，可能正是这次得了大奖的市场调研，才为我们此后从事价值投资依旧重视一手调研的方法论奠定了基础。

## 模拟炒股，理解基本面

我真正开始接触资本市场是在1992年，那时我读大二。当同学们还在围绕资本市场的理论进行探讨时，在南方的人们已经明显展现出了对"炒股"的狂热。1992年盛夏，当时天气是否炎热我已经不记得了，但人们的热情确实被激发了出来，人们揣着四处借来的身份证涌入深圳福田，抢购新股认购抽签表。凭借这种表，人们可以获得不菲的上市溢价，这种轻松的赚钱方法刺激着那个年代许多人的神经。抽签表8月9日正式发售，7日晚上人们就开始排队。在人挤人的广场上，每个人都做着相同的发财梦，但发财以后的梦却各有各的不同。这场震惊中国的"8·10"事件[①]使得"股票""股市"这些概念自此真正进入中国人的视野。但事实上，人们离真正理解它还差得很远。

中国的资本市场在20世纪80年代末才真正产生，随着上海证券交易所、深圳证券交易所相继在1990年底和1991年7月

---

① 由于售卖中的舞弊行为和截留私买现象，成千上万没有购买到抽签表的投资者既悲且愤，甚至酿成暴力事件。此次事件让政府管理者第一次真切又深刻地意识到"股票"带来的风险，也直接促成了中国证券市场的最高监管机构——证监会的成立。从此，全国统一的证券市场体系开始构建，政府逐渐成为证券市场发展的主导力量。——编者注

价　值

成立，全国各地涌现了五花八门的炒股热潮。当时流行一句话："专家不如炒家，炒家不如坐在家。"专家还会看一看市盈率等指标，不会盲目追涨，但一些专门的"炒家"就管不了那么多，他们精于投机冒险，把股价推高后出手。更有意思的是一些深圳渔民，他们不看盘、不研究股票，股票压在箱子里不去问，也不去"炒"，最后一看股价还挺高，结果就卖在了最高点。

这也许是坊间流传的笑谈，但对于什么是股票、什么是投资，可能那时谁也说不清楚。即使有人说了，也未必按说的那样做。这是20世纪90年代初，"改革开放""市场经济""资本市场"，这些现在再熟悉不过的词，在当时还都只处于探索和初试阶段。

那个时候，人大校园里有很多同学对股票产生了浓厚的兴趣，各个院系的同学纷纷加入"证券协会"社团，研究证券市场，翻译证券书籍。然而，"证券协会"社团里唯独没有学金融的同学。财政金融系的老师知道后，觉得证券市场的研究最应该让学金融的同学来参与。于是，在老师的建议下，我和几位同学就开始筹划开展证券研究的课题和活动，当时没有计划组织新的社团，而是觉得应该在实践中理解证券市场。那时，人大还没有专门开设关于证券市场的课程，很多刚刚接触股市的同学迷恋犬牙交错的K线图，但很少有同学研究股票的基本面。当时我们就在想，脱离公司基本面研究的炒股毫无规律可言，不就是一场赌博？股市的短期波动能真正反映企业的内在价值，还是只反映盲目的炒作心理？

## 第 1 章　价值的底色

正是基于这些想法，我和系里的同学一起在人大校园内组织了一场股市模拟大赛。组织这个股市模拟大赛的出发点是引导同学们关注股票的基本面，探究公司业绩和股票涨跌的关系。比赛中，主办方向选手提供企业运营的基本情况，包括财务数据、管理策略、管理层变动以及外部市场环境变化等信息，其中许多都是当时的真实信息。选手基于这些信息进行分析判断，预测股价涨跌，从而做出买入或卖出股票的决策。当时这个赚了能被封为"股神"、输了不亏钱的股市模拟大赛一时成为学校的风云话题，同学们像职业投资人一样整天讨论，甚至争论得面红耳赤。

更有意思的是，这个校园比赛吸引了中央电视台节目制作人的注意。我们作为青年学生代表被邀请上了中央电视台，演员李玲玉作为节目主持人，与我们一起策划股市模拟大赛。我们在电视上讲了一回大学生眼中的证券知识，全是基于基本面的证券分析，这也算给全国观众上了一堂价值投资的普及课。

这个电视节目对大众投资者的教育效果无从得知，但对我自己的教育意义却十分深远，埋下了我对投资的基础理解，那就是回归投资的本质，把许多简单的概念还原到它本来的含义，始终抱有一种朴素的追求真理的精神，坚持常识。

在人大接受的教育，不仅仅带给我专业理论知识和实践锻炼，更让我意识到，**人生中很重要的一件事是，找一帮你喜欢的、真正靠谱的人，一起做有意思的事。**当年一起"煮酒论英

价 值

雄"的同学,成为我后来工作和生活的良师益友。

那个时候,理想主义和启蒙精神构筑了年轻人的内心世界,而人大最有特色的正是人文精神和人文关怀。在紧张的学习、实践活动之余,作为人大第一届试点的学生班主任(1993级国际金融专业的学生班主任)和学生会主席,我投入许多时间和同学们一起组织各种各样的学术比赛、文体活动,为低年级的同学们"传经送宝",自己也乐在其中。直到今天,人大仍保留有"薪火相传"的传统,师兄师姐和师弟师妹之间坦诚沟通,互相学习。老师曾告诫我们,人大的毕业生将来不仅仅要做一个高级白领,而且要做一个有格局、有愿景、有激情、有家国情怀的人。这些大学时期形成的世界观和人生观,在后来的生活中不断丰富,让我始终能够以实事求是的诚实姿态,投入自己所热爱的事业之中。

## 从五矿到五湖四海

我天生是一个乐观主义者,这决定了我看待世界的方式、观察他人的角度。踌躇慨既往,满志盼将来。人生所有的际遇和挑战,可能都会帮助人们走向大江大海。

正像许多同学毕业求职一样,大学毕业后我也面临着如何选择第一份工作的问题。当时,国内金融市场还不发达,证券公司、投资公司寥寥无几。国际金融专业的同学们毕业去银行工作是一条康庄大道。然而,当时的我却另辟蹊径,没有选择金融机构,而是选择了中国五矿集团,投身实体经济。我希望能够从实体企业的视角感受中国经济的内在逻辑和巨大潜力。恰恰是在五矿集团的工作,让我获益匪浅。

## 深入矿区,了解真实的社会

五矿集团的前身是中国矿产公司和中国五金电工进口公司,成立于1950年,此后逐渐发展壮大,在金属、矿产品的开发、生产、贸易和综合服务以及金融、房地产、物流等领域均有涉猎。在当时,五矿集团广泛经营矿产金属的外贸进出口业务,并有多家二级子公司。那个时候,五矿集团是颇具市场化导向的国企,吸引了许多有想法、有闯劲儿的年轻人。在市场经济的转型过程中,这群年轻人一边指点江山、讨论经济改革该何去何从,一边俯下身子投入具体工作。正是在这里,我结识了许多拥有不同教育背景的同事和朋友,他们的观点、见解和工作态度让我时时刻刻受到鼓舞和感动。

最为难得的是,五矿集团的工作让我真正体会到了中国社会

价　值

的纵深度。众所周知，矿产资源多分布在贵州、云南、四川、青海、宁夏等西（南）部省份，因此我当时经常需要去很远的地方出差，而我对外贸、矿产这些事物特别感兴趣，尤其喜欢出远差，同事们不方便去的时候我都抢着去。走遍五湖四海本就是一件很好的事，更何况去的还都是风景不错的地方。

我工作第一年就跑了十几个省份，几乎走遍了所有的"穷乡僻壤"，与矿产、金属资源为伍，满脑子都是铜、铝、铅、锌、镍、钨、锑、锡这些词。典型的出差路径是这样的：早上从北京坐火车出发，经过十几二十个小时到达某一个县城，然后辗转换乘中巴车，在乡间路上颠簸几个小时后来到镇上；有时还要换乘更小的小巴车，当我觉得差不多饿过了头的时候，就到了厂区或者矿区。

我的主要工作就是去收当地的矿产品，俨然一个从事收购工作的工头。这些出差经历令我至今难忘，倒不是因为有多辛苦，而是可以在路上和同事或者当地朋友聊天，从稀有金属聊到风土人情，通过他们了解更广阔、更鲜活的社会。

这些深入矿区、边区的出差经历，让我看到，中国不是简单的一、二线城市，三、四线城市和农村地区的分层叠加，也不是东、中、西部地区的简单区隔。中国实在太大了，在交通不发达的年代，横跨东西需要坐几天几夜的火车，南北风俗各异。每个地区、每个省份都有着各自独特的自然资源、人口特点和社会特征，因此，任何一种简单概括都无法还原中国经济社会的全貌。尤其是中国的基层社会，那里有最多的人口、最丰富的人文生态、最复杂的社会结构。我逐渐意识到中国有太多可供分析的剖面，太多可供观察的视角，太多可供总结的规律。中国的消费社会形成、工业化进展是在多版本同步迭代中完成的。要真正理解这些，必须走基层、看社会、知风土、懂人情。"人生没有白走的路，每一步都算数。"或许正是这样的阅历，让我始终对中国的发展，尤其是三、四线城市的崛起充满期待。所以一直以来，我们非常关注三、四线城市的投资机会，并且在做研究时，仍然花大量时间去市场一线观察普通百姓的生活，思考各种场景下消费者的真实心理诉求，从而形成投资决策。

## 漂洋过海，开启探险之旅

五矿集团的工作一方面让我看到了基层的中国社会，另一方面也让我能够更早地接触西方世界，拓展了国际视野。大学毕业后我本没有出国计划，正因为在五矿集团工作时接触到国外客户，后来又看到周围有不少同学、朋友都出国留学，在和他们的交流中，我觉得还是应该去外面见识一番，增长阅历，就像小的时候想去更远的地方看看一样。就这样，我有了出国留学的想法。那是20世纪90年代后期，中国沿海省份正在如火如荼地搞开发、搞建设，外贸企业每天都能收到大量订单，中国正在掀起新一轮的发展浪潮。但我对国外的了解仅限于与客户、朋友的交

价 值

流中谈起的和读过的书中讲到的内容，其他全凭想象。我很渴望能够亲自去看一看，但在90年代，留学远不如今天普遍，漂洋过海之后完全是陌生的世界，更加令人窘迫的是高昂的学费、生活费。所以，留学还是不留学？这绝不是一个小问题。

最终，我选择了留学，像从小城市来到北京追求最好的大学教育一样，我希望通过海外历练加深对世界的认知。那是在1998年，那时的我，对世界各国的经济、政治、人文都充满了好奇，希望可以像人类发现新大陆一样，不断拓展自己的可及范围，在东西方文化的碰撞中思考更多更深层次的问题。

从五矿集团到五湖四海是我人生中的重要际遇。寻求独立或者与世隔绝从来不是我的目标，生活在世外桃源，对真正的社会就缺乏了解，这只能让一个人失去理解力和判断力。我所设想的永远是融入生活，去中国的广大腹地和世界各处去看最真实的商业场景，在纽约时代广场的糖果店，在上海东湖路的咖啡厅，在深圳华强北的购物中心，在香港的维多利亚港湾，在东京的便利店，在驻马店的菜市场，看穿梭不停的外卖服务电动车，看安装整齐的空调外机，看闪烁的楼宇广告，看手机短视频，通过房屋租赁平台住进旧金山的公寓，通过按需杂货店递送服务订水……在繁华闹市体会最丰富的人间百态，我所感受到的是人、生意、环境和生活，就像当时下矿山一样，在不同的社会剖面，探究和理解商业，这一直是最让我心动的事情。

读书、思考、实践,对这个世界的好奇和探索,使我在很小的时候就明白,追求事业和梦想,必须对自己有所承诺,着眼于长远,全神贯注并全力以赴。在不同的际遇中,学习所有能学习到的最高标准,从而获得理解与洞察的能力,这是我一直以来坚持的长期主义。

价　值

## 我对投资的思考

- 构建属于自己的知识体系和思维框架，是塑造投资能力的起点。

- 在快速变化的市场中寻得洞见，不仅需要掌握金融理论和商业规律，还要全面回顾历史的曲折演进，通晓时事的来龙去脉，更要洞悉人们的内心诉求。

- 价值投资不是数学或推理，不能纸上谈兵，必须像社会学的田野调查一样，理解真实的生产生活场景，才能真正掌握什么样的产品是消费者所需要的、什么样的服务真正有意义。

- 人生中很重要的一件事是，找一帮你喜欢的、真正靠谱的人，一起做有意思的事。

# 第 2 章

# 价值投资启蒙

拥有极高的道德标准，
把受托义务置于首位，
是投资人
崇高的精神气质。

## 第 2 章　价值投资启蒙

如果说少年读书是对通识修养的启蒙，大学实践是对社会认知的启蒙，那么求学耶鲁则是对我专业投资生涯的启蒙。

在我去留学的那个年代，东西方的交流远不如今天密切，但恰恰是那个年代，给了我更好的视角去审视东西方的发展和变化，近距离地观察西方资本市场的运作方式，接触并思考现代投资模式，了解金融是如何促进实体经济发展的，以及创新创业、资本市场、企业家精神是怎样相互影响的。在这其中，创业者和投资家的冒险精神是推动科技创新、激发经济动力的主要源泉。我努力通过学习和实践去挖掘这种运行机制的内生动力，一定程度上，希望激活自己身上发现并理解这种经济规律的本能。

所以，时刻让自己保持开放是最重要的学习心态。无论是普世的智慧、基础的原理，还是独到的见解，我都甘之如饴。对创新的拥抱而不是抗拒，成为我今后投资的重要主题。

价 值

# 现代历史交集之地纽黑文

耶鲁大学位于美国东北部的纽黑文市,这座古老的小城有着很丰富的现代意义。它在18世纪后期与19世纪初期为兴旺的海港,当时的工业生产以枪炮、五金工具和马车闻名,因为广植榆树,又有"榆树城"之称。当然,它最享誉世界的还是耶鲁大学。

## 容闳往事

耶鲁大学创办于1701年10月9日,至今逾300年,比美国建国的历史还要久。耶鲁大学与中国渊源颇深,近代中国教育与西方文明的早期接触就曾发生在耶鲁大学。更有意思的是,这次"接触"是以融入西方体育文化的方式发生在中国人身上的。1850年,在耶鲁大学例行举办的新老生橄榄球对抗赛上,一位留着长辫子的中国留学生在关键时刻触底得分,从而成就了耶鲁大学建校历史上新生队的首次胜利。此人就是中国"海外留学第一人"容闳,耶鲁大学乃至所有美国大学里的第一个中国毕业生,其画像至今仍悬挂在耶鲁大学的校园中。长期研究中美历史关系的以色列学者利尔·莱博维茨(Liel Leibovitz)如此感慨:"中国如今的现代化,实际从容闳在耶鲁大学橄榄球比赛中触底得分的那一刻就已经开始。"

## 第 2 章　价值投资启蒙

容闳的传奇之处不止于此。有文献记载:"他曾探太平天国首都天京,访曾国藩幕府,向李鸿章、张之洞谏言,与康有为、梁启超、孙中山结忘年交……近代史教科书上出现的关键人物,大多曾与他风云际会。容闳接受过完整的西方高等教育,且出身平民家庭,没有传统士大夫的精神包袱,因此他具有同时代精英所缺乏的自我变革勇气。从农民起义、洋务运动、维新变法到武装革命,容闳始终站在时代潮流最前沿。"[1] 还有人讲述,在美国南北战争后期,容闳曾以公民身份申请做战争志愿者,但被劝回;容闳还曾与马克·吐温成为好友,两人有颇多交流。根据耶鲁大学介绍,容闳后来将其大部分藏书捐赠给了耶鲁大学,构成了耶鲁大学东亚图书馆中文藏书的基础,该馆也成为美国主要的中文图书馆之一。事实上,耶鲁大学还于清末接收了清政府派出的多名赴美留学生,包括詹天佑、欧阳庚等。这些人从耶鲁大学学成回国后,成为各自领域的佼佼者。在 2011 年清华大学百年校庆大会上,耶鲁大学前校长理查德·莱文(Richard Levin)先生在致辞中就特别提到:"令耶鲁引以为荣的是,清华的前五位校长中有四位都在耶鲁学习过。"

其实,无论容闳对于当时的中国或日后的留学生来说意味着什么,对我来说,在耶鲁大学学习并理解投资,同时运用跨越东西方的思维模式,就像打开自己的左右脑一样,在不同的"触点"间建立关联,寻找某种超越时间和空间的共鸣,成为我在海

---

[1] 引自《文史参考》2012 年第 7 期《容闳,睁眼看世界的"草根"第一人》,作者李响。——编者注

价　值

外学习和实践的努力方向。

## 理解金融市场

我与耶鲁大学结缘是得益于它的"慷慨"，尽管我申请了多所大学并得到 7 所学校的入学机会，但耶鲁大学研究生院是唯一为我提供奖学金的。对当时的我来说，这种优待无法拒绝。而且耶鲁大学设立了双硕士学位，我可以同时读 MBA 和国际关系两个研究生课程，这对于一个囊中羞涩，却又对管理、经济、国际政治与关系都很感兴趣的中国留学生来说无疑是最佳选择。

在耶鲁大学求学的过程中，最大的感受就是一旦掌握了严谨的分析体系、深入的历史考证方法和完整的思维框架，分析和解决问题就是一件特别有意思的事情。以金融市场为例，就像从地球早期的单细胞生物进化到如今复杂的生态系统一样，美国的金融市场也是经历了弱肉强食的"原始社会"阶段，又经历了多次经济和金融危机，才终于发展成一个高度分工、高度现代化的金融生态系统的。而所谓生态系统，最大的特点在于看似无序实则有条不紊的自我调节功能，为金融市场同时构筑了内生的免疫系统和外部的战略防线，比如买卖双方力量的平衡制约，特别是做空机制及指数投资的运用，以及金融危机本身的调节性；再比如资本市场的行业自律、政府的有效监管、媒体与公众的监督以及健全统一的法律体系等。这些共同构成了金融市场的核心要素，每一条都值得反复研究。再比如**对于"风险"这个在金融学中被**

谈到令人麻木的概念，大多数人的评估标准是看投资收益的波动方差，而我从入行第一天起就被要求看出数字背后的本质并忽略那些从"后视镜"中观测到的标准方差：到底是什么样的自上而下/自下而上的基本面在驱动收益的产生及波动？又有哪些因素会使预期的资本收益发生偏差？而这些基本面因素在本质上有哪些相关性及联动性？

从资本市场的经济学原理到现代金融理论和金融工具创新，从金融市场的融资功能到投资人的利益保护，从金融法规的不断完善到金融机构的设置和运营，我努力学习丰富的现代金融理论，并在汗牛充栋的金融著述中挖掘理论出现背后的时代原因。在探究的同时，我亦在思考，究竟应该如何将理论运用于实践，实现金融体系促进经济发展的作用。这些为我今后的投资工作奠定了最坚实的基础。

## 偏执带来的不断碰壁

在耶鲁大学的求学实践，让我认识到了与以往认知完全不同

价 值

的思维模式：诚实地面对自己的内心想法，比正确的答案更加重要。经济学家约翰·梅纳德·凯恩斯（John Maynard Keynes）有句名言："处世的智慧教导人们宁可依循传统而失败，也不愿意打破传统而成功。"（Worldly Wisdom teaches that it is better for reputation to fail conventionally than to succeed unconventionally.）很多人喜欢循规蹈矩，按照既定的思维方式、他人希望呈现的样子、传统的表达习惯来为人处事，这在很多时候能够帮助人们获得符合预期的回报，但无法帮助人们获得内心的自由。坚守自己的内心想法，表达真实的自我，按正确的思路思考和阐述问题，始终是我的坚持。

## "为什么要有加油站？"

海外求学对于当时的大多数中国留学生来说都是令人无比兴奋的旅程，然而，经济拮据是不小的挑战。到了耶鲁大学之后我才发现，MBA项目只提供第一年的奖学金，第二年的学费、生活费全无着落。学业总得完成，我只好在求学之余勤工俭学，比如当本科生助教、教老外学中文等，秉承了中国留学生特有的勤劳和热忱。虽然有这些"小工"，但我深知找到一份有保障的正式工作才是正途。因此，我在第一学年就开始寻找暑期实习的机会，以求获得全职工作。

美国的金融机构、管理咨询公司多聚集于纽约，这座发源于北美殖民地的贸易前站，依靠其独一无二的地理优势，在当地荷兰裔移民商业精神的催化下，成为世界金融中心。从纽黑文前往

## 第 2 章　价值投资启蒙

纽约，是我在求职时经常穿梭的路线。早上，我从耶鲁大学步行 25 分钟去纽黑文联合车站，乘火车到达纽约中央车站之后换乘地铁。这条火车线路异常繁忙，上下班高峰时期都是半小时一班。我想过是不是也可以在这里的火车上卖"小人书"，最终还是选择打上一个小盹儿，为上午的面试积蓄精力。每次前往我都是意气风发、信心满满，然而面试完总是垂头丧气、铩羽而归。由于不懂面试的习惯做法，也没有特别准备，与同学们七八个"一面"机会、四五个"终面"机会、三个以上 offer（录取通知书）相比，我只拿到非常少的"一面"机会、两次"二面"机会，最终与华尔街投行、管理咨询公司的职位无缘。

在不多的面试中，我始终听从内心的声音。在获得波士顿一家管理咨询公司的面试机会时，苦于囊中羞涩，我只好向对方申请预支往返路费，而不是按照通行做法先垫付后报销。不仅如此，在回答对方关于"在某一设定区域内应该有多少家加油站"的问题时，来面试的学生大多都会按照基本的咨询公司逻辑用公式计算，比如先用人口数量除以平均家庭人数得出家庭数，再用家庭数乘以 1.2 辆车得出总车辆数，最后用总车辆数对应算出相应的加油站数量等；相反，我并没有直接回答这个问题，而是在想"加油站"到底意味着什么。为什么要有加油站？第一，人们去加油站，可能不全是为了加油，有可能是去那里的便利店，如果跟便利店有关系，那跟车的关联度就降低了，不单要算车的数量，还要关注人口密度。第二，所有的车辆都需要加油吗？未来是不是有些交通工具根本不需要加油？或者，是否会出现新的交

价 值

通方式？第三，……面试官听到我的反问和分析时一脸茫然，我无法得知她当时有怎样的心理活动，但结果是我被拒之门外。当我把这个故事分享给现在的学生时，他们会哄堂大笑。谁让我当时就是不会面试呢？

我事后总结，求职可能不仅仅是为了找到工作，更是为了找到真正的自我，展现自己的独特性。尽管没有能够走上许多MBA学生典型的职业道路，但我依然坚持我所相信的，探究我所好奇的，因为好玩的故事都来自有挑战的生活。

## "这些钱一定要还"

由于暑期实习求职未果，我只好另谋他路。当时是20世纪90年代末，互联网作为新经济浪潮已经在美国资本市场风起云涌，以硅谷高科技企业为代表的新兴企业掀起了电力革命之后最伟大的技术革命——信息技术革命。1998年，硅谷创造了2400亿美元产值，相当于中国当年GDP的1/4，这是多么让人憧憬的繁荣场景。当时美国金融监管大幅放松，创造了长达10年的低利率流动性充裕期，人们开始四处寻找"钱生钱"的渠道，而互联网企业刚好满足了人们对完美投资标的的所有想象。风险投资的强烈追逐加上纳斯达克市场的天然"温床"，使美国上演了一幕幕的"经济繁荣"景象。

与此同时，中国的互联网创业大幕也在徐徐拉开，在这样的

## 第 2 章 价值投资启蒙

时代机遇面前，我选择了休学一年并回国创业。当时来到美国的留学生多数都是理工科背景，商学院的学生非常少。许多理工科同学回国后纷纷创业，开发自己的网站、做各种科技发明，产品都特别好，但没有能力做出符合投资人要求的商业计划书，难以获得融资。而国外的投资人对中国的互联网和高科技发展越来越看好，正是在这样的背景下，我和几位老同学创办了一个网站，搭建投融资交流平台、分析研讨商业模式、制定商业行动方案，核心目的就是搭建资金需求者和供给者的沟通桥梁，提供资金、人才、技术、供应链等专业服务，充当创业的催化剂，让科技创业者能够更好地实现融资，把有限的精力放在公司业务发展上。我们没有绞尽脑汁去想什么新奇的网站名称，只希望这就是为中国创业者服务的网站，因此就叫它"中华创业网"（SinoBIT）。在当时互联网创业的热潮中，凭借另辟蹊径的商业洞见和平台优势，我们在半年以后就开始盈利，并很快拿到了融资。如果摆"书摊"不算真正创业的话，这次是我的第一次创业。

随着市场环境的变化，2000 年开始，从纳斯达克股票市场退市的企业数量连续 3 年超过新上市企业。"千帆竞渡，百舸争流"，许多初创企业无法获得新一轮融资，在勉力维持之后纷纷折戟沉沙。由于互联网泡沫的破灭，我们的业务量也不断缩小，只好偃旗息鼓，再做打算。**尽管投资人没有要求归还投资款，我们仍然坚持"这些钱一定要还"**。我们希望用这样的方式来感谢他们的信任和支持。一个人的职业生涯很长，不能做任何对帮助过你的人有损害的事情，否则那可能会困扰你的一生。正是在那个

价 值

时候，我不仅亲身感受到了商业世界的残酷，也看到了互联网企业蕴藏的无穷潜能。亲身实践之后的深思让我获益匪浅，我反复自问：互联网经济究竟是怎样的经济？能否从中诞生跨越时间周期的伟大企业？风险投资应该选择怎样的创新企业？资本市场又该发挥怎样的作用来孕育创新企业？"繁荣"背后哪些是泡沫，哪些能够创造真正的价值？现在想来，如果当时只是隔岸观火，恐怕我永远无法理解这其中的逻辑和深意。

## 初识大卫·史文森

创业未果后我继续回到耶鲁大学读书，在"山重水复"之际，一个偶然的机会让我路过了一幢维多利亚风格的小楼，找到了在耶鲁投资办公室的实习机会，并结识了大卫·史文森（David Swensen），自此与投资结下不解之缘。许多时候的人生际遇，是上天无意间给你打开了一扇窗子，而你恰好在那里。某种意义上，是耶鲁投资办公室定位了我今后事业的坐标系，让我决定进入投资行业。

## 第 2 章　价值投资启蒙

### 珍贵的耶鲁投资办公室实习机会

与大卫·史文森的初次相见是在课堂上，但近距离的会面却是在耶鲁投资办公室的面试室。他是一个不苟言笑、略显严肃的人，面对一名来自中国的留学生，他没有丝毫惊讶之情。他问了我许多关于投资的问题，当我对多数问题诚实地回答"我不知道"时，他反而有些惊讶于我的坦诚。可能正因如此，我获得了这份弥足珍贵的实习机会，因为在他看来，诚实格外重要。

耶鲁投资办公室向来以严谨和专业著称，在这里，工作人员不仅面临智力上的挑战，更需要有责任感和使命感。所有工作人员互相尊重和认可，为共同的长远目标而努力。在实习期间，我的主要工作是研究森林资源。当耶鲁投资办公室派我出去研究木材、矿业等行业时，我以"上穷碧落下黄泉"的精神，一点一点地收集信息，整理材料，深度调研，最后带着厚厚的报告回来。这种自下而上的研究传统后来也被引入我创立的高瓴。

在耶鲁投资办公室实习期间，我从投资的角度真正理解了金融体系最本质的功能。金融不仅包括资金供求配置（包括时间配置和空间配置）、风险管理、支付清算、发现与提供信息，更重要的是，它还能够真正改善公司的治理结构。为此，我专门做了一个关于公司治理定量分析的报告。报告引入痕迹学及定量分析的研究视角，在一个完整的研究框架下对公司治理的众多要素进行评价打分，并且以动态的视角，揭示出动态指标相比于静态指

价　值

标更能反映出公司治理的质量。换言之，就是不看公司说的，而看公司做的，具体包括上市公司有没有增发新股，有没有分红，小股东有没有真实的投票权，独立董事是不是真的独立，高管薪酬与净资产收益率（ROE）回报之间是不是真的挂钩。这样的独立研究，让我掌握了寻找独特视角观察和判断问题的能力。

## 做有良知的人，而不是服务于赚钱

与鼎鼎大名的"股神"沃伦·巴菲特（Warren Buffett）相比，耶鲁捐赠基金的首席投资官大卫·史文森在中国并非声名显赫，但是，他对机构投资的发展产生了十分深远的影响。

史文森有着传奇的经历，他早年在耶鲁大学获得经济学博士学位，师从诺贝尔奖获得者、经济学家詹姆斯·托宾（James Tobin）。托宾是资产选择理论的开创者，史文森直接从他的身上汲取了很多营养，这也是史文森后来提出创新性多样化投资组合理论的基础。博士毕业后，27岁的史文森开始在华尔街崭露头角，在雷曼兄弟公司工作3年，在所罗门兄弟公司工作3年，当时他的主要工作是开发新的金融技术。在所罗门兄弟公司工作期间，他构建了第一个掉期交易。1985年，史文森应恩师之邀毅然放弃薪资优厚的华尔街投行工作而返回母校，在纽黑文这座平静的小城几十年如一日，兢兢业业地负担起耶鲁大学的金融理财重任，并兼职耶鲁管理学院教授，把自己多年的投资管理心得传授给学生。在他看来，生活中有很多重要的事情不能用金钱来衡量。

## 第 2 章　价值投资启蒙

在此后的 30 多年里，史文森一手将耶鲁捐赠基金打造成一个"常青基金帝国"，历经美国 1987 年的"黑色星期一"，20 世纪 80 年代末的经济滞胀，90 年代的"克林顿繁荣"、高科技浪潮，2000 年前后的互联网高潮及泡沫，以及最近的全球经济疲软和市场连续下跌，耶鲁捐赠基金的资产规模却不断扩大，从他上任之初的 13 亿美元，增长到 2019 年 6 月的 303 亿美元，增长了 22 倍多，过去 10 年的年化收益率为 11.1%，过去 20 年的年化收益率为 11.4%，是世界上长期业绩最好的机构投资者之一，获得了基金管理界和华尔街的高度关注。领航集团（Vanguard）创始人约翰·博格（John Bogle）[①] 评价说："大卫·史文森是这个星球上仅有的几个投资天才之一。"耶鲁捐赠基金的强劲竞争对手哈佛捐赠基金管理公司的总裁杰克·迈耶（Jack Meyer）曾毫不掩饰其无奈并打趣地说："我们哈佛希望史文森最好赶紧换工作。"在我看来，史文森最重要的贡献不仅仅在于将创新的耶鲁投资模式与各大机构投资者分享，更在于他培养了无数秉承价值投资信念的投资人。他真正履行了高等教育的崇高使命——帮助他人成就更好的自己。

史文森的投资策略的神奇之处在于能够穿越不同的市场环境和经济周期，在激烈的竞争中，实现投资业绩的稳定增长。

---

[①] 约翰·博格是基金业的先驱，第一只指数型共同基金的建立者，领航集团创始人。《共同基金常识》（*Common Sense of Mutual Fund*）是他的心血之作，用翔实的数据诠释了简单和常识必然胜过复杂的投资方法。本书简体中文版已由湛庐文化引进，由北京联合出版公司于 2017 年出版。——编者注

价 值

他认为，在投资行业，如果采取非主流的投资策略，或许会面临许多挑战。人性会驱使投资人采用最获认可的投资策略，当自己的投资跟多数人趋同时，会强化自己与主流的一致性，以防出错后独面尴尬。不幸的是，这种心理上的慰藉很少能创造出成功的投资结果。史文森的"不走寻常路"，体现在通过对市场的深刻洞察，大举进军定价机制相对薄弱的另类资产市场，创造性地应用风险投资、房地产投资和绝对收益投资等各类投资工具，为机构投资者重新定义了几个大类的资产类别。

作为机构投资领域的先驱和佼佼者，史文森的教学和著述讲述了机构投资的决策运作方式、组织管理和投资理念，进而帮助人们更充分地理解金融市场结构和运行规律。2002年，我和几个朋友把史文森所著的《机构投资的创新之路》(Pioneering Portfolio Management: An Unconventional Approach to Institutional Investment)[1]一书翻译并引入中国。这是一部侧重于阐述投资组合构建、投资逻辑、资产类别分析与选择，以及风险控制的经典之作，已成为全球机构投资者的"圣经"。

史文森习惯了以俭为德的生活，只想做一个有良知的人，而非服务于赚钱。在他看来，**投资的目标是盈利还是实现某种社会**

---

[1]《机构投资的创新之路》在西方被誉为"机构投资者的圣经"，2002年由张磊先生及其好友翻译并引入中国。在这本书中，史文森详述了耶鲁捐赠基金的投资过程，及其以股权投资为导向、组合分散化、大胆投资另类资产的"耶鲁模式"，用清晰、敏锐的笔触对机构基金管理进行了透彻的分析。——编者注

**理想**，其间的平衡必须把握，耶鲁大学只会把钱交给有极高道德标准，同时遵守投资人的职业操守，把受托义务置于首位的人。他给耶鲁大学带来的不仅仅是物质财富，更是一种崇高的精神气质。

## 走近耶鲁捐赠基金

耶鲁捐赠基金最初的资金来自一个名叫伊莱休·耶鲁（Elihu Yale）的人，1718 年，他把自己的 417 本书和一些家当捐赠给康涅狄格州一所新建的大学学院。为了纪念他，这所学院就以他的名字重新命名为耶鲁大学。说到耶鲁捐赠基金，需要先从美国的机构投资历史谈起。

### 从机构投资的历史谈起

19 世纪末，美国投资市场混乱无序，因为当时英国国内产业发展日趋饱和，剩余资本大量增加，加之美国经济发展的需要，大量资金涌入美国。由于金融市场尚不完善，大部分投资者都是散户和投机商，市场上充满非常规乃至非法的交易和运

价 值

作。针对这种情况，英国政府专门成立海外投资公司，运用集合资金的方式，委托专业管理人员进行投资管理。就这样，海外投资公司成为美国市场上第一批机构投资者，此模式而后被各国效仿。1892年，美国老摩根财团凭借雄厚的资本优势，广泛投资、兼并工业企业，这标志着以银行等金融机构为主的机构投资者的新时代逐渐到来。1921年，美国成立了第一家国际证券信托基金；1924年，马萨诸塞州成立了第一家开放式基金，原始资产是由哈佛大学200名教授出资的5万美元，其宗旨是为出资人提供专业化投资管理，管理机构叫作"马萨诸塞金融服务公司"（Massachusetts Financial Services）。由于当时机构投资者所占市场份额不大，大量中小投资者过度追求短期利润，导致市场大幅波动，部分机构投资者一时难以为继，纷纷破产倒闭，这一点在1929年的股市崩盘和20世纪30年代的大萧条中尤为突显。

20世纪30年代以后，在经济缓慢复苏的过程中，美国开始出现多种类型的机构投资者，联邦政府也适时颁布了一系列法律法规，如《美国1933年证券法》（Securities Act of 1933）、《美国1934年证券交易法》（Securities Exchange Act of 1934）、《美国1940年投资公司法》（Investment Company Act of 1940）和《美国1940年投资顾问法》（Investment Advisors Act of 1940）等。随着金融立法的充分完善、市场机制的逐步建立以及机构投资的有力发展，美国金融市场逐步进入了稳定健全的发展轨道。从20世纪五六十年代开始，各种专业化的投资管理公司开始了规模化、现代化的经营，开始在市场上贯彻长期稳定的投资策略，并逐步获得出资人的信任。在发展历程中，各种特定功能的机构投资者，包括洛克菲勒基金会（The Rockefeller Foundation）、福特基金会（Ford Foundation）等信托基金，保险基金，养老基金和诸多学校及慈善机构捐赠基金，开始在金融市场发挥越来越重要的作用。耶鲁捐赠基金就是典型的大学捐赠基金。由于这些机构投资者有近乎固定的资金来源和特定的支出原则，所以它们的投资需要在确保基金支出目标、侧重长期回报、强调风险管理之间寻求较好的平衡。为了更好地实现管理目标，它们或者由自己的专业分析师和基金专家管理，或者雇用专业投资公司来管理。

在某种程度上可以说，耶鲁捐赠基金以一种更加长期、稳健、灵活的方式诠释了美国机构投资的核心要旨，它继承了这些传统，而更加令人激动的是，它作为超长期基金的标杆，推动了机构投资的创新。

## 机构投资的创新之路

耶鲁大学走过了300多个年头，耶鲁捐赠基金的规模也从当初的几十万美元发展到现在的300多亿美元，其价值投资理念、资产配置策略以及长期投资业绩均独树一帜且引领潮流，成为美国机构投资行业中一个非常重要的投资力量。这个投资力量并不仅仅源于它的规模，更是来自它的影响力。

首先，耶鲁捐赠基金是耶鲁大学的重要收入来源，并发挥着

价 值

愈加突出的作用。1987财年，耶鲁大学来自捐赠基金的收入贡献约为1700万美元，约占学校总运营收入的11%；2019财年，耶鲁大学总运营收入约为41亿美元，其中来自耶鲁捐赠基金的收入贡献约为14亿美元，占比约为34%，是学校当年度总运营收入的最大来源。截至2019财年，耶鲁捐赠基金总额约为303亿美元。耶鲁捐赠基金延续了其一以贯之的资产配置模式，在2020年度投资组合配置目标中，超过50%的部分为另类资产，包括21.5%的风险投资、16.5%的杠杆收购基金、10%的房地产投资和5.5%的自然资源资产；约30%为与市场低相关的资产，包括23%的绝对收益和7%的债券和现金；另有13.75%的海外股权投资和2.75%的美国国内股权投资。

其次，耶鲁捐赠基金独特的机构投资理念奠定了机构投资的基础框架。具体来看，史文森领导的耶鲁捐赠基金有以下四个显著特点。

第一，独立严谨的投资分析框架。机构投资者的最大特点在于有能力构建一套系统的投资分析框架，首先充分考量投资目的、资产负债均衡、资产类别划分及配置、资金预测、投资品种及金融工具选择、风险控制等要素，然后进行基金管理人选择，最后才做具体的个别投资标的的选择。在构建投资组合时，非常注重压力测试，所有预期收益都要经过各种噩梦般的情景假设。更为重要的是，这套完整的投资框架不受市场情绪左右，它是客观、理性的选择。

第 2 章　价值投资启蒙

　　第二，清晰的资产分类及目标配置体系。资产配置是耶鲁捐赠基金管理的核心要素，但如何理解资产类别特点，在符合目标的前提下实现灵活配置却是其中关键。当股市过热时，股票的大幅升值使实际的股票配置占比远高于长期目标，从而使系统自动产生卖出的信号，且这一信号随着股市屡破新高而越来越强烈，此时及时卖出促使资产配置比率恢复到长期投资所设定的目标，也使基金避免因贪婪所带来的风险；同样，市场狂跌使股票投资比率远低于当时的长期目标，从而使系统产生强烈的买进信号。这种"资产再平衡"理论在史文森的投资实践中得到了充分的体现，即抓住投资的本质，避免择时操作，从而实现合理的回报。

　　第三，充分运用另类投资，尤其是那些市场定价效率不高的资产类别，如风险投资、对冲基金等。在历史上，美国大多数机构投资者会把资产集中于流通股投资和债券投资这样的传统资产类别，但耶鲁捐赠基金喜欢并鼓励逆向思维。相对于流动性高的资产来说，流动性低的资产存在价值折扣，越是市场定价机制相对薄弱的资产类别，越有成功的机会。正是由于耶鲁捐赠基金认识到每一种资产类别都有其独特的功能特征和收益属性，与传统资产类别的收益驱动因素及内生风险有所不同，所以另类投资对投资组合的贡献也体现在不同的维度。基于对市场的深刻理解，耶鲁捐赠基金大胆创新，先于绝大多数机构投资者进入私募股权市场，1973 年开始投资杠杆收购业务，1976 年开始投资风险投资基金，20 世纪 80 年代创立绝对收益资产类别。另类投资为先觉者耶鲁捐赠基金带来了硕果累累的回报，也因此越来越为机构

价 值

投资者所重视。

耶鲁捐赠基金对资产类别的深刻理解也体现在其对股权资产的大量配置上。从本质上看，股权资产，不管是上市公司股票还是非上市公司股权，其价值都取决于公司的剩余现金流，而债券则只基于固定收益的获得。耶鲁捐赠基金的投资目的是保存和增加购买力，从而为耶鲁大学"百年树人"的教育大业服务，而耶鲁大学的开支主要集中于对通货膨胀非常敏感的教职员工工资福利。债权投资往往在通货膨胀严重时期表现较差，而且长期回报率远低于股权投资，因此，耶鲁捐赠基金在债券市场的目标配置比率大大低于同行。

第四，近乎信仰的投资信念和极致的受托人精神。耶鲁捐赠基金保持了一贯的理性思维，始终保持对金融市场的前瞻性洞察，一旦形成信仰，就会无比坚定。这份坚持来源于它对金融市场规律的领悟、对现代金融理论的掌握和对人类本性的洞察。在选择基金管理人上，耶鲁捐赠基金把品格作为第一位的筛选标准，防止投资管理机构与最终受益人的利益背离。在此基础上，它注重投资管理公司的利益结构，并通过适当的激励机制来激发投资管理公司和投资专家的能动性和效率，使之与耶鲁大学的长期发展目标结合起来，敢于选用事业刚刚起步的投资经理。

对于像耶鲁捐赠基金这样大型的、具有特定目标和责任的基金来说，关键不在于一时的得失成败，而在于建立行之有效的制度体系，这是对机构投资者的重要启示。在耶鲁大学的求学和工作经历，让我看到了常青基金（Evergreen Fund）的实践指南。至此，**我开始思考，如何建立一家真正践行长期投资理念、穿越周期、不唯阶段、创造价值的投资机构。建立一家这样的投资机构，成了我的夙愿。**

## 美国机构投资的"耶鲁派"

更为神奇的是，在史文森的领导下，耶鲁投资办公室成为机构投资者人才的诞生地，从这里走出了众多大学捐赠基金管理人和投资机构首席投资官，其中许多还是我当时的良师益友。

以耶鲁捐赠基金高级主任迪安·高桥（Dean Takahashi）为例，他是耶鲁管理学院1983届校友，毕业两年半后，于1986年进入耶鲁投资办公室，仅比史文森晚了一年。在此后的32年间，他和史文森一起，与同事们创造了12.8%的年回报率，在机构投资史上创下了最高纪录。

当年我进耶鲁投资办公室时，还有一位面试官塞思·亚历山大（Seth Alexander），他是耶鲁大学1995届校友，在耶鲁投资办公室工作10年后，于2006年接手管理麻省理工学院捐赠基金，其管理的基金规模由84亿美元增至2019年的174亿美元，增幅高达107%，目前在大学捐赠基金规模中全球排名第六，且2018财年投资收益率达到13.5%，再次跑赢自己的"恩师"耶鲁捐赠

价 值

基金（12.3%）和哈佛捐赠基金（10%）。亚历山大运用的依然是师出耶鲁捐赠基金的非传统型策略，其在诸如股票和债券这些传统资产上的配置比例显著低于平均水平，并大量配置对冲基金和私募股权基金。他的投资理念是，要寻找那些符合宏观经济趋势或同类宏观因素的基金。

耶鲁大学1997届校友，现任鲍登学院（Bowdoin College）捐赠基金首席投资官的葆拉·沃伦特（Paula Volent）在2017—2018财年获得了15.7%的投资收益，问鼎全美大学捐赠基金。在其任职18年间，鲍登学院捐赠基金获得了9.2%的年化收益率，规模从4.65亿美元增至16亿美元。她有个观点："捐赠基金改变了基金投资市场过去那副昏昏欲睡的样子，以前投资经理只投股票和债券，比如铁路股票，也许还有一些教师住房。但现在不一样了，鲍登学院捐赠基金的投资组合非常全球化——我们在寻找中国、拉美和其他新兴市场国家的各种机会，而且鲍登学院捐赠基金也大量投资风险资本、私募基金和对冲基金等另类投资领域。"

耶鲁大学2002届校友，现任斯坦福捐赠基金首席投资官的罗伯特·华莱士（Robert Wallace）是我的多年老友。他对资产配置、资产类别以及新兴市场国家的理解，尤其让人印象深刻。在他领导下的斯坦福捐赠基金，广泛配置私募股权、绝对收益以及新兴市场国家股权投资等另类资产类别，为斯坦福大学创造了长期稳健的收益来源。

## 第 2 章  价值投资启蒙

耶鲁大学 1989 届校友、普林斯顿捐赠基金首席投资官安迪·戈尔登（Andy Golden）在那里负责投资工作 24 年，在他任职期间，12.6% 的年化收益率让普林斯顿捐赠基金规模增至 260 亿美元，该基金也是高瓴的早期出资方之一。

很难想象，耶鲁投资办公室能够培养出如此多成功的投资人。或许，正是史文森的榜样作用，让人们看到将受托人责任（Fiduciary Duty）与理性诚实（Intellectual Honesty）结合到极致会产生多么伟大的结果。正是这样的道德标尺，让这里走出的每一位投资人都将自律、洞见、进化与学习作为不断追求的最核心能力。

从机构投资的历史，到机构投资的未来，我都有幸能够近距离地学习和理解；从互联网经济的诞生，到互联网泡沫的消解，我都有幸能够亲身地感受和反思；从近乎信仰的投资理念，到抱朴守拙的受托人责任，我有幸能够理解其中一二。实践告诉人们，方法和策略能够战胜市场，但对长期主义的信仰却能够赢得未来。

价 值

## 我对投资的思考

- 对于"风险"这个在金融学中被谈到令人麻木的概念,大多数人的评估标准是看投资收益的波动方差,而我从入行第一天起就被要求看出数字背后的本质并忽略那些从"后视镜"中观测到的标准方差:到底是什么样的自上而下/自下而上的基本面在驱动收益的产生及波动?又有哪些因素会使预期的资本收益发生偏差?而这些基本面因素在本质上有哪些相关性及联动性?

- 尽管投资人没有要求归还投资款,我们仍然坚持"这些钱一定要还"。我们希望用这样的方式来感谢他们的信任和支持。一个人的职业生涯很长,不能做任何对帮助过你的人有损害的事情,否则那可能会困扰你的一生。

- 投资的目标是盈利还是实现某种社会理想,其间的平衡必须把握。

- 方法和策略能够战胜市场,但对长期主义的信仰却能够赢得未来。

# 第 3 章

# 价值投资初试炼

我们是创业者，
恰巧是投资人。

## 第 3 章　价值投资初试炼

在中国和美国同时看到和感受到互联网浪潮的风起云涌，是一种非常奇特的经历。2000年以后，国内创业浪潮此起彼伏，我深深感受到产业界万物生长的状态，特别是在中国加入WTO以后，我有一种明显的预感：中国的能量将伴随着企业家精神的觉醒一跃而起。

许多人问我为什么一直在创业，其实我倒没想到自己非要创业成功不可，只是觉得一定要做点事，做点有意义的事。归根到底，可能是"爱折腾，不满足现状，爱挑战自己"的性格特质帮我做出了选择，心潮澎湃不如说干就干。在美国的校园里遥望中国时，我已经明显感觉到中国快速发展的强劲势头，大家越来越推崇企业家精神。值得一提的是，在那个年代，不少有着海外求学、工作经历的"海归"们能够发挥很大的作用，他们不仅仅是知识、技术和商业模式的传承者，还结合对中国实际的理解，将成熟的现代风险投资理念和资本市场运作引进中国。

价 值

　　更加幸运的是，中国的市场环境，包括资源、人才、政策、资金、技术等始终在不断进化，各种有利的条件汇聚在彼时的中国，各方好汉就像拿到了英雄帖，纷纷御风而行。中国的商业史上第一次出现了互联网和风险投资，创业、创新在前所未有的伟大变革中形成闪烁的磁场，吸引着有志之士实现自己的人生价值。这种崭新的商业力量，在东方和西方同时出现，中国的创业者们终于不用追赶，就可以与西方的创业者们同场较量。每每想到这些，我的内心就无比兴奋，我觉得不能错过这个机会。

## 孕育和新生

　　对于投资人而言，理解所处时代的商业演进甚至商业史，是开展投资研究的第一步。在真正创办高瓴之前，我一直在思考中国的商业发展历程。在中国的商业史中，有许多伟大的制度变革、许多崭新的思潮观念、许多传统或者非传统的商业模式，其中的互联网商业史尤其令人激情澎湃。

# 第 3 章 价值投资初试炼

## 神奇的 1994

把时间再次拉回到 1994 年，那年我 22 岁，刚从人大毕业。1994 年 4 月 20 日，一条 64Kbps 的国际专线从中关村地区教育与科研示范网络[①]联入世界互联网，实现了中国与国际互联网的全功能接入。事后回看，这是中国互联网历史上非常传奇的一笔，也就是从这一刻开始，中国互联网浪潮开始孕育。许多人思考，到底是中国互联网企业的巨大成功助推了中国的崛起，还是中国崛起的巨大势能成就了中国互联网企业，这恐怕难以分说。但是，**对于一名投资人而言，理解潜藏在巨大势能中的关键行业和企业，是非常重要的能力**。

1994 年，互联网行业远没有出现像今天这样叱咤风云的大佬人物，那些弄潮儿都还在各自的轨迹上蓄势待发，一群行业拓荒者面对着一片从未有人涉足，甚至无人理解的领域。但相似的是，他们都对互联网抱有本能的、敏锐的、富有想象力的好奇心。他们或者身处国内，因独特机缘接触互联网技术；或者远赴大洋彼岸，在美国互联网发展中经受洗礼。此后数年，门户网站、电子邮箱、电子商务、在线搜索、即时通信这些互联网模式

---

① 中关村地区教育与科研示范网络（NCFC）由国家发展计划委员会（2003 年改组为国家发展和改革委员会）立项，是世界银行贷款"重点学科发展项目"。其目标是将中国科学院众多研究机构、北京大学校园区、清华大学校园区互联起来，构建一个规模较大的以光纤通信为主的计算机网络，促进计算机资源与信息共享。——编者注

价 值

纷纷破土而出，呈井喷之势，走上历史舞台。

1995年，张树新创立了首家互联网服务供应商瀛海威，清华大学推出了水木清华BBS，马云成立了"中国黄页"并于1999年创立了阿里巴巴。1996年，张朝阳成立了爱特信，两年后创立了搜狐。1997年，丁磊创办了网易。1998年，王志东创办了新浪；马化腾创办了腾讯，此后依靠QQ用户数持续增长和QQ秀付费模式，腾讯于6年后在港交所上市，估值突破6亿美元。2000年，搜狐、网易、新浪三大门户网站在纳斯达克上市。2003年5月，淘宝网成立，只用了两年时间，在2005年，淘宝网就接连超越了eBay和日本雅虎，成为亚洲最大的网络购物平台。2005年8月5日，凭借市场竞价排名模式，全球最大的中文搜索引擎百度在纳斯达克成功上市，首日股价涨幅达354%，创造了中国概念股的美国神话，一举成为中国互联网市值最高的公司，这距离李彦宏1999年底回国创办百度，不到6年时间。至此，从早期新浪、搜狐和网易三家门户网站叱咤江湖，到百度、阿里巴巴和腾讯分别依靠搜索、电商和社交三种商业模式各掀潮头，中国互联网江湖初定，但时代潮流滚滚向前，技术创新仍在继续。

在1994年之后的10多年里，中国互联网经历了从孕育诞生到澎湃爆发的快速发展时期。我有幸能够在刚踏入社会参加工作的年纪赶上这样一个无与伦比的时代。无论是在国内工作，还是在海外求学，甚至是自己创业，我的所念所想以及与同仁们探讨的话题都离不开这些崭新的创业模式。或许，正是因为与中国互联网创业浪潮同步，甚至差点成为其中的一员，我能够见证并感受这种基于变化的创新经济。**一旦善于理解变化，投资人将极大拓展其可理解的范畴**，这也为后来高瓴投资互联网创新企业奠定了基础能力。

## 不平凡的 2005

在创办高瓴之前，我还有过两段难忘的工作经历。我先是在全球新兴市场投资基金（Emerging Markets Management）工作，其间出差前往南非研究矿产资源。此后，我担任纽约证券交易所首任中国首席代表，创办了纽约证券交易所驻香港和北京办事处。当时是 2002 年，美国安然公司财务造假丑闻爆出后，人们普遍对上市公司财务报表的真实性产生强烈质疑，《萨班斯－奥克斯利法案》（The Sarbanes-Oxley Act）快速获得通过。这则法案又叫 "2002 年上市公司会计改革与投资者保护法案"，对公司治理、信息披露、会计职业监管、证券监管等方面做出了更多规定。我当时的主要工作是为在美国上市的中国公司讲解美国法律、公司治理原则，并与港交所、深交所、上交所开展交流与合作。这些经历为我创造了观察新兴市场国家的独特机会与视角。

2005 年本是一个平凡的年份，但就是在这一年，出现了许多影响中国商业格局甚至经济领域的重要事件。就像回顾科学史、艺术史或者商业史时我们会发现的一样，某些特殊的年份总

价　值

会集中出现一批重要的人物或者事件，比如王石、张瑞敏、柳传志、潘宁在1984年集中创业，这一年成为讲述中国企业史时不可缺少的重要年份。人们难以从理性的逻辑中找到可能的缘由，或许唯一可以解释的理由在于，历史总是由一些精彩的瞬间所推动，而这些创业者总能以敏锐的知觉捕捉到时代的转机。作为投资人，更要有敏锐的知觉捕捉到这些创业者们。

把2005年展开来看，非常值得回味。2005年被称为"博客元年"，以博客为代表的Web2.0推动了互联网内容的纵深发展，RSS、SNS概念[①]不断涌现。2月，盛大突袭收购新浪19.5%的股份，成为新浪最大股东，互联网产业硝烟弥漫。3月，腾讯收购张小龙的邮件客户端软件Foxmail，几年后，正是张小龙团队研发的微信改变了几亿人的社交和生活方式。5月，MSN进入中国。7月，谷歌宣布进入中国。8月，百度登陆美股，中国互联网企业第二轮赴美上市潮风起云涌。同月，雅虎以6.4亿美元现金、雅虎中国业务以及从软银购得的淘宝股份换购阿里巴巴40%股份的交易落锤，这次交易开创了国际互联网巨头的中国业务交由中国本土公司主导经营的先例，这一年淘宝也与eBay正式交战。

---

[①] RSS是简易信息聚合（Reality Simple Syndiation）的简称，它搭建了信息迅速传播的技术平台，使得每个人都成为潜在的信息提供者；SNS是社交网络服务（Social Networking Services）的简称，包括了社交软件、社交网站，也指现在已成熟普及的社交信息载体。——编者注

## 第 3 章　价值投资初试炼

就在这一年，更多互联网公司在中国默默扎根：刘强东全力拓展电商业务；王兴创办了人人网，这与他日后创办美团相隔5年；周鸿祎辞掉雅虎中国总裁职务，创办奇虎360；庄辰超创办去哪儿网；姚劲波创办58同城；杨浩涌创办赶集网；王微创办土豆网；阿北（杨勃）创办豆瓣网；李想创办汽车之家。这些新生的公司与当时的互联网巨头相映成趣，引领着那个充满生机的年代。悄然间，中国"网民"数量超过1亿[①]，中国成为仅次于美国的互联网大国。许多搅动日后互联网江湖波澜的细节，让我们察觉到，这就是创新的年代。

2005年不仅是中国互联网历史上江湖初定的特殊时点，也是中国风险投资历史上的重要年份。最先嗅到行业机会的，除了误打误撞的我们，还有众多海内外机构。尽管远在大洋彼岸的美国创投机构还未从互联网泡沫的黑色风暴中恢复过来，但部分有先见之明的美元创投基金们已经将眼光投向中国。这一年，美元创投基金的管理团队开始快速在中国进行本土化运作，中国的投资人群体也开始快速入场，一批日后声名显赫的机构相继成立，中国风险投资正式步入快速发展时代。就是在这样的时代背景中，我和几位老朋友开启了一场价值投资的探索之旅。

---

[①] 2005年7月21日，中国互联网络信息中心（CNNIC）在北京发布《第16次中国互联网络发展状况统计报告》。报告显示，截至2005年6月30日，我国上网用户总数突破1亿，为1.03亿人。——编者注

价　值

# "老友记"开张

2005年，对于我的投资生涯来说是一个特殊的年份。当我22岁大学毕业时，远没有明确自己的职业目标，正是这之后11年间的变化，让我在33岁时有了巨大的勇气创办属于自己的投资机构。把握住中国经济增长和投资环境的历史机遇，成为"不安分者"的重要选项。**这是一个无比沸腾的时代，无法失去，不能错过，即使舒适也切莫沉寂，宁愿艰巨也不要无趣。**

## 踏上这条美丽的小路

2005年6月1日，我们创办的投资机构正式开张了。那天正好是儿童节，这个日子可以说非常应景，因为当时的我们除了像孩子一样无惧和快乐，几乎什么都没有。我们憧憬着在中国实践价值投资，对未来充满了发自内心的好奇和坚定。

创办投资机构的第一件事是给公司起名字。我们先想到了中文名"高瓴"，取自"高屋建瓴"，意指对事物全面、透彻和长远的了解。为了拓展海外业务，又起了一个英文名叫"Hillhouse"，字义与中文名暗合，灵感则来自耶鲁大学一条叫作"Hillhouse Avenue"的街道，这是我在耶鲁大学学习投资时，时常走过、时常在其上思考的一条路。因为秋天道路两旁时常铺满金色落叶，簌簌作响,这条街道被狄更斯和马克·吐温称作"全美国最美的小路"。在那时的中国,创业的原因被戏称为两个:一个叫"走投无路",还有一个叫"无路可走"。我终究选择了这条"美丽的小路",这对我此生,意义非凡。

高瓴成立时,并不是一帆风顺的。在真正开始投资前,我需要组建合适的创业团队,寻找便宜的办公场地。我喜欢找长期信任的、熟悉的人一起工作,于是就开始在当年人大的同学、曾经的同事里寻找创业伙伴。"如果没有想好做什么工作,干什么职业,那就先和你最喜欢的人一起工作吧,错不了。"对面的同学略沉思了一下,然后回答说:"好,那我加入你们。"这段对话最早出现在哪一天,我已经忘记了,但我时常想起邀请优秀的人加入我们时的激动和欢喜。**与靠谱的人做有意思的事,是我一直以来非常享受工作的原因之一。**

这里有一个很多人都知道的小故事。当时我给一个老同学打电话,请他加入。他竟然拒绝了,但推荐了自己的妻子。我问:"你是当真的吗?你不理我,把老婆'扔'过来?"他当时的回答很是客观诚恳:"我已经是一个大型律师事务所的合伙人了!"没错,他肯定是觉得我做的这些事不太靠谱,又很想帮我。现在,这位朋友的妻子,一个当时从没做过投资的女生,从做我的秘书干起,先后做过投研、风控、财务、基金运营等各个岗位,一路成长为高瓴的合伙人。

价　值

## 开启"乌合之众"的学习之旅

　　经过四处物色，公司总算有了几位创业伙伴。当时选择创业伙伴，我确立了三条标准：第一是人品好，第二是爱学习，第三是能吃苦。但问题又来了，除了我是半路出家学投资以外，其他四位都不是科班出身。当时就有好朋友"调侃"道："人都是看着很好的人，但是有点乌合之众的感觉。"

　　"乌合之众"也能从头开始学。就像当年申请耶鲁投资办公室实习职位一样，我对投资的理解源自真挚的思考。与许多科班出身的投资人不同，他们可能还需要"洗尽铅华"，而我们却得天独厚地"一尘不染"。更幸运的是，我们面对的本来就是一个崭新的市场，一个急速变化的时代，并无一定之规可循。最开始，我们是在朋友的办公室里"借宿蜗居"，与一张大桌子、几台电脑、一些破旧家具为伍。好在这个办公室有一个天然的好处，就是旁边有一个开放的健身中心，这使得我们的"实际"办公面积其实很大很奢侈。

　　像许多"夫妻老婆店"[1]一样，创业之初，我的妻子经常来公司，我做投资业务，她做中后台支持，甚至当起勤务员、保洁，

---

[1] 夫妻老婆店这种传统的商业形态通常采用"前店后工厂"的模式，丈夫在后方制作，妻子在店堂待客，店铺虽为夫妻共同经营，但客人更多接触到的是老板娘，所以称之为"夫妻老婆店"。——编者注

帮我们收发信件、预订差旅、端茶倒水。这还不够,我还邀请同事的家属们来公司参观,感受我们的奋斗历程。其实这里面有个私心,就是希望这些早期员工们能够赢得家属的理解,以便安心加班。当时最大的感受就是理解了"苦中作乐"的含义。由于办公室下午 6 点就会关掉空调,我们不得不开窗通风,又因为楼层不高,所以蚊子不少,大家都会笑着数自己身上被叮了多少包,还要互相比一比。

我们几个创业伙伴还有一些共同的特点:第一,从来都不知道怎么赚钱,但擅长学习;第二,从来都不觉得有什么东西是学不会的,在学习上非常愿意花时间,不断吐故纳新;第三,在实践中学习,边学边干,边干边学;第四,热衷于开诚布公地分享,发表自己真实的想法和意见,不去争论谁是对的,而是去争论什么是对的;第五,酷爱读书,遇到一本好书便彼此分享读书心得,举办围炉夜话和读书沙龙。

正是这样的创业伙伴,用这些创业之初的招招式式,将高瓴打造成了一个不断求知、探索真理的学习型组织,绝非刻意,全凭天然。公司创立时专门装修了一个小型的图书馆,书架上堆满了各种年鉴和专业书籍,时至今日,学习氛围仍不减当年。高瓴创业初期只有 5 个人,当拥有 30 名员工的时候,终于感觉像一家公司了。但直到现在,规模已达几百人了,我们还是觉得自己是一家创业公司,从最初发现价值,到之后增加价值,现在则创造价值。"**我们是创业者,恰巧是投资人。**"这是我们创业之初的自我定位,也是至今不变的选择。

## "中国号快车",请立即上车

对于一家投资机构来说,如何赢得出资人的信任,事关生存。在刚创立高瓴时,由于国内私募基金行业尚不成熟,如何募得第一笔钱,成为创业初期的严峻挑战。在中国快速发展的氛围中,我和几位创业伙伴决定:就是要靠中国的故事,打动海外出资人。然而,大洋彼岸的外国人对中国的认知并没有与时俱进,他们中不同的人对这片东方土地的理解似乎停留在不同的年代,很少有人看到当下和未来。同时,他们对价值投资在中国的命运也未敢确信,在这样一个快速发展的新兴市场,价值投资或许只是一家投资机构的尝试。**尝试可能只是意气,但坚持却是勇气。**

### 在海外出资人面前展现中国

在美国,你能想象走在大街上,同时看到钢铁大亨安德鲁·卡耐基（Andrew Carnegie）、金融大亨 J. P. 摩根（J. P. Morgan Sr.）、"石油大王"约翰·洛克菲勒（John Rockefeller），还有谷歌创始人之一拉里·佩奇（Larry Page）、亚马逊创始人杰夫·贝佐斯（Jeff Bezos）走在一起吗？在中国，"这些人"就在同一个时间，登上了同一个历史舞台。

这背后的原因正是中国的快速发展和多层次转型：中国同时面临从计划经济到市场经济的体制转型、从农业社会到工业社会的发展转型，改革带来的红利爆发出许多内生动力，而且这种动力是全面性的、不可逆的。此外，中国处在与西方共同推动信息科技革命的时代浪潮中，同为技术创新的发源地，在一些领域还在引领新的产业革命。短短几十年间，工业发展、城镇升级、互联网普及、科技创新……一波接一波的浪潮涌现，这对投资人来说，仿佛展开了一张"清明上河图"。特别是中国在加入 WTO 以后，进入了城镇化、工业化和信息化"三化合一"的时代。在西方国家，这"三化"是在不同年代渐次出现、逐步发展演进的。100 年前先是城镇化、工业化，近几十年是信息化、智能化，而在中国这些现代化进程却同时迸发。一、二线城市在前，三、四线城市紧随，还有乡镇、农村，这是一种无比复杂却让人欢欣鼓舞的奇特场景，我们这一代人可以同时感受到西方好几个时代的变化，就像一家几代人一起学开车一样。这不得不令人感慨：人尚未奔跑，时代却已策马扬鞭。

价  值

迈克尔·波特（Michael Porter）[①]在《国家竞争优势》(The Competitive Advantage of Nations) 里提出国家竞争力的四阶段论：一是生产要素导向阶段（依靠资源、廉价劳动力）；二是投资导向阶段（依靠政府主导的投资）；三是创新导向阶段（依靠科技创新）；四是财富导向阶段（依靠金融资本运作）。在中国，由于产业和区域发展的多样性，这些阶段同时上演。比如说城镇化，在中国不仅是工业化的载体，更是市场化的平台和国际化的舞台。大量农村剩余劳动力涌入城镇转为市民，一方面为城镇提供了充足的劳动供给，另一方面也释放了大量的消费需求。城镇化派生的投资和消费需求拉动经济快速增长。同时，城镇化的发展逐渐缓解城乡二元结构带来的经济发展上的扭曲，进一步提升产品市场、生产要素市场的市场化水平。在这个基础上，中国通过增加出口、引进外资和技术，迅速融入国际贸易和产业分工；扩大开放力度，以开放促改革，通过市场化竞争，加速促进国内技术、产品和服务的转型升级，实现结构性调整。

从更长期看，21世纪很有可能是属于中国的世纪，这十几年只是整个历史大周期中很早期的阶段，冰山才刚刚露出一角，还有很大的机会往前推进。尤其是在信息科技时代，中国是一个极佳的创新实验场。中国的创新驱动战略为创业者们构建了很好

---

[①] 迈克尔·波特开创了企业竞争战略理论并引发了美国乃至世界范围内对竞争力的讨论，在世界管理思想界被称为"活着的传奇"。他拥有8个名誉博士学位，32岁即获哈佛商学院终身教授之职，因提出"五力模型"和"三种竞争战略"而备受推崇，是商界公认的"竞争战略之父"。——编者注

## 第 3 章　价值投资初试炼

的政策环境，中国不缺乏拥有卓越赏识力和战略思维的投资人，中国的消费者有着天然的"互联网基因"，中国的创业者有太多的可以试错的机会。这些因素将促使中国的创新以持续迭代的方式，不断积蓄能量，从而创造重大突破。一个大国的崛起，往往需要制度、环境的改善，这其中也需要一些人站出来，在历史潮流中劈波斩浪。创业者、企业家群体有可能成为改变中国的力量，他们善于学习、勤奋努力，有着从"死亡之组"① 突围的拼搏精神，敢于白手起家，探索竞争中取胜的可能；同时，他们又在实践的历练下更加富有理性，在复杂混沌中有着清醒的眼光。

奔走在美国东西海岸以及世界各地，在海外出资人面前展示中国，是让人充满使命感的事情。在当时的潜在出资人看来，我们是一支没有太多投资背景和经验的中国团队，在卖一个他们没有怎么投资过的国家的故事。我们在海外募资打出的第一个口号叫："中国正在崛起，高速列车正在离站，请立即上车。"然而，现场 90% 的出资人没有立即"上车"，10% 的出资人在一个星期以后也没有"上车"。现在再说起来可能是笑谈，当时的局面却是非常困难的。尽管应者寥寥，但我们始终坚持自己的理念，"中国要开放，机会在创新"，"不搞存量搞增量"，中国崛起的故事，真的只写到了序章。

---

① "死亡之组"（Group of Death）一般用于世界级的大型比赛中，尤其是足球小组赛中，多用于表示"该小组实力雄厚，难以应付"，突出两大特点：强队"扎堆"，弱队"必死"；实力平均。——编者注

价 值

在过去的一段时间，人们会觉得中国离世界很远，但当中国离世界很近时，可能要假以时日人们才能真正察觉。在西方人的眼中，过去的中国是一个封闭自守的经济体，与世界经济体系基本"绝缘"，像处于完全平行的时空中，无论是话语体系、思维方式还是发展脉络，都与外界格格不入。中国的现代化进程，似乎有太多障碍需要逾越。我要告诉他们的，是两者之间已经产生出太多奇妙的连接点，中国正在不断学习、借鉴和融合于世界，世界也需要中国的到场、推动和引领。如今，中国与世界再难分彼此。

## 2000万美元，第一笔投资

西方投资人经常说这样的一句话：在过去的100年里，是乐观主义者带领着美国的股市走到了今天。我想这句话同样适用于中国，悲观主义者可能猜对了当下，但乐观主义者却能够赢得未来。

我们是幸运的，或许正是源于长期乐观主义，2005年7月，在借来的局促的办公室里，我们接待了耶鲁捐赠基金投资团队。他们围坐在办公桌周围，面对刚刚开始在中国做投资的青涩团队，既像老师又像法官，疾风骤雨般地向我们提出大大小小的问题，包括投资计划、管理及退出策略、各项费用、研究方法等。尽管对此次拜访早有准备并胸有成竹，但对于回答不了的问题，我们仍然坦诚回应并记下应该关注的投资要点。

## 第3章 价值投资初试炼

毋庸置疑，与耶鲁投资办公室的会面让我们大为激动，原因有两点：其一，在耶鲁投资办公室的实习经历让我对其挑选基金管理人的严谨风格十分熟悉，他们不仅仅对基金管理人的投资理念、管理能力有着独特的筛选标准，并且对其道德品质有着近乎严苛的要求，尽管无论怎样的结果对我们而言都是非常难得的自省机会，但我们仍然对能否赢得他们的最终信任感到紧张；其二，我们太想得到耶鲁捐赠基金的投资，因为他们绝不是简单的出资人，他们的信任是对我们的投资理念和方向的极大肯定。最终，经过严格的考察，耶鲁捐赠基金决定向我们投资2000万美元，这是我们创业后募得的第一笔资金。事后回想，他们竟如此重视：大卫·史文森亲自带队，迪安·高桥等耶鲁投资办公室高管团队全体出动，远赴中国进行实地考察。此后不久，由于我们扎实的团队表现，耶鲁捐赠基金又追加投资1000万美元。如今，耶鲁捐赠基金已然获得了早期投入带来的丰厚回报，并持续追加投资，截至2020年4月，高瓴已让耶鲁大学累计获得24亿美元的投资收益。

当耶鲁大学录取一个中国普通年轻人时，他们大概没有想象到这场教育的未来；当耶鲁捐赠基金认真考察一支刚刚起步的团队，并将2000万美元交托给一群刚开始做投资的中国人时，他们大概没有预料到这笔投资的未来。就像诗人北岛所述："新的转机和闪闪的星斗，正在缀满没有遮拦的天空，那是五千年的象形文字，那是未来人们凝视的眼睛。"[1] 在海外介绍中国时，我的

---

[1] 引自诗人北岛于1976年创作的朦胧诗《回答》。——编者注

价 值

内心时常涌现这样的诗句。今天,在"互联网女皇"玛丽·米克尔(Mary Meeker)《2019年互联网趋势报告》(*Internet Trend 2019*)列出的30家全球上市互联网公司市值领导者中,美国公司共18家,中国公司共7家(阿里巴巴、腾讯、美团、京东、百度、网易、小米),中国仍有大量未上市的科技及创新企业。每当我走在去拜访出资人的路上时,与第一次一样,我心中所要讲述的故事从未改变:"重仓中国",看好中国企业和企业家的卓越不凡。

## 大行情中的"特立独行"

在高瓴成立初期,我们就坚持自己的投资理念,一方面希望"think big, think long"[①]——谋大局,思长远,架起"望远镜"去观察变化、捕捉机遇;另一方面用"显微镜"研究生意的本质,看清它的"基因""细胞",还有"能量"。在创业的一招一式中,我们不断反思和总结,逐渐明确应该做什么,不应该做什么。

---

① 意为"谋大局,思长远",全书同,下不另注。——编者注

## 第3章 价值投资初试炼

### 有些事情不能做，从一开始就不做

在中国，由于制度、文化、历史惯性、发展阶段等因素，投资领域曾不可避免地存在一些草莽的江湖气息。有人依靠超强的资本嗅觉和运作能力，在复杂的社会脉络中辗转奔波，有人"辞官归故里"，也有人"漏夜赶科场"。许多人迷恋挣快钱的刺激感，因为从短期回报率来看，挣快钱能够很快证明自己创造财富的能力，但这无疑是危险的。所有的快钱，它产生的理由无外乎这样几点：信息不对称下的博弈、热点追逐中的投机，甚至是权力寻租。某种程度上来说，人类天生好奇，有着本能的求知欲和探索欲。然而，快钱带来强烈欢愉感的同时，却极易麻痹人们的神经。**投资人一旦懒惰，一旦失去追求真理的精神和理解事物的能力，就可能失去某种正向生长的本能**。那些赚快钱的人会发现路越走越窄。我们也有一些挣快钱的机会，但我们敢于说"不"，敢于不挣不属于我们的钱。

**有些事情不能做，从一开始就不做。有些钱不能要，如果出资人不理解我们的坚持，我们从一开始就无法与之磨合**。对于一家从零开始做投资的机构来说，没有资源，没有名气，我们只能一步步寻找属于自己的投资方法。我们没有所谓的"顿悟时刻"，而是在不断试错中付出能够带来长远回报的努力。

在高瓴成立的头几年，国内市场面临着日新月异的局面。2005年，经济学家吴敬琏在全国"两会"中提出了"中国改革进入深水区"的观点。那一年,中国GDP达到18.2万亿元,GDP增速处于11.4%上下的高速增长区间。资本市场改革悄然启动,股权分置改革打破了非流通股和流通股的制度差异,实现了证券市场真实的供求关系和定价机制;国有商业银行稳步推进股份制改革,金融风险得到妥善处置;金融业对外开放按照加入WTO的条款要求逐步发展,过渡期结束后金融业竞争进一步加剧。中国启动人民币汇率形成机制改革,不再盯住单一美元,开始实行以市场供求为基础、参考一篮子货币进行调节、有管理的浮动汇率制度,人民币进入长期渐进升值轨道。房地产市场也在需求释放和政策调控中呈稳步上扬趋势。这些事件无法直接开启之后数十年中国浩瀚发展的伟大历程,但我们时常可以感知到未来的喷涌之势。

面对外界的环境,选择适应环境的方式成为影响未来的关键所在。正所谓"知足不辱,知止不殆",**在短期与长期、风险与收益、有所为与有所不为之间,我们修炼自身的内核,坚持做正确的事情。**

## 重仓腾讯

"嘘寒问暖,不如打笔巨款。"当我们拥有"巨款"时,第一笔投资就是重仓腾讯,在单笔限额内,把最大的一笔投资都押注在了腾讯。那时,腾讯公司刚上市一年多,主打产品之一是QQ,一款在互联网上即时通信的软件,以一只闪烁的企鹅为形象。

## 第 3 章　价值投资初试炼

到 2020 年 2 月，腾讯公司的估值从 2005 年的不到 20 亿美元增长到约 5000 亿美元，看来我们真的是"赌"赢了。是的，我们无法否认赌的成分，在那个节点，谁也无法判断即时通信这门生意有怎样的影响力，谁也无法判断腾讯这家创业公司能否杀出重围，谁也无法判断互联网的未来究竟是什么。

但我们又不全是赌。在投资前，我们按照一贯做法进行了大量的基础调研。当时，互联网业态相对简单，即时通信构成了一个非常重要的市场。曾经有分析员这样概括：即时通信使亲友的沟通突破时空界限，使陌生人的沟通突破环境界限，使自我与外界的沟通突破心理界限。而作为沟通软件，即时聊天应用突破了作为技术工具的界限，人们将感受现代交流方式，并构建起一种新的社会关系。正是这些构成了投资的亮点：腾讯真正打破了亲疏关系的局限、社交阶层的局限、沟通场景的局限，特别是帮助人们在虚拟世界中实现了没有束缚的沟通，打破了现实中的疏离感。尽管初步调研的结果比较乐观，我们仍然有很多顾虑，最突出的有两点。

首先，即时通信软件的本质是什么？是从无到有创造新的沟通渠道，还是提升现有沟通的效率？是解决人们的不安全感，还是创造了一种更高级的娱乐空间？一旦形成了连接，能否出现更多的"同心圆"，发展更多的业务？

其次，我们更大的顾虑是，用户基础到底有多大？能否形成

价　值

网络效应，实现用户黏性？当时我身边的人很少用QQ，许多人以用MSN为荣，而腾讯的用户乍看上去多是"三低"用户——低年龄、低学历、低收入。

一次去义乌小商品城的调研之行让我们有了意外发现。那次并不是专门去调研QQ，而是为了调研别的事情，顺便看看大家都在用什么交流。我们惊奇地发现每一个摊主的名片上除了店名、姓名、手机号以外，还有一个QQ号。后来我们拜访政府的招商办，连招商办的官员名片上也有自己的QQ号。原来，QQ的用户深度超乎想象，它对中国用户群体的覆盖满足了社交的无限可能。社交可能是有圈层的，但社交工具不应该有圈层，它应该连接所有人，打破亲疏关系、社交阶层以及沟通场景的局限，让沟通可以随时被发起、被等待、被记录，把自身人性的东西通过产品还原、纾解和建构，完全解除人与人之间的沟通障碍。马化腾曾经这样定义即时通信，他认为以QQ为代表的即时通信产品已不再是一个简单的沟通工具，而是一个共享信息资讯、交流互动、休闲娱乐的平台，语音通话、视频通话、音乐点播、网络游戏、在线交易、BBS、博客等新的应用都可以在这个平台上开展。几年后，这些定义悉数兑现，这样一款产品几乎成为中国"网民"的标配，许多人把QQ号作为自己的网上ID，许多"网民"的第一个网名就是QQ昵称。

这次对QQ的调研和对腾讯产品理念的反复思考，打消了我们之前所有的顾虑。事后复盘时，我们更加坚定了一直坚持的信念：

一个商业机会，不应看它过去的收入、利润，也不能简单看它今天或明天的收入、利润，这些纸面数字很重要，但并不代表全部。真正值得关注的核心是，它解决了什么问题，有没有给社会、消费者提升效率、创造价值。**只要是为社会疯狂创造价值的企业，它的收入、利润早晚会兑现，社会最终会给予它长远的奖励。**

## 勇敢地去接"下落的飞刀"

市场永远在波动，而我们却一直在"特立独行"地研究、学习与判断。价值投资需要做的基础研究很多，以至于我们无暇猜测市场的潮起潮落。

2008年，一场漫及全世界的金融海啸让所有人对这个世界充满失望、愤懑和无奈。与大多数机构投资者一样，我们在巨大的不确定性、弥漫的恐慌情绪中陷入疑惑、忧虑和沉思。在冬季里活着的树木必然有坚硬的角质层，在寒冷中过冬的动物必然有厚厚的皮毛，那么在这场金融寒冬中，投资人应该依靠什么？

我们从不相信运气，因为无论是概率验算还是神灵保佑，似乎都不管用，我们相信的是长期理性，理性可能迟到，但绝不会缺席。当然，在巨大压力下，这种观点仍然不能让我们坦然镇定，我们在紧张地观望着整个行业的震荡与兴衰。有人把"金融危机"比作"癫痫"，来强调其不可预测性。但2008年的无数预警，都被人们有意无意地错判或者忽略。当时国内金融市场对这场危机的感知是迟缓的，直到 2008 年 9 月 15 日，在同一天内，美国第四大投资银行、诞生于中国清朝道光年间的雷曼兄弟公司破产，美国第三大投资银行美林证券被美国银行收购。这两条新闻传入国内时，人们才惊惶地意识到，一场史无前例的世界危机终究还是来了。在随后的一周，全球股市市值蒸发 7 万亿美元，亚洲、欧洲金融市场也剧烈动荡，外汇市场剧烈波动，流动性趋于干涸。2008 年 10 月，金融危机迅速从金融领域向实体经济蔓延，国内各项经济数据大幅下降，决策者呼吁：信心比黄金重要。

尽管凭借着警觉，我们在系统性风险指标急速上升时已提前降低了仓位，但账面仍损失惨重。在市场陷入谷底的时刻，信仰决定了看待这场危机的视角。任何一场世界性的危机都异常恐怖，但我们始终相信长期主义，相信人们有智慧、有办法化解它，人类社会不正是在一场又一场的危机和重生间螺旋式发展的吗？历史长河中，如果给你一块硬币赌人类命运的话，你应该永远相信人们的智慧和企业家精神。我们更加相信国运，相信中国哲学，相信中国的腾飞之势，中国的发展不正是在一次又一次的浴血奋战中凯旋吗？

最终，我们决定义无反顾地"赌"危机的破灭，"博"市场的反弹。这不仅仅出于我们对于市场的判断、对于"重仓中国"的坚持，更关键的是企业家的能力给了我们十足的信心，我们投资的这些企业中不乏拥有伟大格局观的创业者、企业家，以及最勤劳的员工，他们都是最扎实的奋斗者。在这样的氛围里，我们不能轻易错过市场触底反弹的机遇，我们的信心在这个时候反而很强烈，帮助我们在市场的杂乱信号中找到最终的方向。

我们相信，每一次重大危机都是一次难得的际遇和机会，尤其需要珍惜。危机既是一场不折不扣的压力测试，让我们看清到底谁在"裸泳"；又是一面镜子，足以"正衣冠，端品行"。在危机出现的时候，投资人能否坚持初心、坚持反复强调的价值观，就显得尤为重要了，这个时候坚持的东西，往往既是决定生死的，又是关乎声誉的。**真正穿越周期的投资机构，往往做到了既看到眼下，时刻做好打算，又目光长远，不为一时一地而自乱阵脚**。这种理念需要不断地强化，要印刻在基因里。

事后回看，颇有意思的是，当很多投资机构都在自忖生死的时候，我们竟在"傻呵呵"地装修新办公室。我们在金融危机前就已经计划搬到一栋新的写字楼里，并在这家写字楼的顶层租用了更大的办公室。当时有员工戏称："我们可能是全世界唯一一家以举锤子、敲钉子直面金融危机的投资机构了。"在这次金融危机期间采购的办公家具至今仍在使用，并非为了纪念，而是因为当时坚持采购最好的家具，力求坚固耐用，做长期打算。

价 值

# 基因决定了非如此不可

选择做价值投资,是高瓴诞生的基因决定的,我们从第一天就笃信,非如此不可。一方面,这个无比沸腾的时代让价值投资者对中国崛起抱有基于理性又超越理性的独特期待;另一方面,我们拥有在西方近距离观察金融市场发展的独特历程,特别是在机构投资者身上看到了一种回归本质的投资精神,这些积累多年的实践经验和理论建树,无疑为我们树立了极高的行动标准。而这其中,价值投资作为一种可以穿越周期、穿越迷雾的力量,成为高瓴基因表达的核心所在。

## 做,就做常青基金

在自力更生、因陋就简的创业伊始,我们就选择做一只价值投资常青基金。无论在当时还是现在,常青基金都是亚洲少有的模式,但我们仍然坚持做长期正确的事情,具体来说就是以下三件。

第一,选择超长期的出资人。某种程度上来说,你的负债端往往决定了你的资产端,你的资金性质会极大影响你的投资策略。常青基金的特点是投一级市场项目,不用担心退出压力,公司上市后,只要业务发展前景可期,就继续持有其股票。这个模式在亚洲是很罕见的,因为超长期投资对出资人的要求很高,需

## 第 3 章 价值投资初试炼

要出资人对基金管理人（即普通合伙人，General Partner，简称 GP）非常信任。对于那些需要不断展示投资回报或者消化市场风险的基金管理人来说，他们在投资时束手束脚，由于需要关注短期回报，所以有时会舍本逐末，无法形成长期思维。

在这个逻辑框架下，答案只有一个，那就是选择合适的出资人，选择超长线资本，比如全球顶尖大学的捐赠基金，包括哈佛大学、耶鲁大学、普林斯顿大学、斯坦福大学、麻省理工学院的捐赠基金，还有主权财富基金、养老基金、慈善基金、海外家族基金。它们的投资时限往往可以用世纪来衡量，因此富有远见、耐心和信任，不会在意一时一事，而是追求长期可持续的增长。战略上的理解，理念上的契合，使得这样的机构投资者对所选择的基金管理人格外信任。只要坚持做价值投资，它们就会坚定支持。

第二，拥有超长期研究的能力。实现超长期的研究需要两个大前提：一是能做，即你的资本是长期的，这样你才具备花时间和精力去思考长期关键性问题的外部条件；二是愿做，即你的投资理念是长期的。投资决策的起点是对行业的深刻洞察，包括供给端的变化趋势、行业环境的历史演变以及生意模式的本质，思考什么样的企业值得持有 30 年以上。注重超长期研究能力的组织完全不同于官僚化组织，也不同于典型的商业化机构，而是像一所学校、一所研究院。分析员不会因为短期内找不到好的投资机会而面临业绩考核的压力，他们的核心工作就是研究，把自己变成一名研究人员，先于市场发现好的机会，而不用四处求神拜佛。

价　值

　　第三，坚持并不断完善价值投资的内涵。既然选择了价值投资，就要在可理解、可预期、可展望的范畴内，遵循商业的真实规律，做出判断。这就需要坚持研究驱动，把研究作为投资核心能力的出发点，完成"可理解"；坚持长期投资，充分理解并等待价值创造的过程，做时间的朋友，完成"可预期"；坚持寻找动态护城河，把企业家持续创新、持续创造价值的能力作为企业长期可持续发展的核心动力，完成"可展望"。这样，就可以获得与别人不一样的价值投资能力。

## 一种投资机构，多种投资形态

　　在坚持做到上述三件事情之后，应该怎样开展投资活动呢？在具体的执行中，第一步就是寻找投资思路，基于对行业的深度理解，找到真正产生价值的信息，获得对行业价值链、生态环境的全面洞察，提炼行业发展周期中的重要变化，尤其是提炼看似无关、实则相关的重要联系，把不同的思维角度碰撞在一起；第二步就是投资思路分析，去测试和判断你得到的信息和想法，把真正有关系、有联系的事情想清楚，思考原因的原因，推导结果的结果，而不是用简单的线性思维思考；第三步是投资思路管理，把投资思路代入真实的商业周期或产业环境中，变成一个可执行的项目，包括怎样投资、怎样交易、怎样运营、怎样创造价值，形成最终的投资表达方式。

　　**在无关处寻找有关，在有关处探求洞见，在洞见后构建方**

案。正是这样的"三步走"策略,决定了一种价值投资机构可以成为多种形态。

第一,可以建立全阶段、跨地域的投资模式,做全天候、全生命周期的投资机构。一旦研究发现绝佳的商业模式和与之价值观契合的创业者,就可以自由发挥,即在公司发展的任何一个阶段投入,这包括在公司发展早期阶段、成长转型阶段,甚至是上市以后,也不局限于本土企业或海外企业,要把对公司价值创造过程的理解转化成全球、全品类、全阶段的投资决策,可以不拘泥于股权、债权,不拘泥于早期种子投资、风险投资、成长期投资、上市公司投资、公司并购等各种形式,保持投资的灵活性。本质上,价值投资就应该这么做。完全可以用一级市场的长期思维来理解二级市场投资,也可以用二级市场的观点来复盘一级市场投资。其实,在广义的价值投资范畴中,一级市场的风险投资、股权投资和二级市场的股票投资,没有实质差异。正所谓"一种基因,多种表达",在什么市场通过什么形式投资都只是表达形式,价值投资的核心还是商业洞察力,即对人、生意、环境和组织的深刻理解。如果研究理解的结果可以通过二级市场实现,就买入股票长期持有;如果没有这样的上市公司,就寻找私人市场;如果没有私人市场,甚至可以寻找创业团队进行孵化。

第二,可以成为非活跃的主动投资机构。主动是指将投资的着眼点放在创造价值上,做正和游戏,不算小账。非活跃是指不用随时准备交易,不需要太大交易数量,甚至可以除了研究什

## 价 值

么都不做，但要时刻保持高度警惕，随时准备抓住机会，一旦出手就要"少而精"，积累一个高质量公司的组合。从高瓴成立的第一天起，我们和出资人就有一个约定，那就是任何事情只要合理、有意义，我们都可以做（We can do anything that makes sense）。这可能是世界上最简单的模式——出资人给你开了一张空白支票，"你可以干任何你认为合理、有意义的事情"。但可不要小看这个"合理、有意义"（make sense），这实际上是一个最高的门槛，因为这个世界上充斥着并不合乎情理的事情。比尔·盖茨和沃伦·巴菲特曾经说他们的成功秘诀主要就是两个字：专注。**作为投资人，就需要在无数诱惑下更加专注，不断扪心自问什么事情是有价值、有意义的，这样的事情才能做。**同时，不用强迫自己在好的机会出现之前去做任何事情，这也是一个重要原则。是像天女散花一样做很多投资，还是把所有的精力、最好的资源，集中投资于最信任的创业者？不同的人有不同的答案，但更有效的是：**我们不必做所有的事情，只需要做有意义的事情**（We don't have to do anything. We only do things that make sense）。

第三，可以成为提供解决方案的投资机构（Solution Capital）。价值投资的外延在不断丰富，对价值创造过程的理解还可以转化成为企业发展提供解决方案，推动产业变革。对于周期性行业和非周期性行业中的企业，投资人都可以在行业洞察的基础上，深入理解企业未来发展最需要什么：如果是资本，就提供充足的资本；如果是技术，就给予技术支持；如果是人才，就帮忙搭建团队；如果当下还不知道企业未来需要什么，就以全周期的视角和创业者共同寻找答案。**解决方案的提出，不是看价值投资机构有什么，而是看产业变革规律以及公司创业过程中需要什么**，通过在管理、资源、技术和人才等方面提供解决方案，推动创业公司的能力跃升。

要坚持做提供解决方案的资本，参与到企业的长期发展过程中。**我们未必能帮助创业者走得最快，但我们希望能够与创业者一起走得更远**。这样的基因决定了价值投资机构可以穿越周期、忽略"天气"、不唯阶段、不拘泥于形式，在全球、全产业、全生命周期里创造价值，这条路可以一直走下去，效率也会更高。

在创办高瓴伊始，我就全然没有设想过它的未来，无论是管理规模会有多大，还是今后会走向哪里。这些可能并不重要，也无法刻意求之。而我们能做的，就是在长期投资、价值投资的坚持中寻找内心的宁静，在"重仓中国"的笃定中感受价值的创造，在与伟大企业家的同行中信守长期主义的哲学。

价 值

## 我对投资的思考

- 对于一名投资人而言，理解潜藏在巨大势能中的关键行业和企业，是非常重要的能力。

- 一旦善于理解变化，投资人将极大拓展其可理解的范畴。

- 投资人一旦懒惰，一旦失去追求真理的精神和理解事物的能力，就可能失去了某种正向生长的本能。

- 有些事情不能做，从一开始就不做。有些钱不能要，如果出资人不理解我们的坚持，我们从一开始就无法与之磨合。

- 只要是为社会疯狂创造价值的企业，它的收入、利润早晚会兑现，社会最终会给予它长远的奖励。

- 真正穿越周期的投资机构，往往做到了既看到眼下，时刻做好打算，又目光长远，不为一时一地而自乱阵脚。

- 解决方案的提出，不是看价值投资机构有什么，而是看产业变革规律以及公司创业过程中需要什么。

- 我们未必能帮助创业者走得最快，但我们希望能够与创业者一起走得更远。

# BE A FRIEND OF TIME

第二部分

价值投资的哲学
与修养

# 第 4 章

# 价值投资方法与哲学

———

时间是好生意
与好创业者的朋友。

## 第 4 章　价值投资方法与哲学

在我的书架上，有一套书最为醒目，我总会在不经意间打开翻看，那就是由本杰明·格雷厄姆（Benjamin Graham）与戴维·多德（David Dodd）在 1934 年共同写下的《证券分析》（*Security Analysis*）[1]。这部巨著被誉为"投资者的圣经"，书中的投资思想也被称为"价值投资的路线图"。这部历久弥新的经典著作最大的意义在于，它使得价值投资和基本面分析真正走入人们的视野。自此，无数投资者都在相信或质疑、亲近或远离中解构价值投资。

20 世纪 80 年代初，证券分析师们的办公桌上往往都整齐摆放着数支铅笔和一摞白纸，还有两部电话机以及一些便捷查询表，他们每天都会通过报纸、电话、广播等工具检索信息，拿起铅笔飞速计算着各项资产收益率。今天，计算机、互联网和各种

---

[1]《证券分析》是价值投资流派的开山之作，给出了历经时间检验的价值投资思想和常识，其原书第 6 版的简体中文版已由湛庐文化引进，由四川人民出版社于 2019 年出版。——编者注

## 价　值

数据库正逐渐替代人工运算模式。投资工具在变，投资方法也在变，价值投资的基本理念历经数个周期，然而，真正践行价值投资的投资者并不多见。

价值投资需要既能从质的方面，又能从量的方面找到根据，但相反的是，许多人在遇到无法理解和无从应对的事情时，寄希望于瞬间的直觉或者玄妙的悟性。这就好比在最后的时刻又把胜负手交给了运气，或者是执迷于零和游戏，在市场的复杂多变中你争我夺。

作为价值投资的信仰者，需要认真区分"投资"与"投机"，并思考：投资究竟是购买一张证券等待合适的时机出售，还是成为这家企业的股东与其同呼吸、共命运？在我们看来，品质是投资选择的基石，而品质通过一个问题即可辨明：时间是不是你的朋友？真正高品质的公司，无论在怎样起伏难料的经济周期当中，其地位都固若金汤，可以实现持续性的增长和繁荣。

投资一般可从行业、公司、管理层这三个层面来分析。看行业就要关注商业模式，这个生意的本质是什么、赚钱逻辑是什么；关注竞争格局，是寡头垄断还是充分竞争；关注成长空间，警惕那种已经寅吃卯粮的夕阳行业；关注进入门槛，是不是谁都可以模仿；等等。看公司就要关注业务模式、运营模式和流程机制，管理半径有多大，规模效应如何，有没有核心竞争力。看管理层就要关注创始人有没有格局，执行力如何，有没有创建高效组织的思维和能力，有没有企业家精神。

但仅看这些似乎还不够，因为投资人无法亲历企业成长的方方面面，更无法判断市场的不可知因素。因此，做价值投资还要看到行业的发展、公司的演进和管理层的潜力，包括这个生意如何诞生、如何变化、如何消亡，以及这些结果背后的驱动因素，看成因和结果。因此，我们提出从人、生意、环境和组织的角度，从更多维的空间，思考创业者、商业模式和生意所处的生态环境以及企业的组织基因。在研究过程中，不仅要思考管理层的创造性、企业的商业模式演进，还要思考组织基因的表达、系统生态环境的变化等，用第一性原理思考问题，**在无常中寻找有常，在有常中等待无常，探究五步之外，投资于变化，投资于品质。**

## 从持续 20 年的零售业研究谈起

在创立高瓴以后，我们花最多时间研究的行业就是零售业。零售业与每个人的生活息息相关。从某种程度上说，零售业塑造

价　值

了现在的商业社会以及现代生活。这里，我想通过对零售业的研究来介绍高瓴的投资方法。从大的格局上来理解就是：零售即服务，内容即商品，所见即所得。

## 挖掘行业的生态体系

要了解一个市场，首先要了解它的"前世今生"，所以我们从发展历史悠久的美国零售业入手。零售业本身是一个现代产业，它是伴随着商品经济的发展而诞生的。从历史的角度看，现代零售的"前世"纷繁复杂，从200多年前出现的纯粹的夫妻老婆店开始，零售业进入现代经济体系后不断演化，但直到现在，夫妻老婆店仍是不可或缺的商业形态。其实，夫妻老婆店有它的独特优势，比如它不存在公司治理的问题，资本的所有者和运营者是高度统一的，而且夫妻老婆店更有温度，老板、老板娘很熟悉周边的社区，可以很友善地与客户建立个人联系，进而形成情感绑定。但其劣势更加明显，比如规模比较小、产品选择窄、供应商体系混乱、消费者体验不一致等。

零售业第一次出现大发展的标志是连锁店的诞生。需要看到的是，连锁店的诞生是有前提的，这个前提就是生态体系的创建。而其生态体系包括什么呢？首先是铁路的出现。美国第一条横贯东西的铁路于1869年完工，这为现代物流体系创造了新的标准，物流的标准化、即时化进程快速发展，使一家好的工厂可以生产供全国使用的产品。从美国的发展历程可以看到，1919

## 第 4 章 价值投资方法与哲学

年到 1926 年，美国出现了现代零售业的大规模市场整合。"新零售"这个词当时就已经在美国出现了，那时美国甚至已经出现了无人便利店。

连锁店出现后，有些商家就开发出了超市业态。商品品类和数目的扩张，使消费者一站式购物成为可能。这其中又蕴含着巨大的变化，如果说铁路使零售生态体系得到现代化发展，那么连锁店以及超市这种吸纳大量消费者的业态就在整个零售生态体系中占据了关键位置，我们称之为"生态位置"。

当连锁产生的时候，如果没有好的商品，连锁本身就不成立。这个时候，美国市场出现了两家非常重要的消费品公司——宝洁和联合利华。这两家公司至今仍然是广受信赖的消费品公司，它们的核心输出是品牌，它们通过将产品品牌化、包装化，使消费者对其产品有了统一的认知，即"快消品"（Fast Moving Consumer Goods）。其实，1839 年就已经出现了包装好的商品——肥皂。肥皂是生活必需品，特征是可包装、易存储且不需要电冰箱来储存，最早的商品只能是拥有这些特征的商品。但是直到 1930 年以后，商品品牌才真正得到发展，其中的原因主要是电视机的出现。电视机和有线电视网的发展让知名消费品公司有机会迅速大规模宣传品牌，最早的电视节目也都是围绕品牌来做的，"肥皂剧"最早就因给肥皂打广告而得名。在品类拓展中，还有一个重要突破：电冰箱的出现。这促使包装商品品类终于可以从肥皂这一类商品扩张到食品品类。食品的规模比其他商品的

价 值

生态设施

铁路的出现：
物流和生产周期的标准化

电视及网络的出现：
品牌的传播

供给端

品牌公司的出现：  连锁店超市的出现：
商品的标准化　　 购买和服务体验标准化

电冰箱的出现：
品类拓展

需求端

家用汽车的普及：
扩大购买半径和购买规模

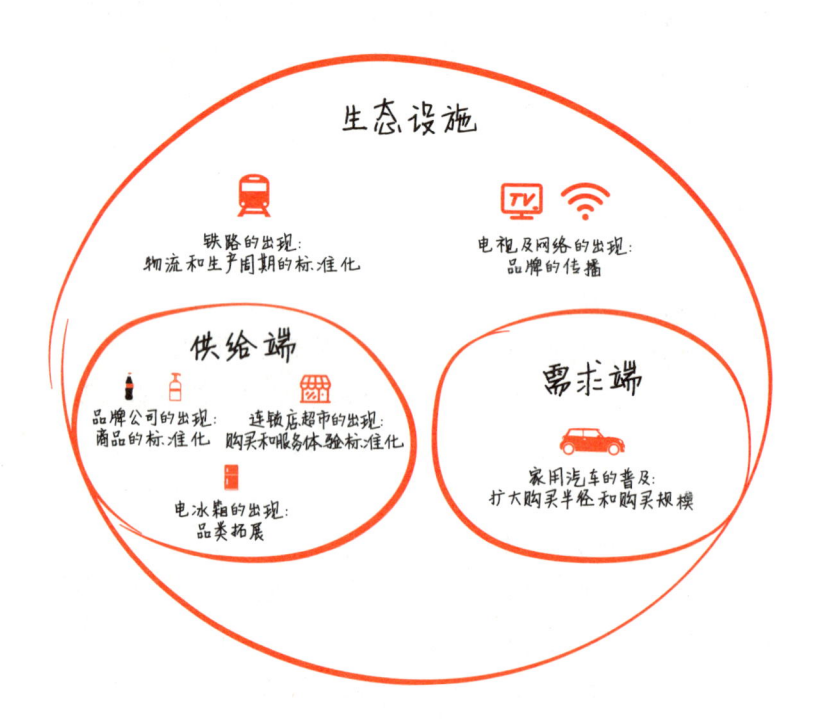

零售行业生态体系图

第 4 章 价值投资方法与哲学

规模大好多倍，进而使现代商品的规模也扩大了好多倍。

至此，生态体系里已经有了铁路、连锁超市、知名消费品公司、电视机、电冰箱这些构成要素：铁路把物流和生产周期标准化；连锁超市把购买和服务体验标准化；消费品公司把商品标准化，给消费者提供品牌的承诺和产品质量的保证；电视机把大家的认知标准化，通过电视节目使得所有品牌变得家喻户晓，增加品牌的知名度和美誉度；再加上电冰箱的批量生产，使得产品能被更长期地储存。在各种要素陆续出现以后，零售业的供给端完成了现代化进程。

生态体系的搭建是一个不断完善的过程，在供给端的关键要素不断出现后，有一个需求端的要素出现了，那就是家用汽车。家用汽车的普及，一下子扩大了人们的购买半径，使得商店的地理位置不再是核心问题。伴随着美国家庭汽车拥有量的增加，美国零售业出现了重大变革，超市的数量和销售规模也得到非常大的增长。

## 寻找独特"物种"

我们非常关注零售业中那些创新的代表，它们可以说是这个生态体系中的独特"物种"。在家用汽车出现之前，美国拥有两家家喻户晓的公司：超市型零售公司凯马特（Kmart）和高档百货公司梅西百货（Macy's），这两家公司最大的特点就是

价　值

占据了众多城市的核心地理位置。但家用汽车出现后，零售业不需要依附于原来的物流体系了，沃尔玛（Walmart）逐渐成为主流。

沃尔玛诞生于阿肯色州的一座小城市，它的创始人是山姆·沃尔顿（Sam Walton）。由于当时最好的商业地理位置都是别人的，山姆·沃尔顿像学过"农村包围城市"的思想一样，坚持深耕农村，经营"革命根据地"，先在一个个"老少边穷"地区开店经营，之后才去开拓新的区域，而非一开始就在全美开店。这可以说是"持久战"，通过长期的经营，做长期的事业。从数据来看，1980年沃尔玛只有276家店，而1981年凯马特已有2000家店；2020年，沃尔玛在全球范围已拥有接近1万家店，而凯马特只有600多家店，中间还破产过2次。这里需要思考，为什么占据核心地理位置的凯马特会败下阵来？寻找答案的关键还是看谁能为消费者创造更多价值。沃尔玛是美国最早运用高科技，将计算机、数据引用到零售业的公司之一，早在1987年沃尔玛就做了全美最大的私人卫星通信系统（即商务情报系统，简称BI）。[①] 这个商务情报系统能够使沃尔玛每家店的理论成本比周边竞争对手的都要低。店长没有涨价权，只有降价权。提供同质且价低的商品，就是以消费者为中心。而且，沃尔玛和凯马特

---

[①] 沃尔玛的私人卫星通信系统帮助它建立了规模极大的数据库，其规模甚至超过了美国电话电报公司；同时，这种通信系统使信息在公司内部及时、快速、通畅地流动，从而形成了极为敏捷的商务情报系统。——编者注

还有一个重大不同：凯马特会搞活动式促销，消费者在促销时大量购物，在非促销时延迟购物，这导致供应链扭曲，库存奇高，供应商苦不堪言；而沃尔玛坚持每日低价（Everyday Low Price，简称 EDLP），消费者不需要精打细算等促销，这是最简单也是最符合人性的。

之后，零售业又出现了新的创新。一是仓储式购物公司好市多（Costco）横空出世。我在 20 年前就已经开始研究好市多了，它的董事长告诉我说，沃尔玛有 14 万个库存保有单位[①]，有几乎最全的商品、最多的选择、最低的价格、最高的人流量，那该如何与沃尔玛竞争呢？第一，好市多的目标是让自己最想要的客户进来，让这些人产生最多的消费。于是，它将会员费设定为 65 美元，把真正来买东西的人吸纳进来。这在当时很创新，很多人甚至都认为这是骗子公司。第二，简化供应链，只做 3000 个库存保有单位，精选品类。这样一来，单品的采购规模大幅增加，比沃尔玛的还要大，这就使其商品单价比沃尔玛的还便宜。第三，好市多以极低的价格将商品买进来，然后按成本价卖给消费者，不再考虑定价的问题，公司营收主要来源于会员费。但有意思的是，对于有些成本价很低的商品，消费者不相信价格会那么便宜，或者说不相信那么便宜的商品是好的商品，于是好市多又把价格定得高于成本但略低

---

[①] 库存保有单位（Stock Keeping Unit，简称 SKU）是对每个产品及服务的唯一标示符，同一产品有多种颜色，也会被视为多个 SKU。——编者注

价 值

于竞争对手的价格。这样，它的营收就不仅仅来源于会员费，还包括零售价差。

还有一个创新物种是德国的奥乐齐（ALDI）公司。为了拜访它的创始人，我们先后去了德国四次，其中一次蹲守了两个星期，最终获得了和创始人面谈取经的机会。奥乐齐最大的特点就是几乎所有的商品都没有品牌，他们认为品牌会产生广告费，这些都会转嫁到消费者身上。它的90%以上的商品都是自有商品，库存保有单位更少，最初只有300多，发展到现在也就800多。更厉害的是，它的组织是完全去中心化的，所有的店长既是资本方，也是运营者。店长自己决定店里该卖什么，总部只是提供采购清单。这真正是"让听到炮声的人决定仗怎么打"，把现代化的供应链流程和原始的夫妻老婆店的精髓结合了起来。

我们还去美国研究过以自有食品品牌闻名的乔氏连锁超市（Trader Joe's），去土耳其研究过连锁超市BIM，去波兰研究过当地的零售业态，力求从每一个商业物种及其所在环境中挖掘出某些圆融自洽的逻辑。当我们看完美国和欧洲国家的零售店以后，再看日本的零售业态，发现它形成了另外一种生态环境，这是和日本的社会发展相互匹配的。

在1975年前后，日本有近80%的人都是中产阶级。整个社会大量生产、大量消费，需求同质化、消费同质化和生活同质化

第 4 章　价值投资方法与哲学

是当时日本社会的基本写照。当时日本的零售业态是百货、连锁超市和折扣店。到了20世纪80年代中后期，日本陷入经济低迷，日本企业开始反思并衍生出精细运营、柔性制造①的模式，日本的消费者也产生了分层，变得标签化，精神文化消费占比逐渐升高，零售业态主要是大型综合超市、精选品类店以及追求极致低价和性价比的百元店。到了20世纪90年代，日本经济缓慢复苏，但人口已经出现减少趋势，呈现老龄化和独身主义倾向，整个社会处于低欲望的状态。人们的消费特征演变为不过分关注品牌，而是注重产品品质、服务内容和情感寄托。在这样的社会环境下，便利化的连锁药店、便利店业态开始大量出现，店里不只有药品、化妆品、杂货和包装食品，还有大量生鲜、鲜食。从实际盈利重点来看，便利店在本质上是快餐店。我们围绕这些业态对方便性做了大量的分析，包括覆盖区域、单店流量、客单价、品类分布等，研究目的就是去探究方便性如何转化为更好的顾客服务。

## 以终为始，是研究的不变法则

零售是和人联系非常紧密的生意，它突出解决的是"安全感""便利性""幸福感"的问题。比如企业通过品牌宣传、品类

---

① 柔性制造的模式是指以消费者为导向、以需定产的生产模式，与传统的大规模量产的生产模式相对立。"柔性"可以表述为两个方面：一是指生产能力的柔性反应能力，即机器设备的小批量生产能力；二是指供应链敏捷而精准的反应能力。——编者注

价  值

扩张、降价打折,来满足消费者的刚性需求,使之具有安全感;再通过建立连锁店、拓展品类选择、提供鲜食以及外卖服务等,来为消费者提供便利性,使其需求能够迅速得到满足;到后来,零售企业开始向全产业链转型,核心是解决消费者的多样化需求,提升综合满意度。

正是基于对零售业10多年不间断的研究储备,当一个新商业物种出现时,我们才能够快速理解它需要怎样的养分、怎样的生长环境。这让我们在面对京东、百丽国际等投资机会时,敢于出重拳、下重注。

尽管已经做了如此多的研究,但我们对零售业还需要做更长时间跨度的研究,因为社会形态、文化偏好、人口结构、消费者审美能力等商业环境的组成要素都在快速变化,过去20年的研究仍然无法涵盖人类社会的大发展周期,更无法用以预测未来会有怎样的商业模式创新、物种创新。在此基础上,我们仍然需要探究支撑这个商业模式的组织基因,即创业者是怎样把他的个性、才华和梦想注入这个组织的,以及这个组织会呈现怎样的生长姿态等问题。**以终为始,是研究的不变法则。**

第4章　价值投资方法与哲学

# 研究驱动

价值投资最重要的标志就是研究驱动。对于一家专注于研究行业、研究基本面的投资公司，核心能力就是对商业本质的敏锐洞察。在高瓴刚创办的时候，我们就要求每一位研究人员都应该尽力成为一些行业的专家，而且是独立的专家，把行业的来龙去脉看清楚。因为**最好的分析方法未必是使用估值理论、资产定价模型、投资组合策略，而是坚持第一性原理，即追本溯源**，这个"源"包括基本的公理、处世的哲学、人类的本性、万物的规律。

## 深入研究 = 研究深 + 研究透

我们所坚持的投资研究，始终强调基于对人、生意、环境和组织的深度理解，通过深入研究，在变化的环境和周期中，挖掘最好的商业模式，寻求与这个商业模式最契合的创业者，从而确定投资标的。实践证明，思考商业问题，要用充足的时间研究过去，更要用充足的时间思考当下和判断未来。坚持这一点的理由很简单：如果没有对一个行业研究深、研究透，那为什么要投资这个行业中的公司？

研究深是指做的研究必须基础和根本。**第一，我们非常喜欢**

价　值

深入研究 = 研究深 + 研究透

长期研究 = 关键时点 + 关键变化

独立研究 = 独特视角 + 数据洞察

研究驱动的三种形式

## 第 4 章 价值投资方法与哲学

**和创业者打交道,而且是在他们经历剧烈变化的那段时间打交道,这样我们就有机会参与到伟大企业的成长过程中。** 我们通过与创业者交流,对消费者访谈,谋求资深从业者的见识、判断等,积累一手行业数据,了解关于行业或生态的历史演绎、横截面数据或者价值链,对生意所处的环境形成独特的认知和超预期的判断,具备真正理解因果关系的能力。**第二,我们非常喜欢研究全球的商业进化史,通过在世界各地寻找先进的商业轨迹,对全球不同地区、不同产业生态的"物种演化"收集加工。** 分析的角度可能是行业的上下游,可能是不同的产品形态和定位,可能是某种资源或能力的稀缺性,也可能是影响这个生意的其他环境和基础设施,甚至可能是创业团队的独特禀赋,核心目的是用全球的样本把产业演变的逻辑进行沙盘模拟,把历史性和前瞻性贯穿起来,形成一个跨地区、跨周期的分析结果。

就像爱因斯坦在物理世界中,用简洁的公式描述世界的本质一样,我们希望能够遵从第一性原理,在商业世界中找到某种简单的公式,尽管商业世界难以像物理世界那样抽象或简化,但投资研究就是这样一种挖掘关键痕迹的过程。更重要的是,简化到公式绝非商业研究的终点,真正的终点应该是探究这个公式的产生背景,挖掘更重要的参数,发现更深层次的运行机制,寻找不同事情之间究竟是并列的加法关系,还是翻倍的乘法关系,或者是改变量级的指数关系。研究深的目的是聚焦,是盯住微观商业史的起承转合,用东方的归纳思维做简化,发现真正有价值的行业和商业模式,是看成败。

价 值

　　研究透是指做的研究必须全面透彻，经得起时间的考验。在研究过程中，很重要的一个方法是逆向思维，即反过来想。很重要的一点就是质疑"假设"，如果现有产业所处的生态变了，企业盈利的方式变了，企业组织的流程变了，这个企业会不会出现大的风险？如果现有资本市场的玩法变了，整体市场环境或传统的规则变了，这个模式还能不能走下去？如果没有了资本市场，无法退出，还投不投这个企业？如果整套逻辑的前提假设变了，哪些结论会不复存在？提出这些问题，归根到底是在提醒自己，研究必须把所有重要的前提和假设想清楚。如果能够把一个生意的成住坏空、荣辱兴衰都看清楚，投资人就能够从全局来把握情况，看清企业创造价值的全过程和伴随的风险点。就像查理·芒格所说："要是知道我会死在哪里就好啦，我将永远不去那个地方。"谁能掌握更全面的信息，谁的研究更透彻，谁就能为风险定价。研究透的目的是检验所有的商业过程是否能够自洽，能否在事实上、实际操作中都成立，这是在用中国的老庄思维做全面演绎，是看生死。

　　只有研究深、研究透，才能够更加轻松地形成决策。某种程度上说，研究深和研究透是一种平衡，前者强调因果逻辑的深度，后者强调穷尽各种维度的可能；前者关注收益，后者考察风险，兼具东西方两种思维模式，把西方推崇的形式逻辑和实证精神与东方推崇的归纳演绎和折中调和共同应用于商业分析。在任何时候，对商业世界的研究都是艰难的，它是一个不折不扣的生态系统，很难将其他参数或属性隔离，或者说系统本身就有很强

## 第 4 章 价值投资方法与哲学

的代偿性,但投资人依然可以选择一些方法,尽可能地控制关键变量,抽丝剥茧地去探究原理。**更多地研究是为了更少地决策,更久地研究是为了更准地决策**,只有在更少、更重要的变量分析上持续做到最好,才是提高投资确定性的最朴素的方法。这种"逻辑上的升维"和"决策上的降维"是很好的投资路径。因此,深入研究的起点就是形成投资决策的起点,只要"大胆假设、小心求证",抓住"可理解、可预期、可展望"的有限关键变量,就能够果断做出投资决策。研究是做价值投资的基础能力。

通过"寻找变化、质疑假设、执行推演、检验结果"这一过程,深入研究能够让投资人对产业链供给端和需求端形成精确的判断。举一个需求端的例子。《资本论》中有过这样一段表述:"物的名称对于物的本性来说完全是外在的。即使我知道一个人的名字叫雅各,我对他还是一点不了解。"[①] 比如,在白酒这个传统行业,茅台和二锅头都是白酒,但这两者的相关生意的性质可能完全不同,驱动因素也差异很大。而啤酒、葡萄酒等酒类,虽然都是酒,但这两类产品的消费场景、消费频次完全不同。所以在研究以后,投资人才能知道消费者购买不同酒类或不同白酒的真实意图,即分别实现了怎样的深层次需求。

再举一个供给端的例子——宠物市场。研究发现,人口结

---

① 引自《资本论》第一卷中的第一篇第三章"资本与商品流通",表示同一名称或者符号所代表的含义可能是多样的、多层次的。——编者注

价 值

构、家庭结构的改变会分别催生许多新的行业机会。而如果把这些变化放在一起考虑，诸如少子化、老龄化、家庭平均人数减少、单身人口比例增加以及上述因素导致的其他变化，这些都会不约而同地指向一个新的行业机会，即宠物市场。无论是人们的情感需求还是生活方式，都会带来宠物需求的快速增长。日本市场提供了很好的佐证，随着丁克家庭占比的扩大，宠物成为家庭成员的现象越来越普遍。由于国内宠物行业尚处于起步阶段，宠物食品、宠物医疗、宠物服务等领域都相对空白，在这样一个短暂时期中，供给结构可以决定消费结构。因此，在这种情况下，研究的结果就可以通过在产业端的投资来实现。我们曾投资了宠物医院、宠物食品等多家公司。有一家很小的宠物食品创业公司很有创新精神，它受中药产品的启发，把中药理念引入宠物食品，首创了治疗宠物狗腹泻的药，凭借与专卖店、诊所等渠道的良好关系，取得了不错的市场份额，逐渐成长为国内宠物食品行业最大的本土品牌公司之一，能够跟玛氏、雀巢等跨国公司展开竞争。

## 长期研究 = 关键时点 + 关键变化

很大程度上来说，思考商业问题，要用大量的时间研究过去，更要用充足的时间思考当下和判断未来。尽管研究方法和研究周期见仁见智，有些研究者通过回顾短期内的现象总结规律，有些研究者通过推演不同情况的概率预测未来，但如果尽可能地把研究周期拉长，寻找历史时空中生意、生态的要素演变，就能看到未来 5 年、10 年甚至 20 年的发展趋势，判断企业在未来的环境中会以怎样的表达方式，实现爆发式的增长。

在投资决策面前，许多投资机会的时间窗口是稍纵即逝的，最重要的是对关键时点和关键变化的把握。只有长期、动态地跟踪变化，投资人才能够对变化产生超出一般意义的理解，从而拥有与市场不同的观点，而且是基于非常长期的视角的不同观点。

什么是关键时点？就是在大家都看不懂的时候，少数创业者能够在这个时点敏锐察觉产业的变化，为消费者和整个价值链输入新的模式和价值。什么是关键变化呢？就是环境的结构性变化，包括产业的生态位置调整、基础设施完善、需求的升级或转移等。许多人说，一个好的生意是建立在稀缺资源之上的，但其实变化和创新可以使原本稀缺的东西不再稀缺，并且这种打破稀缺的状态有且只有一个时间窗口，我称之为"机会窗口"，这是企业的快速成长期，甚至是爆发期。而在这个机会窗口之前，还有一个窗口叫"傻瓜窗口"，就是在一段时间里，投资人都觉得你的商业模式非常不靠谱、非常傻。在许多人看不起、看不懂、觉得不靠谱的这段时间里，企业将有机会积累用户、试错产品，并且创造出一定的商业壁垒，接下来就是拐点和陡变。

不仅如此，坚持跨时间、跨地区、跨行业、跨类别、跨线上线下等多维度的行业研究，投资人可以同时关注到创新企业和传统企业，探索交叉领域的思维奇点，提前预知微妙的变化。这样

价 值

的感知变化的能力，能够在很大程度上转化为深刻理解行业长期发展规律的本能，形成一种穿越迷雾看清本质的洞察力，从而把决策过程中的不解和不安转化为豁然开朗和内心宁静。

通过长期研究做出的投资决策，不仅仅能为创业者提供更多资本，关键是给了创业者更多耐心，让他们可以不用在意一时成败。这个时候，企业短期是否盈利并不重要，创业者不需要过分关注盈利的实现时间和表现形式，不需要乱学乱做、盲目尝试，而是要回归到自己做这个生意的初心，思考这个生意是不是在解决消费者的核心诉求。

高瓴投资蓝月亮，正是基于长期研究所带来的对趋势变化的把握。2008年以后，中国出现了消费升级这个大趋势，当时很多基础消费品品类都被跨国公司占领。其中，宝洁、联合利华占领了家用洗衣粉市场，但它们满足于洗衣粉市场的超大份额，一方面不再将开创性的新品研发作为公司的核心工作，研发投入占比持续降低，而是将研发的重点转移到了改进现有产品上面，不再作为游戏规则的改变者开发新品，因此忽略了消费升级的机会；另一方面对中国的中产阶级以及高端消费市场的规格产生了错判，没有去关注高端洗衣液品类。但我们长期研究的结果是，中国消费者迫切需要创新性的高端细分市场，于是我们鼓励以洗手液为主营产品的蓝月亮抓住这个机遇。在我们投资后的头两年，为完成转型，蓝月亮由一家赚钱的洗手液公司变成了策略性亏损的洗衣液公司，但到了2014年，蓝月亮的销售额开始大幅增长，在洗衣液行业的销售额比宝洁、联合利华销售额之和还要多。可以说，蓝月亮是新兴市场中本土品牌战胜跨国公司品牌的经典案例。值得一提的是，蓝月亮洗衣液的价格相对其他跨国公司品牌还能保持溢价，这也是非常罕见的。

## 独立研究 = 独特视角 + 数据洞察

独立研究也非常关键，往往通过特立独行的研究和判断，投资人才能够在一些不被看好的事情上下重注，从而取得超额回报。在中国互联网的早期发展阶段，很多西方投资人因为不理解或者不看好，认为在中国投资互联网公司是一件很危险的事情。有的外资机构把阿里巴巴的持股通通卖掉，也有机构觉得腾讯的生意模式没什么发展前途。这个时候，能够拥有独立于其他投资机构的观点，看到不一样的东西，就意味着可以发现很大的投资机会。独立研究意味着从头开始看、开始想。经过大量研究，我们发现对于一些行业或者商业模式，中国市场有着其他国家市场的典型特征，可以借鉴或者对比。但中国市场也有着非常多的特殊性，并且，在许多行业或生意中的成长态势是超前的。许多创新企业的价值创造机制和盈利方式，是传统思维和方法无法评判的。

中国早期的互联网公司，无论是做电子商务还是做社交平台，它们创造的价值不能简单地通过收入、盈利和利润率这些指标来衡量。阿里巴巴的商业模式在于把消费者和商家更好地连接起来，"让天下没有难做的生意"，腾讯具有遍及中国的最广泛

价　值

的社交网络，这些价值都是基础性的、长期性的，满足了人们的基本需求。比如说腾讯，当时我们认为，按照价值投资的思想，腾讯具有的特许经营权价值远远超过其财务报表中通过账面反映出的部分。看企业不能看表面形式，而要看业务本身能否为社会解决问题和创造价值。

再以电商研究举例，在中国出现互联网、出现电商的时候，还没有一家物流企业能够解决"最后一公里"的问题，这和美国完全不同。在当时看来，京东恰似当年的亚马逊，而杰夫·贝佐斯的遗憾正是亚马逊成立时美国已经有了 UPS 这类物流巨头，因此他丧失了做供应链整合的机会。而京东不存在这样的对手，所以面临更好的历史机遇。本质上说，零售业的核心是连接商品和消费者，因此在传统的零售业中，线下渠道是完成连接的关键。电商则利用互联网的方式，把线下渠道这个核心要素的重要性降低甚至取代了，人们购买商品不再需要来到商圈、走进商店、发现品类、找到货架、咨询商品，只需要在线上发现合适的商品，然后在家里等着商品"飞过来"。电商连接商品和消费者的关键要素之一就是高效的物流体系，让商品"更快地飞过来"。因此，对于京东来说，物流体系端就是重资产，如果不"烧"足够的钱把物流和供应链系统打造出来，是创造不出核心竞争力的。

许多公司都在持续不断地创造价值，但并非所有被创造出的价值都已经被投资人发现并认可。独立研究能够重构一个条理分明的世界，让投资人在清晰的经度（比如产业上下游）和纬度

## 第 4 章 价值投资方法与哲学

（比如不同产业的交叉融合）中获得不一样的视角，比如，投资人通过与餐饮零售企业的交流，与生鲜电商企业的交流，与外卖送餐企业的交流，可以形成对食材溯源、供应链管理、门店运营等全产业链的认知，在此基础上，就能够看到行业真正的痛点。饶有意思的是，我们的分析员在内部讨论时，总能提出别人没有想过、没有研究过的新观点，正是这样的新观点为我们提供了验证或者发现机会的视角。**独立研究的最大价值是让投资人敢于面对质疑，坚信自己的判断，敢于投重注、下重仓**。这种研究精神和思维模式，会形成一种正向循环，让投资人的每一次投资决策都扎实有力，并不断获得新的投资机会。

独立研究更加强调判断和结论不能建立在感性、个人直觉抑或概率基础上，而是要建立在理性、系统的分析和客观检验的基础上。在研究过程中，投资人需要分析拆解公司的财务报表、访谈管理层和公司员工、阅读大量的专业书籍和行业报告，但这远远不够，还要继续往深处想，找到数据背后的底层因子，并且这些因子应该是科学的、有意义的、逻辑上严格自洽的。

当然，理性、客观的分析不等同于完全信任数据，要透过数据理解其背后真实的原因，不仅要看"数"，还要看"路"。投资人要对投资机会有基本的定性把握，认识到并弥补纯粹的统计数据的缺陷。价值投资非常强调对原始数据的挖掘和积累，这一点就说明不能迷信所有数据。对于数据，我有这样几个理解：第一，数据不等同于真相，真相往往比数据更加复杂，研究人员需

价　值

要看到的是具象化的真相，而不是抽象的数据；第二，数据本身没有观点，研究人员不能预设观点、只喜欢那些能够支持自己观点的数据；第三，数据不一定永远有用，不同情况下，一些曾经有用的数据可能不再有用，需要找到新的指标。很多人迷恋数据是因为数据可以作为挡箭牌，抵挡因为懒惰而带来的错误，从而把责任怪罪到数据上。正确的理解是，**精确的数据无法代替大方向上的判断，战术上的勤奋不能弥补战略上的懒惰。**

因此，投资人不应以找到数据呈现的规律作为终点，而是要把数据反映的规律作为研究分析的起点，拷问自己对数据背后真相的理解，始终享受在对细节的抽丝剥茧中发现真理的乐趣。

尽管研究难易程度、所花时间与投资收益并不明显成正比，但坚持研究驱动的理由在于，要努力找到研究方法，研究最经典的少数公司，通过触类旁通实现尽可能多的所得，同时要保持研究的强度，使研究成为肌肉记忆。对研究过程的态度应是带着一种"朝圣感"，潜心学习商业史，学习一家企业是如何崛起或陨落的，理解成功的要素或失败的前提。即使没有当即对投资展现出作用，看似是"无用功"，这样的研究所带来的成果也一定会在不经意间兑现。坚持投资研究的本质就是无限接近真理。

第 4 章 价值投资方法与哲学

# 理解时间的价值

对于投资人而言，研究驱动是决定投资成败的基本功，而如何理解时间的价值往往是决定投资格局的关键。每个人对时间都有不同的理解，科学家、历史学家、艺术家的时间概念或许和投资人的不同，从更加深层的意义来说，植物、山河、星辰的时间概念和人类的也不同。对于一株古树来说，它所理解的时间概念源于太阳、泥土、雨露，是几十年、上百年的作用和影响；而人类看到的时间是一日一夜、一月一年。人们习惯用自己的寿命去理解时间的长度，但对于商业投资而言，一定要找到符合生意属性和价值创造的时间概念。

高瓴在价值投资的旅途中，不断寻找自己的能力边界，无论是做投资，还是与企业家打交道，我们越来越发现正确理解时间的价值非常重要，价值投资的一招一式都在于如何理解时间。2010 年在做投资复盘时，我们提出了"做时间的朋友"这一原则，希望以"时间是我们的朋友，而不是我们的敌人"作为投资分析的基础性思维和重要的决策标准。投资之前，是否把时间蕴含的历史信息和新增信息都研究透了？这笔投资能否随着时间的推演而变得更加珍贵？投资决策是否经得起时间的检验？企业的商业模式能否随着时间的延伸而不断积累新的核心竞争力？时间是否花在了长期积累价值的事情上？理解时间的价值，对于我们

价　值

正确理解时间的跨度 　　　时间创造复利的价值

把时间作为选择 　　　时间是最好的复盘

理解时间的价值

是解构长期主义；对于我们所投资的创业家、企业家来说，就是在时间的变化中持续不断地疯狂创造价值。

## 正确理解时间的跨度

对时间的理解，第一个角度在于正确理解时间的跨度。研究人类史，要用上万年的尺度；研究文明史，至少要看上下五千年；研究商业史，至少要看上百年；研究一个行业一家公司，起码要看几十年。研究不同的公司，要看不同的时间跨度。要根据事物的本质，去窥测更久远的历史和未来，找到属于它的时间范畴。

任何创业浪潮和商业模式都不是静止的，投资人要把时间作为研究的重要坐标，理解历史渊源和闪烁在其中的时间窗口，把不同时间的环境因素还原到生意的本质当中。有的时候，研究判断的过程很好，但结果不尽如人意，这其实需要在更长的时间和更大的环境生态中判定结果。当别人都限于对季报、年报的猜想时，你比别人看得更长远，这就决定了你和他人的不同。寓沉雄于静穆，藏锋芒于深思。在我看来，长期主义不是结果，而是所相信的理念能够穿越时间，不会被过滤或淘汰。人们更习惯于关注当下。然而，**真正有效的研究往往是长期的，需要时间的沉淀。**这就好比看历史既要尊重当时人们的意见，也要尊重历史评价一样，要把生意和当时的时空环境结合在一起考虑。历史不会重演，但总会惊人地押着相同的韵脚。长期研究和长期投资极大地拓展了投资的范围和机会，这构成了对时间理解的第一个角度。

价　值

## 时间创造复利的价值

对时间的理解，第二个角度在于相信复利的价值。**时间是好生意与好创业者的朋友**，有些好的企业，其竞争优势在今天还无法体现，在明天可能会稍露端倪，在更长时期才会完全显现，并且会随着时间的推演呈现更高量级的提升，贯穿或者超过投资人的投资生涯；有些好的生意，其护城河需要卧薪尝胆地积累沉淀，过程中需要大量投入，才能够真正发挥优势。**每一个投资人都要搞清楚的是，能随着时间的流逝加深护城河的，才是"资产"，时间越久对生意越不利的，则是"费用"**。许多秘密藏在时间里，时间会孕育一切。

尽管在资本市场中波动是常态，但如果建立在深刻的逻辑基础上，客观的规律和事实的演进都会随着时间呈现清晰的因果关系。因此，短期波动无法影响最终的收益。其实，市场低潮期正是投资人直面内心的最好时候，让你真正去考虑谁是最好的创业者和企业家，什么样的企业能够持续放大优势。同时，外部环境不佳的时候，往往也是真正拥有抵御风险的能力和核心竞争力的企业脱颖而出的时候。

杰夫·贝佐斯问沃伦·巴菲特："既然赚钱真像你说的那么简单，长期价值投资永远排在第一位，那么请问为什么有那么多人赚不到钱？"巴菲特回答："因为人们不愿意慢慢赚钱。"许多人想赚取快钱，希望能够快进快出，但这种打法恰恰忽视了复利的价值。当一家一流的企业源源不断地创造价值，并被投资人选中时，复利就是时间赠予这笔投资最好的礼物。

在复利的数学公式中，本金和收益率还只是乘数，而时间是指数。这意味着，伴随着时间的拉长，复利效应会越发明显。一旦认识到时间的价值，就不会在意一时的成败，因为时间创造的复利价值，不但能让你积累财富，还能让你在实现价值的过程中获取内心的宁静。

需要补充的是，时间创造复利的价值并不意味着一定要长期持有，长期持有是有前提的，即好的企业能够随着时间不断创造新的价值。所以，我们希望更多的投资能够成为时间的朋友，并希望长期持有它们。

## 把时间作为选择

对时间的理解，第三个角度是把时间作为选择。很多时候，成功不在于你做了什么，而在于你没有做什么。**把时间分配给能够带来价值的事情，复利才会发生作用**。投资中最贵的不是钱，而是时间。做投资非常重要的是时间管理，把时间投入到怎样的问题上和怎样的人身上，是决定投资能否成功的基础性因素。要研究大的问题，追求大问题的模糊正确远比追求小问题的完美精确要重要得多。选择与价值观正确的长期主义者同行，往往能让你躲避许多重大风险，并获得超预期的回报。人类天生会选择阻

价 值

力最小的路，大脑结构天然让人们误以为最容易够到的果实是最好的。在投资中，我们对一些有标志性意义的企业，会花足够多的时间跟踪研判，就像看一场真人秀一样，看它的成长变化、战略调整，获得最及时的样本数据。也正是因为这样的跟踪研判，我们与这些好的企业很早就结缘，在它们苦心修炼的时候就选择相信它们，从而与之成为非常长期的、重要的合作伙伴。

实践告诉我们，真正懂一个行业，弄清楚一家公司，通常需要很多年。用这种方法做投资的好处在于，知识会不断积累，学到的东西通常不会丢掉，新学的东西会在过去所学基础上产生积累和超越，知识会出现复合式的增长。所以，用这种方式做投资，时间越长，结果会越好。知识和能力的积累，如果以复合式增长且速度较快，会促成投资复利增长的加速。同样，如果稍有不慎，一项严重的错误也会把所有的积累都化为乌有，这也是时间的残酷性。正是基于这些认识，我们才坚持慢慢来，不去在意一时的快意恩仇，避开账面的、短暂的浮动价值，而是慎重选择并尽力追求可积累、可展望的胜利成果。

## 时间是最好的复盘

对时间的第四个理解角度在于，时间是检验投资决策正确与否的重要标准。我们对待研究的态度是敬畏而谦虚的，既花了很多时间在探索，又花了很多时间在复盘，提高对事物认知的深度和边界，努力知道自己有多无知，而不是展示自己有多聪明；既相信自己的研究能力，同时又对所有的结果保持高度的警觉，不自觉地去检验前次判断是否正确，一旦发现判断错了，就立即修正自己的理解和预期。所谓"一颗红心、两手准备"，就像肖洛霍夫在《静静的顿河》中写到的："我们只有一条战术，就是在草原上流窜，不过要常常回头看看。"

**如果在投资企业 5 年、10 年之后尚不退出，看起来似乎是"长期投资"，但如果不去复盘和迭代，"长期投资"就成了思维和行动懒惰的借口，就变得毫无意义。**通过不断复盘，不断检验时间带来的结果，投资人才能在高速动态变化中，实时地判断这家公司或者创业者还是不是时间的朋友。时间能够检验出好的商业模式，是因为时间能够在不同的周期中，识别出具有结构性竞争优势的好企业，这些企业拥有持续的、长期的、动态的壁垒；时间也能够检验出好的创业者和团队，这些创业者和团队能够在不同的情境和不同的阶段展现出自我迭代、自我再生的能力，释放出真正的企业家精神。

当然，这并不意味着投资人总是要用"后视镜"来审视可能的情况，而是应该在决策时就尽量站在更多的位置和角度，来全面推演所有重要的情形。在自由的市场经济里，企业可能面对各个维度、各个层面的威胁和挑战，并且这些挑战往往无影无形。对于没有保护壁垒的公司，竞争对手会最终侵蚀掉其所赚取的超额利润。因此，运用更多的视角来观察，就会发现资本、技术或其他无形资产都不是阻挡新进入者或者对抗竞争对手的有效屏障，必须不断保持创新。**时间是创新者的朋友，是守成者的敌人。**

价　值

在投资中，有些投资人只在很少的项目上赔过钱，最可能的原因就是研究了不以人的意志为转移的客观规律，不基于一时的话题炒作、不陷于市场的情绪变化，同时又不受制于思维的僵化保守，所有的投资决策都经得起时间的考验。因此，这样的投资也不会在市场陷入低谷时说崩溃就崩溃。**对于投资人而言，底层思维中必须包含经过时间检验的价值观。**

投资是一项激动人心的事业，但投资人绝不能每时每刻都处于激动之中。但凡出色的投资人，都拥有一个难得的品质，即非凡的耐心。做时间的朋友，就是意识到好的投资必须找到独特的时间概念，在时间中孕育，又要经得起时间的考验，投资人要相信时间能够"去伪存真"，给投资活动赋予长期主义的深层含义，并且努力使之成为一种持久的职业信仰。

## 世界上只有一条护城河

在研究驱动和理解时间价值的基础上，寻找具体的好生意、好企业是投资人必须完成的功课。那怎样的生意和企业是好的生意和企业呢？巴菲特认为其中的关键是寻找护城河。我们在实践中也有一些思考。

巴菲特曾经有过这样一段表述："就互联网的情况而言，改变是社会的朋友。但一般来说，不改变才是投资人的朋友。虽然互联网将会改变许多东西，但它不会改变人们喜欢的口香糖牌子，查理·芒格和我喜欢像口香糖这样稳定的企业，努力把生活中更多不可预料的事情留给其他人。"

毋庸置疑，这段讲述是巴菲特投资理念的重要体现，他喜欢有护城河的生意。比如，在20世纪50年代的美国，品牌是最大化也是最快发挥效用的护城河，因为品牌具有降低消费者的搜索成本、提高退出成本等效用。直到很多年后，人们依然对品牌有着统一的认知和偏爱，品牌形象及其代表的产品质量、企业文化等要素成为影响人们购买决策的关键。如果可以把时间维度无限拉长，把时间的颗粒度无限缩小，或许还能看到一些新的东西。

## 没有静态的护城河

随着互联网技术对传统行业的改变，从获取信息、引发消费诉求，到形成购买决策和完成交易，当下和过去完全不同。特别是随着电商的兴起和消费者的代际变迁，许多新变化、新玩法出现了。一方面，随着产业链的不断完善，品牌的产生越来越快，试错和创新成本越来越低，越来越多的新奇品牌相继

价　值

产生；另一方面，消费者从未像现在这样拥有如此多的选择，消费者不再统一认同大众化的品牌，而是通过看点评或是社群推荐、KOL 或 KOC①试用，选择真正符合自己"调性"或需求的产品，有些甚至完全是为了标新立异。消费者的搜索过程不再需要花费大量的时间成本，反而充满了乐趣。同时，由于互联网对品牌的冲击，有人说在网上通过意见领袖创造价值效率更高，有人说对终端渠道特别是对稀缺渠道的把握变得更加重要，还有人说没有哪个品牌能真正拥有消费者，这些品牌不过是为下一个品牌暂时保管消费者的热情而已……诸如此类的变化还有很多。所以，品牌无法成为永远的护城河，甚至有一些老的品牌会成为掣肘和包袱。

哈佛大学管理学教授克莱顿·克里斯坦森（Clayton Christensen）在其"创新三部曲"②中对创新做出了新的系统性诠释。与许多人认为的不同，他所强调的创新，其关键不在于技术进步，更不在于科学发现，而在于对市场变迁的主动响应。创新者的窘境在

---

① KOL（Key Opinion Leader）意为关键意见领袖，一般指某些行业或者领域内的权威人士；KOC（Key Opinion Consumer），意为关键意见消费者，一般指能影响朋友、粉丝，使其产生消费行为的消费者。相比于 KOL，KOC 的粉丝更少，影响力更小，但在垂直用户人群中拥有较大的决策影响力，能带动其他潜在消费者的购买行为，有效实现高转化率。——编者注
② 克里斯坦森教授的"创新三部曲"包括《创新者的窘境》（The Innovator's Dilemma）、《创新者的解答》（The Innovator's Solution）、《创新者的基因》（The Innovator's DNA）。——编者注

## 第4章 价值投资方法与哲学

于管理者犯了南辕北辙或者故步自封的错误,市场的变化导致其原有的护城河失去价值。

在创新层出不穷的时代,人们需要重新审视传统的护城河是否还能发挥作用。在传统视角下,护城河的来源包括无形资产(品牌、专利或特许经营资质)、成本优势、转换成本、网络效应和有效规模,所有这些要素都在帮助企业获得垄断地位,从而获得经济利润。因为垄断意味着企业掌握了定价权,这样企业就可以在一段时间内非常优越地面对竞争。人们总是习惯性地认为竞争越少越好,但是,一旦没有了竞争对手,企业的竞争力往往也会随之消失。补贴或者垄断产生不了伟大的企业,只有在竞争中才能产生伟大的企业。把企业做大是可能的,把企业做成永恒是几乎不可能的,任何企业都有灭亡的一天。尤其是企业一旦具备垄断地位,从基因角度看,它是否还能拥有足够的动力去不断创新?这是企业面临的巨大挑战。更何况,在现在的时代,究竟有没有真正意义上的垄断,也是必须思考的问题。

我所理解的护城河,实际上是动态的、变化的,不能局限于所谓的专利、商标、品牌、特许经营资质,也不是仅仅依靠成本优势、转换成本或者网络效应。我们清楚地意识到,传统的护城河是有生命周期的。所有的品牌、渠道、技术规模、知识产权等,都不足以成为真正的护城河。**世界上只有一条护城河,就是企业家们不断创新,不断地疯狂地创造长期价值**。受到巴菲特护城河理论的启发,我们从长期的、动态的、开放的视角去

价　值

进一步理解护城河，这其中最重要的，就是以用户和消费者为中心。坚持了这个中心，理解变化的消费者和市场需求，用最高效的方式和最低的成本持续创新和创造价值的能力才是真正的护城河。如果不能够长期高效地创造价值，这条护城河实际上就非常脆弱。

## 打造动态与开放生态的护城河

那么怎样才能拥有这种动态的护城河呢？理解动态的护城河的第一个视角，也是最重要的一点，就是要理解企业所处的时代背景和生态环境。比如，随着互联网对品牌的冲击，依靠品牌这项护城河来源未必是最高效的方式，有人说在网上通过意见领袖表达观点效率更高。所以，当你理解了"永恒不变的只有变化"的时候，也就理解了护城河不可能不变。

"管理哲学之父"查尔斯·汉迪（Charles Handy）曾提出第二曲线理论，也就是企业应该在第一曲线（主营业务）增长平缓前，找到第二曲线代替第一曲线担当增长引擎。对于一家企业来说，如果能够在变化的时代浪潮和市场环境中不断地创新，具备从一条曲线跳到另一条曲线的能力，我们就可以认为它具备了不断深挖护城河的能力。企业如竹，一家企业持久的增长之道，就是自我革命和内部创新，忘掉成功的过去，不断"长出"新的"竹节"。每一天都是崭新的，每一天企业所处的环境和生态也是崭新的。所以，要像企业刚创立时一样，拥抱"Day 1"（第一天）

## 第 4 章 价值投资方法与哲学

的精神。当互联网大潮袭来时,优秀的公司主动拥抱互联网带来的变化,就是深挖自己的护城河。从这个角度上讲,政府保护类型的护城河是非常脆弱的,这类护城河随时都有可能崩溃。我最看重的护城河是有伟大格局观的创业者在实践中逐步创造、深挖的护城河,这些是根据生态环境的变化做出的完美应对。

以全球市值排名靠前的三家科技公司为例。当亚马逊是一家网上书店,甚至已成为一家网上百货商店的时候,我们尚不能称之为一家科技公司。尽管享有着近乎"印钞机"式的赚钱模式,亚马逊却一直在自我颠覆,涉足云计算,开发智能设备,大开大合,没有边界。当苹果制造出第一台个人电脑时,没有人想到这个昂贵的设备会走入千家万户。当苹果陆续用 iPod、iPhone、iPad 颠覆音乐市场、通信市场和家用娱乐设备市场时,人们已经习惯于想象苹果还会带来怎样的创新。当谷歌作为一家搜索引擎公司在 2004 年 4 月 1 日推出 Gmail 时,许多人认为这只是愚人节的一场玩笑。现在,谷歌已经成为 Alphabet 的一家子公司,Alphabet 还涵盖谷歌风投、谷歌资本、谷歌实验室和 Nest 等一系列创新型公司或平台,广泛涉足人工智能、生命科学等领域。

再看国内的互联网公司,通过对 C 端用户的不断理解和对自身商业模式的自我精进,这些公司提炼出了属于自己的商业创新能力。阿里巴巴作为一家电子商务网站起家,在这个过程中,不断用创造性思维解决问题,把解决方案变成了不同的产品,成

价　值

为一家综合型科技公司。腾讯以即时通信软件起家，先把用户连接起来，再不断丰富用户的线上生活场景，QQ秀、QQ空间、QQ音乐……在QQ发展得很好的时候，腾讯又支持内部研发新的移动互联网社交产品，这其中就包括张小龙团队研发出的微信，现在微信已从一个移动端的社交软件，成长为一个超级平台。百度作为一家搜索引擎公司起家，不断开拓新的业务形态，百度知道、百度贴吧、百度百科……现在又在人工智能领域不断加码，探索新的业务领域。美团不再仅是一家团购网站，而且迈过餐饮行业，做"服务领域的生态提供商"，搭建餐饮业态的底层服务基础设施，提升每一家实体餐饮店的运营效率，还要横跨"吃住行游购娱"，实现整个产业链的价值提升。当然，以上这些以及更多的中国互联网公司并没有就此止步，云计算、新零售、金融科技……这些都可能成为新的护城河。

比如字节跳动，这家成立于2012年的科技公司，凭借推荐算法引擎和强大的产品开发能力，在信息分发、短视频、内容社交、问答等领域推出了蔚为可观的产品矩阵。字节跳动从基于数据挖掘技术的个性化信息推荐软件——今日头条起家，短时间内孵化出抖音、西瓜视频、火山小视频、飞书、悟空问答、图虫、微头条、TikTok、Flipagram等众多应用。字节跳动的内核就是强大的产品迭代能力，而驱动这一能力的则是强大的组织和人才管理机制，它鼓励创新、不设边界，促进分布式决策和坦诚沟通，把组织的交易成本降到极低，使公司的核心价值观和创新能力结合得很好。

## 第4章 价值投资方法与哲学

理解动态的护城河的第二个视角，也是很重要的一个方法论，就是在不同领域之间创造联系，以不同的视角看问题，形成全新的思维角度。克里斯坦森在《创新者的窘境》中将创新定义为两类：维持性创新和破坏性创新。维持性创新是不断完善和改进现有产品，通过精耕细作满足更挑剔的需求，就像许多大公司已经把创新变成了一项"常规的、可预测的程序"，而一些偶然的、非常规的主意却无法融入企业的创新流程中。破坏性创新则是追求最根本的改变，从底层出发改变现有技术发展路径和思维方式，创造出区别于现有主流市场的全新产品或服务，这种创新可能会对原有的护城河产生降维打击。

因此，创意重构已成为最主要的生产力驱动因素，任何商业都无法预知其他领域、其他维度带来的竞争。当奈飞（Netflix）[①]的创始人里德·哈斯廷斯（Reed Hastings）用包月邮寄的租赁模式颠覆传统碟片店的时候，百视达集团可能还在想着如何开更多的店来巩固垄断地位。当麦当劳与肯德基交战正酣的时候，它们才发现最大的竞争对手其实是便利店，人们在便利店用几块钱就可以吃早餐。而当外卖业态出现的时候，很有可能便利店的生意也会面临巨大挑战。这就是更高格局上的竞争，当你终于把本领域的竞争对手击败了，会发现其他领域的竞争对手又出现了，这

---

① 奈飞公司以其卓越的企业文化著称。奈飞前首席人才官帕蒂·麦考德（Patty McCord）将奈飞高效的企业文化的来源记录在《奈飞文化手册》（*Powerful*）一书中，其简体中文版已由湛庐文化引进，由浙江教育出版社于2018年出版。——编者注

价 值

是很有意思的地方。**商业竞争本质上要看格局，要看价值，要升维思考，从更大的框架、更广阔的视角去看给消费者创造怎样的价值。**

理解动态的护城河的第三个视角是开放性。开放性是与封闭性相对的，真正伟大的公司敢于打破自身的垄断地位，从内部打破边界，构建一个资源开放、互利共赢的生态系统。如果企业被历史性成功的惯性所包裹，那么企业将停留在过去，无法得到成长。用我自己的话说，就是"早死早超生"，从内部颠覆自己。

以腾讯和京东为例。腾讯早期被投资人称道的，是它运用互联网工具构筑了社交生态系统，并在此系统上创造出丰富的虚拟产品。在一段时期内，封闭的生态能够增加用户黏性或提高转换成本，从而帮助企业打造竞争壁垒。但是，互联网的根本属性是共享、开放和包容，企业尊重这种互联网精神，才可以实现更高层次的创新。因此，腾讯公司不断调整自己的发展战略，并在我们的撮合下与京东结盟。

这里蕴含的重要发现就是京东与腾讯的基因完全不同。每个公司都有自己的梦想和野心，但是随着企业发展壮大，就能知道自己什么能做好、什么做不好，能够知道企业基因最终会呈现怎样的特质。表面上两家公司都可以做对方的事情，但由于基因不同，很多事情就成了掣肘。在与腾讯管理团队的一次交流中，我们就提到这个"掣肘因素":一直以来腾讯本质上在做虚拟商品,并不涉及库存或盘点。但面对库存商品的时候,腾讯需要拥有一系列生产、制造及供应链管理的能力。如果腾讯非要做电商,基因里却没有库存管理能力,那么它很难杀出重围。而京东的突出优势就在于能够创造并管理一套完整的订单生产、仓储管理、销售配送的生态系统。但是,京东的基因里缺少"移动端",偏偏电商的入口很大程度上在于"移动端"。恰好腾讯手里有移动端,腾讯的社交、游戏等在移动端均得到了更好的发展。最终,这两家卓越的企业在开放共赢的理念下,通过开放、共享、融合,共同打造新型企业的护城河。

因此,**在未来的商业逻辑中,企业从求赢变成不断追求新的生长空间,从线性思考变成立体思维,从静态博弈变成动态共生**。企业的护城河也不再用宽窄或者深浅来描述,而是用动态的视角,从趋势这个角度加以评定。企业的动态护城河要始终围绕寻求新的发展方向、新的演进趋势来布局。

开放、动态的护城河可能是理解价值投资最重要的门径,当意识到企业拥有动态的护城河时,投资人才能够真正理解企业创造价值的本质。某种程度上说,**持续不断疯狂创造价值的企业家精神,才是永远不会消失的护城河**。

价　值

# 投资的生态模型

在价值投资的研究中，如何捕捉到更深层次、更有把握的决定性因素，是投资人最为关注的问题。可是，在商业系统中，没有一种放之四海而皆准的成功范式，不同的企业凭借独门招式赢得生存及发展空间，有的靠品牌，有的靠产品，有的靠管理，有的甚至靠时运。但无论凭借什么，让生意和所处的环境相匹配，往往是优秀企业的重要特征。因此，我们运用第一性原理，借鉴生态学的思维模型，展开对生意的独特性、适应性和进化性的动态解析，希望在更大的系统中，探索生意的属性及其未来的变化。

## 人、生意、环境和组织

传统的投资理念，基本策略是寻找人和生意。但我希望在东方古典文化和现代投资理论的结合中，寻求一种懂得所处环境和生意本质的复合能力，这种能力可以帮助投资人以更加贴近现实的视角理解投资，从一个单纯追求最佳商业模式和最佳创业者的二维象限视角，升级为审视人、生意、环境和组织的最佳组合的多维视角。

看人，就是看拥有伟大格局观的创业者，看他的内心操守和价值追求，看他对商业模式本质的理解与投资人是否一致。人是

第 4 章 价值投资方法与哲学

一切价值的创造者,是企业家精神的源泉和实现载体。在实践中,中国不乏世界级的创业者,他们能够在瞬息万变中洞察趋势、了解人性。他们理解、适应并推动现实,选择创业的时点、方向,集合运转生意的组成要素,设计驱动生意的组织模式,提升运营效率,甚至改变生意的属性。评价创业者的维度有很多,既包括他能达到的高度,即能力;也包括维持能力的稳定性,即可靠性;更重要的是为社会创造价值的初心,即有没有做有意义的事。**对于投资人来说,看人就是在做最大的风控,这比财务上的风控更加重要,只要把人选对了,风险自然就小了**。我的风控理念比较关注企业家的为人,能够聚人,可以财散人聚,注重企业文化和理念,懂得自己的边界,不断学习,并且目光长远、想做大事,拥有这样的伟大格局观的企业家更容易与我们契合。实践证明,很多一流的人才做三流的生意,有可能把三流做成一流;相反,三流的人才做一流的生意,则可能把一手好牌打得稀烂。

看生意,就是看这个生意的本质属性,看它解决了客户的哪些本质需求,看生意的商业模式、核心竞争力、市场壁垒以及拓展性,看它有没有动态的护城河。不同的行业和商业模式拥有不同的先天属性,但好的经济活动、商业模式往往是时间的朋友。所谓商业模式,包含客户价值主张、盈利模式、资源和流程。更关键的,是理解这个生意的演变可能:它从哪里来,会到哪里去,哪些前提决定了生死,哪些转折影响了成败。比如,可口可乐公司曾经有一句名言:"假如我的工厂被大火毁灭,假如遭遇世界金融风暴,但只要有可口可乐的品牌,第二天我又将重新站起。"可

价 值

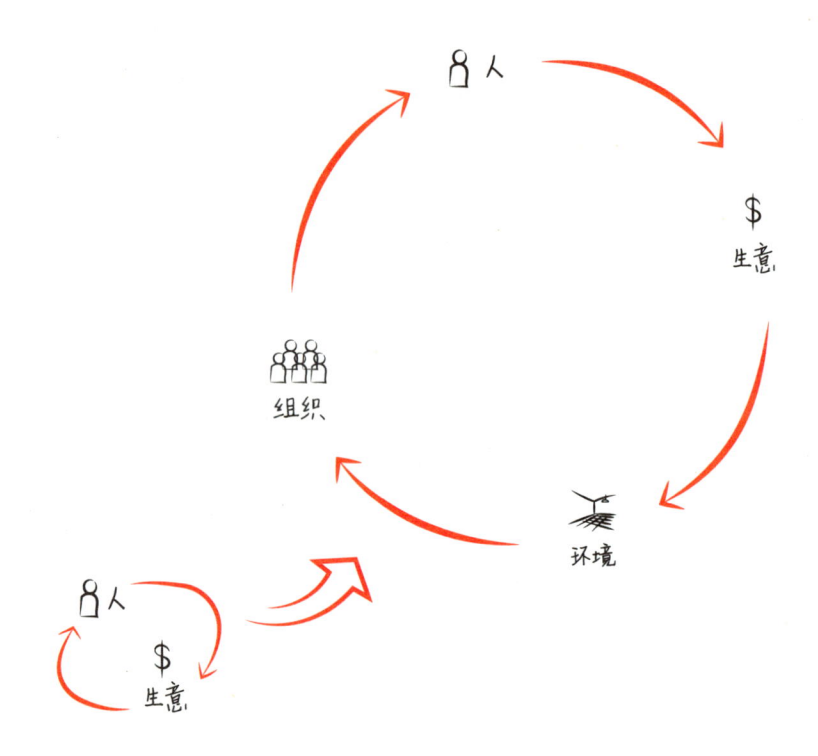

从人与生意，到人、生意、环境和组织

## 第4章 价值投资方法与哲学

口可乐靠标准化的供给满足了多样化的情感需求，因为它的生意本质是建立一种长期稳定的心理认知。判断一个生意是不是时间的朋友，可以看它在整个市场不好的时候，能不能变得更强大；看它的规模优势能不能根本性地改变成本和运营结构；看技术创新对行业是颠覆性的还是完善性的；诸如此类。对于投资人来说，持续追问生意的本质尤为关键，要看在发生集中度提升、技术突破、价值链重构等产业变革后，这个商业模式能否产生可持续、可积累的系统能力，看经过时间的沉淀以后，这个生意能否产生复利的价值。

看环境，就是看生意所处的时空和生态，看政策环境、监管环境、供给环境、需求环境，看资源、市场、人口结构甚至国际政治经济形势等在更长时间内发挥效力的因素。在做投资决策时，仅看人和生意还不够，还要寻找人和生意的外生因素，要看更长远、权重更大、更基础的维度。环境包括产业生态中的组成要素，也包括人口因素、购买力因素、文化因素，以及经济周期、金融周期、产业发展周期等更宏观的因素。有的生意已经有很明显的天花板，即便是垄断经营或者有很强的市场壁垒也不行，因为新的技术能够创造新的政策环境，从外部打破旧的天花板，比如汽车行业、通信行业的技术创新；有的生意在发展中国家是好生意，比如家电行业、消费品行业；有的生意在老龄化社会是好生意，比如医疗行业、宠物行业；有的生意在家庭结构的变化下，会有许多机会。从需求环境看，有的生意在一些国家是新产生的机会，比如便利店，因为随着家庭人数减少，人们不必

价　值

一次性购入大量生活用品，随着老年人和全职女性增多，人们不愿意去远的地方购买生活必需品，而是采用就近选择；从供给环境看，有的生意是伴随着基础设施的完善而产生机会的，这就需要判断生意的组成要素中，哪些是促进因素，哪些是限制因素，比如移动支付的普及，使得许多商业模式能够形成通畅运转的闭环。环境是理解许多投资的出发点，同时也是最基础的判断因素，在很大程度上可以帮助投资人把握好的投资时点。

看组织，就是看创业者所创立的组织基因，是否能够把每个细胞的能量充分释放；看组织的内在生命力能否适应当时的经济周期、产业周期。组织是人和生意的内生因素，是可以塑造和激活的。比如在经济好的时候，有些企业可以什么都不做就活得很好，但在经济不好的时候，企业的存活就非常依赖组织的韧性和适应能力。看组织，还要看能否从强大的文化与价值观中孕育出优秀的治理结构、科学的决策机制与管理流程等系统能力，能否让产品更优质、服务更人性，能否把个人能力升华为组织能力，把事业部能力转化为集团能力，等等。组织不仅仅是生意的载体，还要成为生意的组成部分，有的生意就是在打造组织，把组织打造好了，产品与服务也能相应改善。比如海底捞就把服务做成了标品，且其标准是根据顾客需求而动态变化的，这背后靠的就是组织。

最后需要强调的是，人、生意、环境和组织的分析框架是开放的、动态的，在不同的市场、不同的投资项目分析中，不同的底层要素发挥不同权重的作用。所以，理解这个分析框架最重要的是思考其内涵，而不是一味地简单套用。

## 在变化的系统中理解投资

人、生意、环境和组织这个分析框架的关键点在于，要在变化的系统中理解投资，高维思考，低维行动。

我们首先强调变化。无论是纵观行业史的回顾性研究，还是在现实复杂环境中的关键参数跟踪，抑或是企业家自身的颠覆、创新和重构，核心就是理解变化，探究其背后的机制。拥抱变化既是保持警惕，又是适应和进化，这构成了思考和行动的前提，能够帮助投资人忽略"天气"，穿越周期。

其次强调思考的层次性。思考的终点是生意的本质，但思考的过程还要覆盖生意所处的生态系统，看生态各个组成要素之间的契合度。任何生意都需要一套完整的生态系统和基础设施，但如果某个时点、某个地域基础设施不完整，反而孕育着很大的机会。一旦基础设施建立完善，这个生意将获得爆发式的增长。但如果某个生意需要的关键节点被一些创业者研发的重要技术或提出的伟大创意所覆盖，这个生意会呈现完全不同的成长曲线。

所以投资人需要反复研究：怎样的生态能够让一个一般的商业模式变成伟大的商业模式，让一位不怎么突出的创业者也能够

价　值

成功？怎样的环境要素能够让好的商业模式与好的创业者产生更广泛的协同？怎样的环境变化是合理的、非偶发性的？怎样的人能改变生意的属性？此外，还要进一步思考组织的内在机理与外界环境的交互，看人、生意、环境和组织的权重，以及彼此的影响。理解了这些，可能就能明白有些生意是赚商业模式的钱，有些则是赚环境的钱。有些生意能够在外界环境恶劣的情况下更加健康，而有些生意只能在好的环境中生存。

最后强调行动的可执行性。经过更高维度的思考后，价值投资还要回到具体的空间中，搭建并验证可执行的路径。生意是现实的，而现实是由环境所催生的。人创造着生意，环境塑造着生意，组织驱动着生意，有些生意又在影响着环境。所以低维行动的关键是在特定的环境中，针对能把握、能改变的底层要素，进行持续构建。比如，有的生意关键在于供应链，那就要组织最有效的供应链模式；有的生意关键在于用户体验，那就要在用户界面环节重点完善；有的生意关键在于品牌力，那就要持续赋予品牌新的活力；等等。

我想分享我们对 Zoom 公司的投资案例，以作为理解人、生意、环境和组织这个分析框架的切入点。2014 年在美国加州，我和 Zoom 的创始人袁征结识，他热情地向我介绍了 Zoom 的发展情况，并和我分享了他稍早前在另外一家视频会议公司 WebEx 工作时的心得。当时我最直接的感受就是，当人和事完全匹配时，公司将被激发出前所未有的力量。袁征对视频会议这

第 4 章 价值投资方法与哲学

门生意的理解，以及他多年的技术积淀，都使他正在做的这项事业拥有很高的成功概率。他的激情和追求将会不断地相互转化。同时，对于云视频这个行业，我们也有多年研究，归根到底，Zoom 创造了又一个"用科技提高效率"的典型场景。因此，只要商业生态的环境变了，无论是需求端还是供给端变了，Zoom 都将迎来巨大的结构性机会。环境的改变可能源于选择线上工作方式的科技公司越来越多，跨时区、跨地域的商务沟通越来越频繁，组织生产形态越来越灵活，或者其他外生因素。我们无法预测环境的改变时点，但"用科技提高效率"这个长期趋势一定是不可逆的，是一个"质变引起量变"的过程。

再来看组织，袁征在公司创立的早期就建立了非常符合其产品逻辑和生意属性的组织文化。他把"传递快乐"作为 Zoom 的组织文化。他不仅推崇符合产品逻辑的极客精神[1]，也非常推崇符合市场逻辑的用户导向文化，并且还提出了"产品导向和用户导向要交替进行"的管理理念。这对于一家硅谷公司而言是非常具有创新性的。他致力于打造让用户开心的产品，并成功把对生意的理解贯穿于组织的管理之中，让技术和产品、用户和体验有了非常好的结合，让每一位员工都有很强的工作热情，形成不断学习、不断追问问题本质、不断满足用户需求的自驱力，让企业

---

[1] 极客是对美国俚语"Geek"一词的音译，形容对计算机和网络技术有狂热兴趣并投入大量时间钻研的人。极客精神也可用于形容崇尚科技、自由和创造力的精神。——编者注

## 价　值

上下都能围绕共同的产品逻辑和市场逻辑来做事情。因此，在 2015 年，我们就很坚定地相信，Zoom 在未来一定能在云视频领域有所成就，于是我们在很早期的轮次就投资了这家公司。

此后，我们还专门邀请袁征为许多初创企业做分享，请他从自己的角度讲述如何理解人、生意、环境和组织，讲述让他在企业初创阶段做出正确决策的思维方法。我们希望不仅在人、生意、环境和组织这个框架里做投资，还通过这个框架，把成功的创业秘籍、思维方法分享给更多的人，让更多的创业者跳出来，在更广阔、更长期的格局里思考问题，这为我们做投资，并与企业家一起创造价值创造了非常重要的正向循环。

在线教育企业猿辅导创始人李勇有一个观点非常有意思，恰好从某个角度诠释了如何理解人、生意、环境和组织这个分析框架。他说："一家公司的发展是与所处时代的双人舞。"这句话适用于各行各业，尤其诠释了在线教育行业的发展历程。互联网出现之初，人们就认为它一定会改变教育行业，但直到今天，它才逐渐具备完整的生态环境，而且时代仍在继续变化。在线教育行业的创业者必须正确认识教育的本质，并对在线化拥有清晰的认识。简单的在线化是与教育的本质相冲突的。教育的出发点是满足人们对于学习的渴望，学习并不是反人性的，不好的学习体验才是反人性的，而好的学习体验是对天性的最好"挖潜"，这一点是对在线教育这个生意的基础理解。教育的核心是内容和服务，因此，想要生产丰富的内容和实现优质的服务过程，需要生

## 第 4 章 价值投资方法与哲学

态设施的逐步完善。可以说，正是移动互联网的快速普及，使服务实现了在线化、个性化和很好的互动体验。同时，新一代互联网原住民正成为父母，这也在一定程度上促使这个行业爆发式发展。最后，生产内容和实现服务流程，均需要非常精巧的组织能力。这些角度放在一起，恰好能够解释为什么要"投资于变化"。

正是基于上述分析，高瓴在 2020 年领投了猿辅导最新一轮的、总额达 10 亿美元的融资，猿辅导也成为中国教育行业未上市公司中估值最高的教育品牌。这家创办于 2012 年的在线教育企业，致力于用科技手段帮助学生提升学习体验、激发学习兴趣、更便捷地获取优质的教育资源，它拥有丰富细分的产品矩阵，可以说其发展的每一步都在识别环境的变化、适应时代的变化。

如果把研究洞察、投资配置和提供解决方案作为高瓴的"生产方式"，那么人、生意、环境和组织的投资模型则构成了高瓴"生产方式"的闭环，在高维思考和低维行动后实践研究成果，帮助企业激发企业家精神，持续打造动态护城河，完成价值创造过程，做时间的朋友。这种循环会反过来强化我们对许多产业环境、企业家精神、生意和组织模式的理解，能够帮助我们更好地拥抱变化，应对挑战。

价 值

# 从发现价值到创造价值

------

作为一家坚持价值投资的投资机构，我们在新的时代和空间中不断加深对人、生意、环境和组织的理解，也不断加深对价值投资的理解。价值投资在今天，又有怎样新的发展和变化呢？在我的理解中，价值投资已经从只是单纯地发现静态价值向发现动态价值并帮助被投企业创造价值转化。

与其他投资流派相比，价值投资在刚被提出时，即强调建立完整、严谨的分析框架和理论体系。其中最重要的三个概念就是"市场先生"（Mr. Market）、"内在价值"（Intrinsic Value）和"安全边际"（Margin of Safety），这三个经典概念构成了价值投资诞生之初的逻辑链条。"市场先生"指的是市场会报出一个他乐意购买或卖出的价格，却不会告诉你真实的价值。并且，"市场先生"情绪很不稳定，在欢天喜地和悲观厌世中摇摆，它会受到各种因素的影响，所以价格会飘忽不定、扑朔迷离。而企业的"内在价值"是指股东预期未来收益的现值，这其中有一个关键前提是"现值"这个概念的出现。但是企业的"内在价值"往往是一个估计值，而不是一个精确的数字，不同的人会有不同的判断，"市场先生"也会给出不同的反应。在这样的情况下，运用"安全边际"就是在理解"内在价值"的基础上和"市场先生"打交道的有效方式，"安全边际"要求投资人保持合适的理性预期，在极端情况下还能控制亏损。

第 4 章 价值投资方法与哲学

## 便宜的公司已经消失了

早期的价值投资更依赖于对企业资产负债表的分析，算市净率（P/B），即把企业资产价值算清楚后，用低于清算价值的价格买入资产，赚被市场低估的那部分钱。这种投资策略是在经历了股灾与大萧条之后的沉痛反思中产生的，受到当时特有市场环境的影响，是在悲观中孕育着希望。正是由于 20 世纪 30 年代早期的经济危机和当时混乱无序的市场结构，许多股票的价格常常低于账面价值，人们通过关注财务报表，计算企业的静态价值、账面价值，不考察，不调研，不找管理层谈话，就可以发现许多好的投资标的，这是基本面研究最幸福的时代，不过，也是价值投资不被世人所重视的时代。

沃伦·巴菲特早期深受本杰明·格雷厄姆的影响，在投资实践中，关注企业的运营业绩及净利润、净资产规模、资本回报率等财务指标，寻找资产价值能够算清楚的公司。此时的价值投资强调价格和价值的脱离，提倡所谓的"捡烟蒂"，就是投资价格比较便宜、资产拆分下来有很大折价的公司，类似于把一辆汽车买回来，拆了卖零件还能赚钱。

到 20 世纪六七十年代以后，便宜的公司已经很少了。1976 年，本杰明·格雷厄姆在接受《金融分析师杂志》（*Financial Analysts Journal*）采访时也指出："价值投资的适用范围越来越小。"查理·芒格告诉沃伦·巴菲特，显而易见的便宜公司已经消失了，

价　值

一旦突破了格雷厄姆式的便宜标准，就可以考虑更多更优质的企业。而且，随着资金管理规模的扩大，仅寻找便宜公司的投资策略显然不再好用。

因此，这个时期的沃伦·巴菲特逐步受到菲利普·费雪（Philip Fisher）[①]和查理·芒格的影响，从一个"捡烟蒂"式价值投资者转变为寻找护城河的价值投资者。在收购喜诗糖果这家优秀的成长型企业以后，沃伦·巴菲特开始聚焦于研究公司质地，追求购买市场地位中隐含成长惯性的公司，尤其喜欢购买具有垄断性质的公司，寻找公司的护城河，如无形资产价值等，在此基础上，关注管理层的能力以及企业文化，在自己熟悉的领域内发现优秀企业并长期持有。这个时候，价值投资被重新定义，即购买好的、有成长性的企业。有一句流行的话，叫"有的人因为相信而看见，有的人要看见才相信"。眼光和判断，意味着价值投资的"安全边际"不仅是面向过去的，还是面向未来的。

至此，价值投资的理念已经从早期关注市净率发展到关注企业真正的"内在价值"阶段，从"寻找市场低估"发展到"合理估值、稳定成长"，可以说是价值投资理念的完善和丰富。这种投资理念的进化也是与美国20世纪80年代的发展相匹配的。那个年代，美国的人口和经济总量持续稳定增长，许多公司在国内

---

① 菲利普·费雪是现代投资理论的开路先锋之一、"成长股投资策略之父"、教父级的投资大师，也是华尔街极受尊重和推崇的投资家之一。——编者注

市场自然扩大和全球化的过程中不断发展壮大，获得了高成长。从更宽泛的意义来说，价值投资对于美国工业社会、商业社会的形成，一定程度上起着动力源和稳定器的作用。时代的商业文明不仅仅塑造了实体产业，同时也塑造了现代投资业，这种相互交织的能量场、连接资本和产业的力量共同助力创新和发展。所以，可以说格雷厄姆与多德是价值投资理念的开山鼻祖，而巴菲特则是集大成者。

## 坚持长期结构性价值投资，持续创造价值

到了今天来看，传统的价值投资永远有其长远的意义，但世界在不断地变化，无论是格雷厄姆式还是巴菲特式的价值投资者，都面临着一些困境，价值投资需要结合时代背景来不断地创新和发展。

经典的价值投资产生于20世纪30年代，20世纪五六十年代就已经被广泛使用，市场和产业的变化，尤其是科技的快速发展，使得投资人在研究企业时无法停留在实物资产价值、账面价值或静态的内在价值这一层面。"市场先生""内在价值""安全边际"这些经典概念有了更多新的含义：更加成熟的市场效率、企业自身的内生动能以及不断变化的外界环境，构成了理解价值投资的新角度。价值投资的内涵和外延都在变化。**如果说价值投资的出发点是发现价值的话，其落脚点应该是创造价值。**

价 值

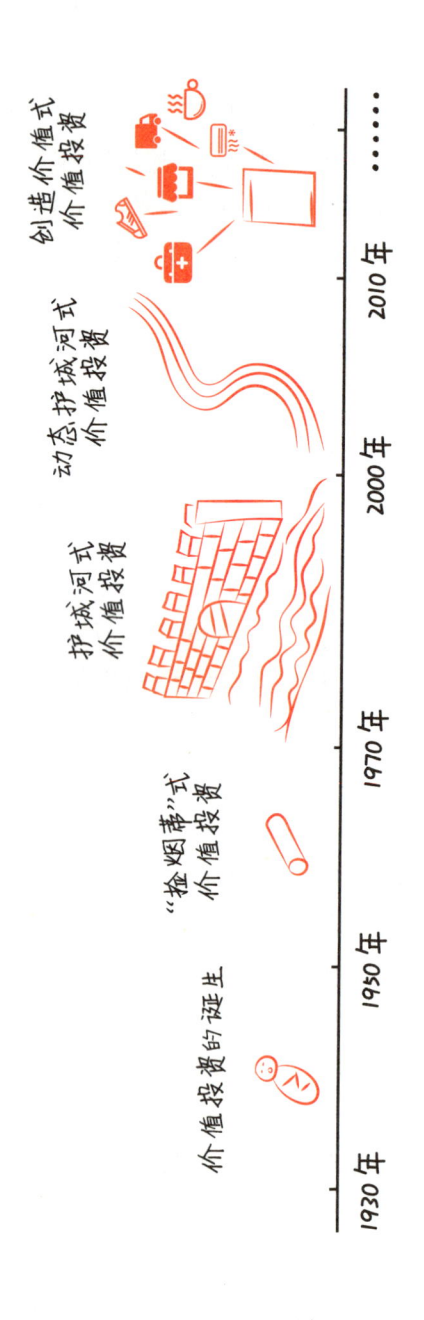

价值投资的演进

1930年　价值投资的诞生
1950年　"捡烟蒂"式价值投资
1970年　护城河式价值投资
2000年　动态护城河式价值投资
2010年　创造价值式价值投资

## 第4章 价值投资方法与哲学

怎样理解价值投资的内涵和外延都在发生变化呢？具体来看，凭借金融基础设施的逐渐完善和市场规则的有序发展，金融市场效率得到根本性提升，价值发现和市场估值的落差在逐步消弭，传统价值投资的回报预期显著缩小。价值投资者显然很难找到被极度低估的投资标的，更不可能仅仅通过翻阅公司财务报表或者预测价值曲线就发现投资机会。同时，技术进步使得企业及其所处环境发生了巨大演变，新经济企业的估值方法也与传统企业完全不同，寻找可靠的、前瞻性的新变量成为价值投资演化的核心所在。一旦发现并理解了这些关键驱动因素和关键拐点，就能发现新的投资机会。

为什么说价值投资的落脚点在于创造价值呢？一方面，在全球经济持续增长和资本快速流动的前提下，创新已经产生溢价。由于创新溢价，发现价值的洞察力更显难得，研究驱动成为从事价值投资的基本素养。另一方面，我们仍处于快速变化和技术创新的成长周期中，创新的产生需要跨维度、跨地域、跨思维模式的整合交融，把许多看似不相关实则能够产生爆发性合力的创新要素结合在一起，可能会实现更高维度的能量跃迁。

正是由于上述因素，价值投资由单纯的静态价值发现转而拓展出两个新的阶段：其一是发现动态价值，其二是持续创造价值。发现动态价值需要强大的学习能力和敏锐的洞察力，能在变化中抓住机会。而创造价值需要投资人与创业者、企业家一起，用二次创业的精神和韧劲，把对行业的理解转化为可执行、可把握的行动策略，帮助企业减少不确定性，以最大限度地抓住经济规律。

举例来说，一家公司的价值成长曲线可能是每股股价从 100 元到 120 元，再到 150 元。发现价值就是在股价为 50 元的时候，就去发现它、购买它。但更好的做法可能是在某个阶段切入，然后与创业者一起，改变它的生长空间和增长曲线，让它的价值能够从新的角度来衡量，从 100 元增长到 200 元、500 元……通过这种参与和陪伴，我们不仅能分享价值增长的复合收益，还能够真正做创业者的合伙人、后援团，帮助企业不断生长。

这就是我们坚持的长期结构性价值投资。**所谓长期结构性价值投资，是相对于周期性思维和机会主义而言的，核心是反套利、反投机、反零和游戏、反博弈思维。**研究和决策的前提是对长期动态的跟踪和观察，判断一家企业是否是"时间的朋友"，来实现跨周期投资。基于对公司基本面的深度研究而非市场短期波动来做投资决策，保持足够谨慎的风险意识和理性预期，就是反套利、反投机；关注并参与结构性的市场与行业变革机会，打造动态护城河，摒弃不可持续的垄断地位或套利空间，就是反零和游戏和反博弈思维。**长期结构性价值投资的核心是格局观，不断颠覆自身，重塑产业，为社会持续创造价值。**

长期结构性价值投资专注于价值创造，因此对于企业而言应该像孵化器，是效率提升的孵化器，更是思维策略的孵化器。就

## 第 4 章 价值投资方法与哲学

像经济学家总结归纳复杂的社会现象、军事家熟读上古的战术兵法、政治家翻阅传承先哲的治国方略、运动员观摩学习冠军的比赛录像一样，价值投资者可以在研究的基础上，把从商业研究中抽离出的规律，分享给创业者、企业家。创造价值的核心是提供全面系统的解决方案，包括企业战略分析、嫁接优质资源、复制管理经验、提升运营效率、拓展国际业务、在海外复制中国模式，甚至通过提供争论性的话题来打开思维等。同时，创造价值的方式要与企业所处的阶段、特有的基因、未来的愿景紧密结合，在更高的维度和更远的视野中，提供相适应的解决方案。

比如，我们真正成了提供解决方案的资本，覆盖全产业链、全生命周期。不论企业处于创立早期、快速成长期，还是成熟期，我们只希望在企业拥抱创新和变化的时候加入并全程陪伴，在此过程中不仅发现价值，而且创造价值，为企业提供符合其当前发展阶段和长期趋势的全方位支持。2020年春天，当一场突如其来的疫情让无数创业者陷入担忧和迷茫时，我们专门推出了"高瓴创投"这一品牌，全面覆盖生物医药、医疗器械、软件服务、原发科技创新、消费互联网、新兴消费品牌等最具活力的行业，就是希望加速聚集资本、资源、人才等多维助力，帮助创业者重振士气，走出焦虑，在产业发展和社会变革的长期趋势中乘风破浪，把握创新、创业的巨大机会。

再比如，我们有许多控股型投资的尝试，搭建产业投资与运营平台，这个决策的出发点不是为了赚钱，这种方式也未必是最

价　值

赚钱的方式，可能还是无用功，但这种投资方式能够让投资人从实践和变革中理解产业的深层次逻辑和许多现实问题，避免投资人出现眼高手低和纸上谈兵的问题，这是最大的"有用"。而且，我们还有许多资源连接和战略协同的尝试，在"走出去"和"引进来"的过程中充当连接器和催化剂，把全球的创新引进中国，把中国的创新复制到全世界。在与创业者、企业家同行的过程中，向科技赋能要效率、要产出，向国际化、全球化要经验、要创新。

当然，在投资的世界中，可能大多数企业都无法成为投资标的，没有在生意上合作，但投资人依然可以与其建立很好的关系，力所能及地为其提供战略增值和关键支撑，这是东方文化特有的"写意"和"混融"，亦是价值投资者的初心和本能。

# 坚守三个投资哲学

海外求学经历让我感受到不同文化之间强烈的对比，通过近距离地学习西方思维模式，我反而对中国文化的博大精深有了新的参悟。虽然现代金融投资的工具多来源于西方，但我希望能够结合东方特有的古典哲学，更好地理解和运用它们。在 2005 年创业之初，我就提出了三个投资哲学，在价值投资实践中予以遵循，以求在纷繁错杂的世界中坚守内心的宁静，避免错失真正有意义的机会。我常用三句古文来概括它们："守正用奇""弱水三千，但取一瓢""桃李不言，下自成蹊"。

## 守正用奇

"守正用奇"是从老子的《道德经》中总结出来的表述。老子说"以正治国，以奇用兵"，即以清净的正道来治理国家，以奇思的谋略来用兵。我用这句话时时提醒自己，在坚持高度道德自律、人格独立、遵守规则的基础上，坚持专业与专注，拥有伟大的格局观，谋于长远；同时，要在规则范围内，不拘泥于形式和经验，勇于创新，出奇制胜。

先说"守正"。首先，"守正"体现在投资人的品格上，要坚持道德上的荣誉感，尊重规则、适应规则，"不逾矩"。其次，"守正"体现在投资原则上，投资需要构建一套完整的决策流程和不受市场情绪左右的根本原则，正确认识外部风险和内生收益；最后，"守正"体现在研究方法上，要做时间的朋友，研究长期性的问题，不追求短视的利益。

再说"用奇"。首先，"用奇"体现在如何思考。做投资不仅

价　值

**守正用奇**
在坚持高度道德自律、人格独立、遵守规则的基础上,坚持专业与专注

**弱水三千,但取一瓢**
一定要克制住不愿意错失任何好事的强烈愿望,同时又必须找到属于自己的机会

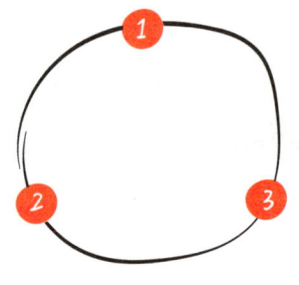

**桃李不言,下自成蹊**
不要在意短期创造的社会声誉或者价值,应在意的是长期创造了多少价值

三个投资哲学

仅是按照合理的机制和程序一成不变地思考，更要打破对客观规律的简单呈现，不仅要知其然，还要知其所以然，把背后的一些传导机制搞清楚，把看似无关的事物联系起来推演，把人、生意、环境和组织在不同时期、不同区域所承担的权重算清楚。其次，"用奇"体现在如何决策。做投资不仅要通过研究确定初始条件是怎样的，还要找到不同时期的关键变量，认清关键变量之间是因果关系还是相关关系，有的时候是生意的性质变了，有的时候是人变了，有的时候是环境变了，有的时候是组织结构变了。这些问题研究清楚后，决策就能不受存量信息的束缚，而根据市场的增量信息做出应变和创新，在别人看来就是"奇"。

更为重要的是，"守正"和"用奇"必须结合在一起，才能发挥最大的效用。做人做事讲究"正"，才能经得起各种各样的诱惑。思考决策讲究"奇"，才能找到属于你的空间。"守正"给"用奇"以准绳，"用奇"给"守正"以反馈。坚持价值投资，就是去芜存精、化繁为简，始终对主流观点保持质疑和求证，不断地挑战自我，开拓新的未知世界。

## 弱水三千，但取一瓢

"弱水三千，但取一瓢"，意思是弱水深长，但只舀取其中一瓢来喝就足矣。我觉得这句话同样适用于投资，投资人需要强大的自我约束能力，一定要克制住不愿意错失任何好事的强烈愿望，同时又必须找到属于自己的机会。

价　值

　　首先，如何理解投资过程。投资项目分门别类，好比"弱水三千"。但投资的境界，关键在于独立思考的过程，投资的方式本身就是投资的内容。与许多在市场上频繁出手的投资人不同，我们始终把时间花在研究上，在投资前后都保持充足的耐心，去形成一套属于自己的深入理解。在中国，有太多创业者和创业项目，投资项目不是太少而是太多。我们不擅长搞"人海战术"——一年看特别多的公司，也不会频繁地更换战场——哪人多去哪，希望能赶上市场的风口，在资本热潮中分一杯羹。人云亦云的结果，很可能是失去独立思考的能力，看不见也抓不住真正的大机会。所以有人说"可怕的从来不是宏观经济，而是跟风投资"。回看2011年的"千团大战"、2015年的"百播大战"……风口来得快，去得一定也快。风口来去匆匆，落得一地鸡毛，多少投资人只能在热血澎湃之后体会无人诉说的失落。换句话说，投资不是纯粹为了赚钱，一味受金钱驱动是这个行业里最危险的事情：要么挣了很多钱，挣到钱却不知道接着干什么；要么一直挣不到钱，甚至为钱铤而走险。

　　其次，如何理解投资机会。这里的关键在于选准"那一瓢"。我不喜欢做天女散花式的投资，而是希望抓住最有价值的投资机会，用超长期的资本对企业做最大化的投资。不管企业在什么行业什么阶段，只要能在适应的环境以适合自身组织的形式予以表达，持续创造出价值，就是好的投资机会。投资决策的起点是基础研究，这决定了投资人只能在看准的时候再出手，投资只能少而精。很多时候，投资成功与否都归结于所选"那一瓢"的价值几何，能否在"那一瓢"上做得更大、更深、更结实。真正的好公司是极少的，真正有格局观的创业者、企业家也是极少的，不如集中长期持有最好的公司，帮助创业者把最好的能力发挥出来。

既然看好了，那为什么不重仓呢？投资是一种做选择的生意，每一次投资，都是在为真正创造价值的创业者投票。这之中重要的不仅仅是你选择了什么，同样重要的是你没有选择什么，而且没有权重的选择不是真正的选择。如果把时间和精力都花在了最有可能成功的事情上，那离成功一定不远。当然，如果功夫没有练到一定阶段，也不要急于"挺身而出"。古人说"从古知兵非好战"[1]，投资中也要减少不必要的交易，避免因随时需要关注市场的起落，而放弃了研究一流投资机会的时间投入，把"瞄准"作为射击的主要活动，而不是"扣动扳机"。

再次，如何理解基础研究。这就需要辩证地思考"但取一瓢"，不能只看一个行业，其他通通不考虑，否则也会影响研究的深度和广度。像匠人一样做投资，最好的方式莫过于在结构性变化和个人投资能力中找到最契合的发力点，在寻求一点突

---

[1] 出自清末名士赵藩题于成都武侯祠内诸葛亮殿堂前正中的《攻心联》，联文是"能攻心则反侧自消，从古知兵非好战；不审势即宽严皆误，后来治蜀要深思"，意为：用兵能攻心，反叛就会自然消除，从古至今，真正善用兵者并不好战；不审时度势，政策或宽或严都会出差错，以后治理蜀地的人要对此深思。——编者注

破的前提下看更多相关的行业，或者训练相近的思维。如果能看懂这个行业的变化，有能力找到投资的逻辑，就买入并长期持有。但如果只是风口，或者别人在其能力范围内做得很好的项目，就不要盲目追逐。其实，能不能做到"但取一瓢"，考验的是一个人的自我约束力。**在多数人都醉心于"即时满足"（Instant Gratification）的世界里时，懂得"延迟满足"（Delayed Gratification）道理的人，已经先胜一筹了。**

## 桃李不言，下自成蹊

"桃李不言，下自成蹊"，出自《史记》，原意是桃树和李树不主动招引人，但人们都来赏花摘果，在树下走出了一条小路。对于投资人来说，不要在意短期创造的社会声誉或者价值，而应在意的是长期创造了多少价值。沉醉于一时的成功、放任高调的宣传通常是非常危险的。自我膨胀很容易让人迷了心智，听不进反对意见，把不准未来方向；名声大了很容易引来不必要的关注，毁也好，誉也好，总归是让人分心的评判。杂音多了，内心的声音就容易被忽略。如果在初期就非常高调，就很容易失去理智。西方人经常说，"上帝欲使其灭亡，必先使其疯狂"，印证这句话的创业故事不胜枚举。

首先，要回归投资的初心。对于投资人来说，关键是做好自己的本职工作，找到并支持优秀的创业者实现创业梦想，同时在这个过程中为社会创造更大的价值。坚持做正确的事情，在行业

## 第4章 价值投资方法与哲学

里就会形成好的口碑，有共同理念的人终究会与我们合作。我们坚持要"找靠谱的人一起做有意思的事"，在投资的过程中就会充满与相知相识的人共同征服挑战的愉悦感和成就感，这样就能实现"不言"或者"少言"。

其次，要找到投资的幸福感。我认识的所有优秀投资人，都能从投资这个行为本身获得职业的幸福感、满足感。对于他们来说，赚取投资收益与其说是拼命要完成的任务，不如说是水到渠成、下自成蹊的结果。整天为了收益疲于奔命的人，到最后可能颗粒无收；而心无旁骛走自己的路的人，往往能获得很大的回报。

最后，要对投资的过程进行自省和反思。无论是对个人、公司，还是针对具体的交易和项目，时刻反省自己的处境，不固守一时一刻的成绩，尤为重要。一个人如果觉得自己很成功了，往往会开始走下坡路；一家投资公司如果认为自己躺着都能赚钱，往往会开始舍本逐末，追求虚无缥缈的事情。无论发展到什么阶段，我们都时常警醒自己：今后是否能不断地推陈出新？如果要保持成长的延续性，最应该坚持什么？最不应该留有什么？一旦一点小的成就使得我们不再努力、思考和创新，而陷入悬崖式溃败，则悔之晚矣。

在价值投资的路上，有深山大泽，亦有宜人坦途；有迷途知返，亦有绝处逢生。坚持投资哲学并非僵化，而是以严谨的治学

## 价　值

精神去认识市场，提炼出最基本的价值观。在经济压力巨大的时候，作为一名投资人，最糟糕的事情就是恐慌。但当我们把事情想清楚了，自然能够保持内心的宁静，享受过程，知行合一。而塑造内心的宁静，归根结底就是做事情有目标、有原则、有行动指南和反馈机制，在不同的处境面前有定力，这就需要我们做出的每一步选择都是心安之选。

价值投资最伟大之处在于，它将"投资"这项难以确定的事情变成了一项"功到必成"的事业，变成逻辑上的智识和拆解，数字里的洞见和哲学，变化中的感知和顿悟。"唯有诗人能扩张宇宙，发现通向新真理的捷径"[1]，我们在长期主义之路中探求本质，在未来和此刻间搭建通途。

---

[1] 出自丹·西蒙斯（Dan Simmons）的《海伯利安》（*Hyperion*），这是一部浩瀚壮美的科幻史诗，讲述了在末日将临时，宇宙中烽烟四起，七位一同前往海伯利安的光阴冢的朝圣者彼此分享过去的故事。这本科幻著作于1989年出版，几乎横扫全球重量级科幻作品奖项。——编者注

## 第 4 章　价值投资方法与哲学

### 我对投资的思考

- 最好的分析方法未必是使用估值理论、资产定价模型、投资组合策略，而是坚持第一性原理，即追本溯源，这个"源"包括基本的公理、处世的哲学、人类的本性、万物的规律。

- 独立研究的最大价值是让投资人敢于面对质疑，坚信自己的判断，敢于投重注、下重仓。

- 世界上只有一条护城河，就是企业家们不断创新，不断地疯狂地创造长期价值。

- 商业竞争本质上要看格局，要看价值，要升维思考，从更大的框架、更广阔的视角去看给消费者创造怎样的价值。

- 对于投资人来说，看人就是在做最大的风控，这比财务上的风控更加重要，只要把人选对了，风险自然就小了。

- 如果说价值投资的出发点是发现价值的话，其落脚点应该是创造价值。

- 所谓长期结构性价值投资，是相对于周期性思维和机会主义而言的，核心是反套利、反投机、反零和游戏、反博弈思维。

- 在多数人都醉心于"即时满足"的世界里时，懂得"延迟满足"道理的人，已经先胜一筹了。

# 第 5 章

# 价值投资者的自我修养

———

价值投资
不是投资者之间的
零和游戏,
而是共同把蛋糕做大的
正和游戏。

## 第 5 章　价值投资者的自我修养

从事投资的过程中，我渐渐发觉，投资一方面是对真理的探寻，探索外部世界；另一方面是谋求心灵的宁静，观照内心世界。外不能胜人，内不能克己，投资恐怕难以成功。

就像许多人"懂得很多道理但依然过不好一生"一样，投资当中也有许多道理被反复提及，但许多人在应用时仍然不解其意。比如"当别人害怕时，你要贪婪；当别人贪婪时，你要害怕""价格是你付出的，而价值才是你得到的""利润只是一种意见，而现金流却是一个事实""你只有买得便宜，才会卖得便宜""永远不要把买入成本当作卖出的决策依据"……

所以说，价值投资是一场不折不扣的修行，这条路有时熙熙攘攘，有时冷冷清清，但一直在这条路上行走的人，实在不多。能有更多的价值投资者同行，共同讨论和切磋，无论对于投资行业还是对于具体的投资人而言，都是一件好事。

**价　值**

2017 年，我和邱国鹭、邓晓峰、卓利伟等几位好友共同发起成立了高礼价值投资研究院，创办初衷就是希望在中国价值投资发展的过程中，能有一个供投资人相互学习、探讨的实战训练营，希望从一个很小的社群里，走出更多真正懂得价值投资的优秀投资人，进而把好的资源与优秀的企业家结合起来，为中国资本市场和实体经济发展贡献一份力量。

很早的时候，我们就开始筹划这个研究院，为了更好地办学，我们多次讨论并出国考察。2015 年 5 月，我们一行中国价值投资者参加了巴菲特年会，与沃伦·巴菲特、查理·芒格、大卫·史文森、约翰·保尔森等美国投资人交流，发现美国投资人无论是做价值投资还是采用其他投资方法，都能够在社群中深入探讨非常长远以及具有很大格局的重要问题，他们身上所展现的思辨性、开放性让人动容。自那时起，我们成立高礼价值投资研究院的想法就更加明确了。

在高礼价值投资研究院，学员们可以开诚布公地交流，不仅仅对行业格局和重点公司进行研究剖析，还可以对规律性的认知进行切磋探讨，在不断学习和实践中理解价值投资。我们希望，基于这种学习氛围，学员们能够想得深、看得远、做大事。

# 坚持第一性原理

价值投资者应该坚持第一性原理,从本质上理解投资,理解价值投资。

第一性原理由亚里士多德提出,他强调:"任何一个系统都有自己的第一性原理,它是一个根基性的命题或假设。它不能被缺省,也不能被违反。"简单来说,在一个逻辑系统中,某些陈述可能由其他条件推导出来,而第一性原理就是不能从任何其他原理中推导出来的原理,是决定事物的最本质的不变法则,是天然的公理、思考的出发点、许多道理存在的前提。坚持第一性原理指不是用类比或者借鉴的思维来猜测问题,而是从"本来是什么"和"应该怎么样"出发来看问题,相信凡事背后皆有原理,先一层层剥开事物的表象,看到里面的本质,再从本质一层层往上走。

## 投资系统的第一性原理

那投资系统的第一性原理是什么?在探讨投资系统的第一性原理之前,需要首先认识到投资系统是理性的、有逻辑体系的,否则不会存在第一性原理。沃伦·巴菲特在《聪明的投资

## 价 值

者》(*The Intelligent Investor*)[①]的序言中写道:"要想在一生中获得投资成功,并不需要顶级的智商、超凡的商业头脑或内幕消息,而是需要一个稳妥的知识体系作为决策基础,并且有能力控制自己的情绪,使其不会对这种体系造成侵蚀。"所以,与其把投资纳入艺术的范畴,不如把它纳入讲道理、讲逻辑的理性范畴,尤其是价值投资,是一件可学习、可传承、可沉淀的事情,一旦总结出投资原则和系统化的知识方法,就可以讲给出资人听,讲给创业者听,讲给大家听。**价值投资不必依靠天才,只需依靠正确的思维模式,并控制自己的情绪。**

理解投资系统的第一性原理需要解构和溯源投资过程中的底层要素,即资本、资源、企业及其创造的价值;需要思考清楚投资的前提和出发点,即为什么投资,投资是为了什么。在我看来,投资系统的第一性原理不是投资策略、方法或者理论,而是在变化的环境中,识别生意的本质属性,把好的资本、好的资源配置给最有能力的企业,帮助社会创造长期的价值。资本市场必须脱虚入实,将资本聚焦于最有能力、最需要帮助的企业。具体到价值投资层面,其出发点就是基于对基本面的理解,寻找价值被低估的公司并长期持有,从企业持续创造的价值中获得投资回报。

---

[①]《聪明的投资者》由本杰明·格雷厄姆所著,自1949年首次出版以来,一直被奉为"股票投资圣经"。在格雷厄姆生前最后一次修订并于1973年出版的原书第4版中,沃伦·巴菲特为这本书撰写了序言。——编者注

在创办高瓴之前，我没有做过专门的权益投资，但非常庆幸之后能够运用第一性原理，来构建自己的投资理念和方法。第一性原理的最大价值在于两点，其一是能够看清楚事物的本质，其二是能够在理解本质的基础上自由地创新。对于投资人而言，就是在回归投资的基本定义的基础上，理解商业的底层逻辑。

## 回归投资的基本定义

做投资应回归投资的基本定义，真正理解投资是什么。关于投资，有许多经典论述，比如约翰·博格讲过："投资的本质是追求风险和成本调整之后的长期、可持续的投资回报，克服恐惧和贪婪，相信简单的常识。"本杰明·格雷厄姆与戴维·多德在《证券分析》中写道："投资就是通过透彻的分析，保障本金安全并获得令人满意的回报率。"沃伦·巴菲特曾说："在投资时，我们要用企业分析师的眼光，而不是市场分析师、宏观经济分析师，更不是股票分析师的眼光。"这些经典论述既是前人的规律总结，又是投资修养的内功心法，帮助投资人不断修正和完善思维体系、指导实践。

研究分析、本金安全、长期可持续回报，构成了投资的关键词。除此之外，价值投资更是一个求知的过程，无法简单传承，一蹴而就。我们推崇研究驱动，做时间的朋友，就是在发现真相之后一点一点往上走，让每一次投资决策都有逻辑起点，把

价　值

可理解的范畴拓展到最大，而把依靠运气的范畴缩至最小；同时，兼顾风险和收益，在尽可能小的风险中获取尽可能大的收益，尽量做确定性的、少而精的投资。

与许多生意相比，投资是观点创造价值的生意。大卫·史文森认为，投资界一个重要的分水岭不在于区分个人投资者和机构投资者，而在于区分有能力进行高质量积极投资管理的投资者和无力为之的投资者。高质量的积极管理，其关键是思维模式。在我的理解和实践中，第一性原理不是简化分析模型，而是探究更底层的逻辑，发现"看不见的手"，找到各种现象的动因，进而分析更多端绪和因果。

## 理解商业的底层逻辑

做投资应理解商业的底层逻辑。在瞬息万变的金融市场，投资的本质是投资于变化和投资于人，因此投资的关键过程是在一个变化的生态体系中，寻找适应环境的超级商业物种。超级商业物种之所以能适应环境，其根本在于能够为社会持续不断地创造长期价值，让消费者获益。想研究清楚商业物种的属性，需要长期跟踪商业历史。尽管历史是无比宏大的，任何人都无法在宏观世界里搞清楚所有问题，但人能够在时空的进化中，看清楚一些商业的基本问题。需要注意的是，人们永远无法掌握真理，只能无限接近真理，真理对于人们来说是高维的、复杂的、不可知的，但驱动事物变化的原因往往是简单

## 第5章 价值投资者的自我修养

的、单一的、可判断的，因此就需要**从现象出发，抓住可以把握的关键要素，理解商业的底层逻辑**。

在解构商业的底层逻辑时，需要注意：第一性原理强调非比较思维，不应该做单纯的对比或类比。所以，在研究商业问题时，既不能简单横向看竞争对手，亦步亦趋地模仿；也不能简单纵向做"时间机器"，把成熟市场的模式拿来套用。所以，我们非常强调长期、独立的研究：一是每天研究行业的小环境、公司的小环境，把生意与生态、竞争与合作、创新与适应这些要素想清楚、看清楚，了解环境的真实变化；二是研究商业物种如何适应环境，就像达尔文研究进化论一样，不抛弃细节，善于寻找支离破碎但又能相互证明的关键证据，看这个物种如何自然地进化和创新，如何跳到第二增长曲线。原发的创新往往最符合生意生态的进化。我们推崇动态的护城河，就是希望企业无论是自我颠覆还是生态重构，都能从自身处境出发，寻找创新的奇点。

坚持第一性原理是保持充分理性的过程，就像在孤独的空间里寻找一种被真相簇拥的暖意，在持续的启示中消解所有的疑问，是从理性升华出感性的过程。它不简单参照经验，不一味寻求旁证，溯源、拆解、重构和颠覆，在无限的空间中追问本质，自由思考。

价 值

# 强调理性的好奇、诚实与独立

前面说过我的"三把火"理论,就是说人生中只有火烧不掉的东西才重要,即一个人的知识、能力和价值观,而支撑这三个方面的,是一个人理性的好奇、诚实与独立,这三点构成对价值投资者的基本要求。

为什么强调理性?因为所谓的好奇、诚实和独立,都必须把严格的理性作为前提。理性意味着拒绝短期诱惑、功利心和许多天然的人性弱点,同时意味着拒绝主观臆断,以怀疑的态度、科学的方法去提出问题并找到答案。要想做出高质量的投资决策,关键在于尽可能做出前瞻性推演,而理性的好奇能够驱使人们探究事物的本源,为前瞻性推演奠定基础;理性的诚实能够保证人们在探索时不误入歧途;理性的独立能够保证人们做出理智的判断。理性是一种严谨的治学精神,是一种纯粹的道德责任,也是个人层面最大的风控,能够在各种复杂的情形中成为关键的思考角度。

## 理性的好奇

投资人要始终对这个世界充满浓厚的好奇心,大到思考社会进步、商业演变的内在逻辑,小到思考企业如何运作才能够保持可持续的竞争优势。第一，好奇心一定源自原创性的头脑，可以打破所有条条框框的约束。好奇心的本质是自我驱动力，是一种朴素的求知欲和源自自身热爱的内驱力的结合。拥有好奇心的人善于提出问题、解决问题，而且提出问题比解决问题更彰显好奇心。寻找真相是困难的，但有好奇心的人就会爱折腾、爱琢磨，不满足于自己的已有经验，不断地问为什么，寻找现象和数据之间的底层联系，把事情想透彻。不能因为在行业待久了，就对创新的事物不管不问，甚至觉得创新的事物不靠谱。好奇心让人保持平和的心态，先尝试着接受，再去理解和判断。

第二，这种好奇心不受短期利益的影响，不受金钱驱动。不能仅研究或涉足带来短期快速回报的项目，而忽视自己长期热爱的领域。换句话说，每个人都应该从自己真正的好奇心出发，而不能被表象所迷惑，以为那是自己想追求的东西，有的时候人们喜欢追风口，但尤其需要谨记这一点：人多的地方你别去。在创业或者投资的过程中，有许多趋同性的投资、趋同性的创业，这时候就要看你是不是真正有好奇心，真正发现了创造价值的方式。

第三，好奇心不受好胜心或者战胜他人的成就感所驱动，不是为了当第一把别人比下去，也不是为了战胜市场。邓普顿基金集团创始人约翰·邓普顿（John Templeton）[1]有句名言："战胜市

---

[1] 约翰·邓普顿毕业于耶鲁大学，是著名的逆向投资者，也是坚定的价值投资者，一直被誉为全球最具智慧及最受尊崇的投资者之一，与彼得·林奇（Peter Lynch）齐名。——编者注

价　值

场是一个很富有野心的目标，但追求它的时候要小心为上。"我们无法验证市场是对的，但也绝不敢说市场是错的，没有对市场的主观评价，也不去做简单的对比。这构成了我们对市场的基本态度。

价值投资和好奇心天然绑定，如果没有对真理的好奇，很难拥有钻研的精神，也就无法获得超越市场的认知。理性的好奇强调依靠研究，而不是依靠垄断性资源或者运气，虽然那样会给人一种有捷径的错觉，但这些捷径或虚无的错觉都会误导认知。

## 理性的诚实

如果好奇心是与生俱来的，那么诚实则是人生重要的后天选择。好奇心能够驱使一个人不断学习，而诚实则是一套自我矫正系统，让人真的可以"吃一堑，长一智"，实现正向的积累。

首先，诚实是最好的信义，不要骗别人，要在理性中保持专业和严谨，不能为了一时诱惑而失信于别人。在资本市场，诚实尤为可贵，因为总有人心口不一、言行不一。在别人可以利用不诚实而获得短期成功的诱惑下，怎样能够保证自己不为所动、坚持内心的诚实，考验的是一个人的长期眼光。因欺骗而获得的成功不会持久，可能代价还很大，最后是"搬起砖头砸到自己的脚"。

## 第 5 章　价值投资者的自我修养

其次，诚实不仅仅是对别人讲信用，关键还是对自己坦诚，对自我有清醒客观的认知。一方面，要对自己的缺点保持诚实，敢于及时认错、调整思路。特别是当市场出现明显反馈的时候，不要总是从外界找原因，要时常质疑一下自己，从自己找原因。持有一个观点，就一定要先尝试着去自我证伪，否则那就不是真正属于自己的观点。要善于扬长避短，在与市场的反复切磋中找到自己的思维误区和性格盲点。可以主动监控自己的判断和外界提供的反馈，建立调整和改善的机制，既要能从失败中找到自己的问题，避免尽推托于客观原因，又不能太悲观，要有"百战归来再读书"[①]的乐观主义精神。

另一方面，还要对自己的优点保持诚实，敢于认可自己，在很难做判断的时候做出决策。许多时候，研究的过程无法穷尽所有可能，也无法获得足够多的信息。这就要求投资人做投资决策时，在信息不完善、不确定的状态下，诚实地相信自己已经运用第一性原理的思维模式，拿到了关键的信息。有的时候，模糊的正确要好于精细的误判。**这种诚实是投资人的一种勇气，能够帮助投资人克服很多心理障碍。**

---

[①] 这是晚清中兴名臣曾国藩送给其弟曾国荃的一副对联中的一句。彼时曾国荃被削官去职，还家省亲，意志消沉，曾国藩赠予此联，勉励其好好读书，修身养性，以后还会大有作为。——编者注

价　值

## 理性的独立

除了理性的好奇、诚实,价值投资同样强调理性的独立。独立是指独立探索精神,即智识上的独立,对事物有自己独立的意见和观点。中国传统的教育模式是讲堂式教育,而如今越来越强调思辨式教育——不是一味地服从权威,或者按大多数人的看法行事,而是根据自己的研究和思考得到答案。只有通过独立思考,不断客观地拷问自己是否尊重了事实和常识,形成的见识才是自己的。而且,这样的见识会转化成智慧,并会随着时间复合式增长。

独立思考强调不能人云亦云,不能在市场波动时轻易地否定自己的结论。当我们的研究和洞察经历反复校验都没有问题时,一旦下了决定,只要前提没有变化,就要有笃定的精神。不要总是问别人怎么看,关键在于应该怎么看、怎么想,在金融市场中,人们普遍认为共识已经反映在价格中,这尤其需要警惕,因为共识和正确与否没有必然的因果关系。市场在一段时间里与你的看法不同,或者许多人的观点与你的不同,并不意味着你的观点是错误的。独立判断意味着对市场保持冷静的思考,不要轻易妥协。很多时候,妥协会产生一个"坡",你从"坡"上慢慢下来,刚开始没有感觉,但下得越多速度越快,等你意识到的时候,往往已经很难改变了。独立性就是不盲目,不轻易受别人观点的影响,充分考虑各种可能性后,基于严谨的逻辑独立做出判断。

## 第 5 章 价值投资者的自我修养

某种程度上，好的投资人应该去找真正正确的"非共识"。这些问题是投资中最难回答的：市场真正有效吗？市场共识是什么？所有的公开信息以及这些信息产生的结果都能合理反映在价格中吗？究竟哪些因素已经反映在价格中了，哪些还没有反映？许多创新企业的估值已经很高，而传统企业的估值往往偏低，乐观或者悲观的因素是否在估值层面有了充分甚至过分的反映？我们认为，往往是与众不同的视角，少数的、独立的决策，特别是真正正确的非共识，才有可能带来超越市场的回报，而且市场给你的回报将是呈指数级的。杰夫·贝佐斯表达过这样一个观点："我相信，如果你要创新，必须愿意长时间被误解。你必须采取一个非共识但正确的观点，才能战胜竞争对手。"

独立思考更加强调不能盲目信任自己的经验，不能有认知上的偏见。许多投资人喜欢复盘，总结过去的得失经验，但习惯用很老旧的经验去解决当前的问题，或者干脆简单机械地套用刚刚积攒的经验去解决新出现的问题，这其实比不积累经验还要可怕。很多人会避免犯相同的错误，但如果只是盲目信从经验，就有可能不断地犯新错误。许多人相信历史会周期往复，但也有人觉得这次会不一样，其实读历史的目的并不是一劳永逸地知道该怎么办，而是为了总结出规律，因此我们需要看到事情的多样性、丰富性。每次判断都是崭新的，都应该向前看。要把历史当作一种知识储备和情景训练，当作抵御重大风险的压舱石，而不是保你百战百胜的万能药。

价　值

# 拒绝投机

----

在投资中，价值投资者要善于把握商业机会，对人、生意、环境和组织时刻保持跟踪和观察，要下如切如磋、如琢如磨的功夫，就好比粗糙之米，再舂则粗糠全去，三舂四舂则精白绝伦。

本杰明·格雷厄姆在《证券分析》中指出，表面和眼前的现象是金融世界的梦幻泡影与无底深渊。他认为："投资是一种通过认真分析研究，有望保本并能获得满意收益的行为，必须以事实和透彻的数量分析作为基础。不满足这些条件的行为被称为投机，投机往往是奇思异想和猜测。"对于投资人来说，**信念有时比处境更加重要，你的格局观决定了你的生存环境，也决定了你的投资机会**。当你已经十分清楚自己的信仰是什么时，其他所有的事情都是干扰项。

## 拒绝零和游戏，做正和游戏

有很多投资人会以任何价格购买任何公司的股票，只要这些公司的股票有上升的趋势，他们会在全市场都讨论某个公司时持仓加入；也有许多投资人会在大多数时间里坚持价值投资，但遇到特别容易赚钱的机会时也会偶尔尝试。华尔街的传奇人物卢西

## 第 5 章 价值投资者的自我修养

恩·胡伯尔（Lucien O. Hooper）有一句名言："给我留下深刻印象的，是那些整天很放松的长线投资者，而不是那些短线的、经常换股的投机者。"我一直在思考，价值投资者的最大坚守是什么。得到的答案是：永远坚持做创造价值的事情。价值投资者是求成者，而不是求存者，求成者追求成功，而求存者往往把他人视为威胁。**价值投资不是击鼓传花的游戏，不是投资人之间的零和游戏，不应该从同伴手中赚钱，而应通过企业持续不断创造价值来获取收益，共同把蛋糕做大，是正和游戏。**

资本市场是个多样且复杂的生态系统，在这样的市场中会出现各种各样赚快钱的机会。由于监管环境在不断变化，许多投资机构可以说一套做一套。但投资人真正应该看重的不仅仅是别人说了什么、做了什么，而是自己相信什么。在中国拒绝投机尤为困难，因为中国市场是一个非常宽容的市场，价格偏离价值的幅度经常很大，而且偏离的时间比较长，市场的有效性还处在一个不断成熟的阶段，中国企业的生命周期和盈利周期仍在不断变化，因此能够允许众多生存方式并存。

## 当幸福来敲门时，你要在家

坚持走在价值投资的道路上，就要保证"当幸福来敲门时，你要在家"。如果陷于意气之争，不断去和市场较劲，寻求短期博弈，就放弃了去看 5 年、10 年的机会。到那个时候，投机不仅仅是因为诱惑，更是源于一种压力。投资市场中的压力无处不

价　值

在，在市场恐慌和疯狂的时候，人们往往无法保持冷静。

晚清名臣张之洞在修建卢汉铁路时提出了"储铁宜急，勘路宜缓，开工宜迟，竣工宜速"的指导原则，这句话用来形容克服投机的心态尤为贴切。打基础的事应该着急，把自己的核心能力赶紧储备起来，而真正看项目做决策时则应该想得透彻和长远，在关键时候再出手，一旦出手就全力帮助创业者创造更多价值。相反，投机心态则是不管储铁是否完备，就勘路开工蜂拥而上，结果自顾不暇、手忙脚乱。所以，拒绝投机就是要掌握好投资的"迟速缓急"。

等待在投资中是一项极具挑战又极有价值的事情，有时候需要等待1年，有时候需要等待10年。**等待也是一种主动，等待不是什么都不做，保持耐心等待的最好做法就是对无关的事情连想都不要想，一直清楚什么是该做的、什么是不该做的。**

《论语》中有句话："虽小道，必有可观者焉；致远恐泥，是以君子不为也。"[①] 要对坚持的事情富有耐心，驾驭情绪，时刻自我反思，保持高度专注。压力往往可以通过专注来消解，专注意味着你要敢于说"不"，不要去做对自己的核心目标没有用的事情。即使有余力去做更多的事情，或者自认为拥有及时把精力拉

---

① 出自《论语·子张篇》，意为即使是小技艺，也一定有可取之处，但执着钻研这些小技艺，恐怕会妨碍从事远大的事业，所以君子不做这些事。——编者注

回来的自控力，我仍然建议你不要那样去做。你甚至可以休息来养精蓄锐，等待下一次机会。不要高估自己的自控力，更不要小看人性。回避短期心态，是价值投资者的重要修养。

# 警惕机械的价值投资

价值投资者还要有一个重要修养，就是不要做机械的价值投资。那么什么是机械的价值投资？简言之就是机械地长期持有、机械地寻找低估值、机械地看基本面。

## 没有教科书式的价值投资

我们说价值投资要从书本上学，从基本常识出发，但不能言必谈理论和原则。警惕机械的价值投资就是"要警惕右、防止左，但主要是防止左"。价值投资的"右"是指机会主义者，要拒绝投机。价值投资的"左"是指激进主义者，比"右"更可怕：第一，他们非常有隐蔽性，极其信仰价值投资，一旦发现别人有什么不对，就会说"这不是价值投资"；第二，他们非常投

价 值

入,基本功扎实,做分析建模型很厉害,而且往往都是百科全书式的,似乎什么都了解、都知道;第三,他们以为自己非常诚实,且自认为做好了自我认知,因此就把自己也给骗了,沿着自己相信的方向一根筋地往深里走。可以说机会主义者往往赚不了大钱,也赔不了大钱。与机会主义者相比,机械的价值投资者可能更容易犯大的错误,错过大的投资机会。

我们所说的价值投资,当然关注安全边际、企业估值、流动性这些基本概念,这些也是价值投资的应有之义。但现实中没有纯粹的、教科书式的市场,也没有纯粹的、教科书式的投资,更没有纯粹的、教科书式的价值投资。现代医学的奠基人克洛德·贝尔纳(Claud Bernard)[①]有句名言:"构成我们学习最大障碍的是已知的东西,不是未知的东西。"从书本上学的是基本常识,更是基本精神,不能套用条文去做价值投资,而是要理解条文背后的精神内核。

就像在法律领域经常探讨的成文法和判例法的区别一样,成文法是高度总结的条文和概念,而判例法则是具体的判例结果。判例法最大的特点是,一个新案例能够围绕以前案例的司法原则和法律精神"走"一遍,而不用被法律规定和文本所局限。投资也是如此,许多投资方法是与当时的环境、所处的发展阶段、所

---

[①] 克洛德·贝尔纳是19世纪法国伟大的生理学家,是现代医学的奠基人之一。贝尔纳一生的研究几乎遍及生理学的各个领域,对实验生理学的发展起到了至关重要的作用。——编者注

## 第 5 章 价值投资者的自我修养

处的市场环境相匹配的，它的理论化、抽象化也有理解和使用的前提。学习一套理念，看重的是从假设到验证再到结论的推导过程，因此不能也不应该套用任何现成的理念和方法。比如价值投资诞生之初，华尔街充斥着市场操纵和赌博气氛，上市公司没有建立完备的信息披露制度，财务信息更不为市场所知，且不乏会计欺诈现象，因此专业、理性成了投资的重要原则。看企业的基本面、研究财务信息、寻找安全边际，成为那个年代价值投资的精髓所在。投资不存在万能定律，要不断打破原有分析框架，在新的时代、新的环境中分析新变量、引入新参数，不能机械地学习格雷厄姆，也不能机械地学习巴菲特，他们也在随着时代的变化、商业的变化不断打破原有的投资理念。所以今天做价值投资，就必须在上述分析的基础上，用发展的眼光思考企业成长的各种可能性，考虑更多新因素、新变量，比如成本收益结构在新技术下的变化、人才和组织能力的变化、行业基础设施和生态的变化、社会伦理和环境的变化等。

再来看怎样理解机械地长期持有、机械地寻找低估值、机械地看基本面。首先，长期持有只是结果，而不是目的。长期持有只是价值投资的某种外在表现形式，有些价值的实现需要时间的积累，有些价值的实现只需要环境的重大变化，所以不能说长期持有就是价值投资，非长期持有就不是价值投资。其次，购买低估值的股票并不是价值投资回报的持续来源，企业持续创造价值才是。特别是在当前的市场情况下，很难找到账面价值低于内在价值的投资标的。比寻找低估值更重要的是理解这只股票为什么

价 值

被低估,能否从更高的维度上发现长期被低估的股票。最后,很多时候基本面投资往往是趋势投资,是看行业的基本面或经济的周期性,本质上也是博弈性的。我们所理解的价值投资,不仅仅要看到生意的宿命论,还要关注创业者的主观能动性,关注环境、生态的变化,这些都会改变生意的属性。因此,价值投资的前提是对公司进行长期的、动态的估值,寻找持续创造价值的确定性因素。

## 与市场和解,与自己和解

那怎样才能避免做机械的价值投资呢?总结起来核心是两个方面:第一,学会与市场和解,及时看看市场的反馈。有些投资人做一级市场,如果投的项目半年、一年之后沿着他的预想在走,他会认为自己的判断是正确的;如果没有,他会认为是市场的某些要素出了问题,或者时机未到。有些投资人做二级市场,市场会时时刻刻提供反馈,如果涨了,他们就认为市场是对的;如果跌了,就认为这个市场还不成熟。这些投资人永远站在自己的位置和视角去判断市场是理性的还是不理性的,去评价"市场先生"。但其实投资人应该利用好市场的反馈,不断提高全面思考的能力,而不是寄希望于"市场先生"能够符合自己的预期。尽管有人把"市场先生"比作"双向障碍患者",但每一次市场的反馈都是在提示你可能哪些东西没有想到,或者哪些东西想到了但又出现了新的不可知因素。任何市场都不可能一成不变,市场的有效性也在变化中。

第二,学会与自己和解,保持平常心,及时接受自我反馈。当发现现实总和自己所坚持的原则冲突时,就要思考如何建立一个既有条条框框又能灵活处置的缓冲地带,即在追求严谨和规律的同时,保留一些感性的出口。这个过程既是说服自己的过程,也是丰富自己的过程。要理解,自我否定是进化,自我纳悦也是进化。

在与自己和解的过程中,你身边的人是否能够用同一套话语体系、用你们共同理解的语言把事情说清楚,对你与自己的和解过程非常重要。这就需要你先把自己的想法说出来,不仅仅是说出结论,更重要的是说出形成这个想法的缘起、过程。对于不同行业、不同逻辑类型的投资,要保持灵活和开放的心态。

在投资过程中,我们曾经非常强调投资决策的重要性,认为结论很重要,而且认为结论一致是非常好的情况。但实践中发现,很快达成一致的结论往往最后被证明是错的,总会有一些事情没有人想到或者想清楚,大家是为了一致而一致。经过一段时间的调整,高瓴逐渐形成了在问题起点就共同讨论的决策流程,在选题和搭框架时就让相关决策人参与进来,在最初就拥有共同的信息基础,绝不是各说各话;同时,在刚一开始时就充分讨论,这样在最早看这个生意的时候,就有不断反馈的过程,而不是等到有结论的时候再去反馈,因为有结论了再去反馈则需要克服更多人性的弱点。所以这个自我反馈其实是

价　值

在过程中的反馈，而不是对结论的反馈。思考和逻辑推演过程的重要性远远大于你所得到的结论。结论固然很重要，但微判断是载体，是一个人形成结论的过程。把许多微判断融入逻辑推演的分析框架中，才真正显出功力。

# 避开价值投资中的陷阱

前面提到要拒绝投机，同时也要警惕机械的价值投资，那么是不是不"左"不"右"就能做好价值投资呢？这其中，还要注意价值投资当中的许多陷阱。

## 陷阱一：价值陷阱

第一个陷阱是价值陷阱，避开它的要义是不要只图便宜，投了再便宜也不能投的项目。一个看上去"物美价廉"的投资未必是个好投资，因为投资标的必须有好的质量。

沃伦·巴菲特对价值的理解也在不断迭代。他在2019年股

## 第 5 章 价值投资者的自我修养

东周年大会上对价值投资给出了新的诠释，这一点和我们所理解的并无二致。价值投资中的"价值"并不是绝对的低市盈率，而是综合考虑买入股票的各项指标，例如公司开展的是不是可以让人理解的业务，未来的发展潜力，以及现有的营收、市场份额、有形资产、现金持有、市场竞争等。

价值陷阱是传统价值投资中极易被忽视的圈套。在分析标的时自然应该强调估值的重要性，不仅要看当前的估值，还要看企业在未来一段时期的表现，而且这个预期与企业拥有的核心技术、所在行业的竞争格局、行业周期、市场环境、组织形态以及管理层都有关系。如果一家企业的技术面临颠覆式挑战，而且完全没有研发或技术上的储备，那它的估值可能随时会一泻千里。如果一家企业所处的行业是赢家通吃或者寡头垄断的行业，那么它的估值就很难用现在的市场份额对应的营收或利润来判断，因为这种行业往往会产生极端的结果。如果是典型的大型企业，那么它的规模可能会妨碍反应速度和增长空间。对于管理层的判断也同样重要，尽管对管理能力进行预测是不科学的，但如果管理层盲目追求短期利润或者企业规模，而忽视企业的长期发展，那么企业未来会面临极大的不确定性。**投资这个游戏的第一条规则就是得能够玩下去**（The No.1 rule of the game is to stay in the game）。价值陷阱的本质是企业利润的不可持续性或者说不可预知性，投资人需要看更长远的周期或更大的格局，才能够识别并避免价值陷阱。

价 值

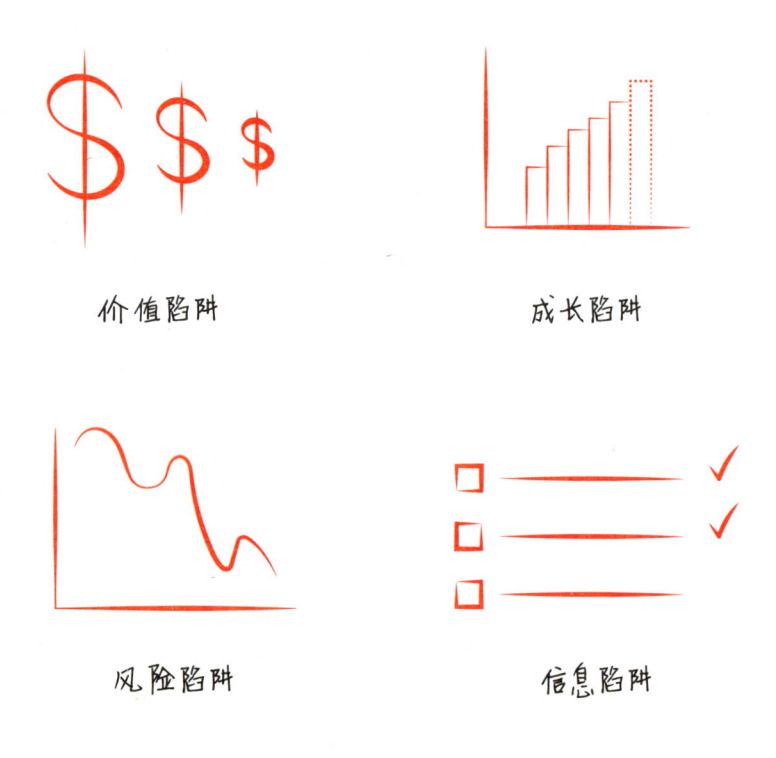

价值陷阱　　　　　　成长陷阱

风险陷阱　　　　　　信息陷阱

价值投资中的陷阱

## 陷阱二：成长陷阱

第二个陷阱是成长陷阱，避开它的要义是不要有错判。我们强调成长型投资和价值投资之间并不画等号，这意味着有的成长型投资不是价值投资，而有的成长型投资是价值投资。

成功的成长型投资必须能够预测新技术的成功机会、新市场的动向以及新商业模式的演化。评估企业成长性的落脚点应该是衡量这家公司的内在机制和动能。没有研究深、研究透以及多年摸爬滚打的经验积累，难以对上述种种因素做出有把握的预测，因此很容易陷入成长陷阱。要坚持在预测前进行严谨分析，同时又要承认未来是难以准确预测的，对未来的判断应始终保持合理的怀疑。不要高估当前的增长，也不要低估未来的成长。其实高估本身就是错判，只有短期的快速成长并不意味着长期能够持续不断创造价值，因为并非所有成长都是良性的。逆向思维在这里的应用是，要善于警告自己，很多成长型投资是没有门槛的，长期来看许多当前快速成长的公司长期却无法跑赢整体经济。许多公司从财务报表上看都是在增长，但是有的公司是真正地内外兼修，而有的公司只是处在"风口"上，利润报表的增长和这家公司没有直接关系，只是受到当时商业周期、经济环境的影响。就像价值陷阱的本质是利润的不可持续性一样，成长陷阱的本质就是成长的不可持续性。

菲利普·费雪是成长股投资策略的开创者。他的核心投资理念在于，投资目标应该处于持续成长中，增长率至少应该高于整体经济，否则就不能持有。很多投资人给予高成长的企业高估值，就是假设这个成长能够持续下去，但高成长的企业要消化这个高估值，甚至超预期，这就很难了。

人们经常说"千里马常有，而伯乐不常有"，其实"千里马也不常有"。《韩非子》中有句名言，"伯乐教其所憎者相千里之马，教其所爱者相驽马"，说的就是这个道理。千里马不常有，而驽马常有，相比于日日鉴定驽马的人，只鉴定千里马的人就得不到持续的训练；而反过来，鉴定驽马多了，自然也就知道何为千里马。所以，避开成长陷阱的办法就是保持平常心，坚持第一性原理，不要为了发现成长股而定义成长股，否则很容易被"得道升天"的侥幸所迷惑。

## 陷阱三：风险陷阱

第三个陷阱是风险陷阱，避开它的要义是不要错估风险。在现代金融学范畴中，风险往往被理解成市场波动，但这种理解是有前提的，即市场是有效的。从价值投资的角度看，风险更有可能是资本永久性、不可逆的损失，包括环境的不可逆、趋势的不可逆、业绩的不可逆、时间的不可逆等。要善于识别真正的风险，包括估值风险、企业经营风险和资产负债风险等。

在价值投资中，只谈收益不讲风险的投资都是违背常识的。计算投资收益的基本公式就是风险和成本调整之后的长期、可持续收益。只要把风险看清楚了，就知道收益是怎么来的了，这就是所谓的"**管理好风险，收益自然就有了**"（Focus on the downside and the upside will take care of itself）。

即使是再伟大的投资人，犯错误也是必然的，能否把犯错误的代价控制到一定的损失范围内，在风险与利润之间找到最佳平衡点，在"恐惧""贪婪"的两难抉择面前保持平常心，是甄选成熟投资人的关键。也许有人觉得，避免犯错误的唯一方法是不进行投资，但这是所有错误当中最严重的一个。要学会宽容自己的错误，同时把每一次错误变成学习经验。正所谓"君子不立危墙之下"，规避风险陷阱的办法之一就是本杰明·格雷厄姆所说的寻求安全边际。把情况想到最坏，看看最坏的情况发生后还有哪些次生伤害，有没有反身性[①]，看看灾难来临时有没有自救手段或者"逃生舱"，始终对不确定性保持理性的谦卑，这些都是安全边际的内涵。另外一个角度就是判断企业持续创造价值的能力，持续创造价值就是最大限度地减少风险，这可以理解成以攻为守。

## 陷阱四：信息陷阱

第四个陷阱是信息陷阱，避开它的要义是不要迷信信息。价值投资是依赖基本面分析、依赖研究的工作模式，很多投资人收

---

[①] 反身性是指投资者与市场之间的互动影响。投资者根据其掌握的信息和对市场的了解来预期市场走势并据此行动，而其行动也会反过来影响和改变市场原本的走势，二者会持续、动态地处于相互影响的关系之中。——编者注

价 值

集信息的能力很强，但同时也面临着信息过载的问题。很多时候，犯错误的原因并不是你收集的信息不全或者收集了错误的信息，而是你过于相信了自己所掌握的信息。

收集信息形成微判断只是第一步，第二步是善于识别信息的权重，到底哪些信息已经是市场的存量信息，哪些信息是市场的增量信息；哪些信息在哪个阶段是重要信息，哪些信息始终重要或不重要。给信息赋予权重，比做出微判断要难很多，很多价值投资者做不好这一点。第三步是用第一性原理把这些微判断和有权重的信息联系到一起，这才形成了真正有力量的东西，才能够把研究转变为决策，从研究员变成投资人。信息陷阱的本质就是信息本身不会告诉你立场或观点，更不会告诉你它有多重要，你所观察的角度决定了你看待信息的方式。这里面有很多经验性的、规律性的东西，也有很多是偶然性的、视角选择方面的东西。当拥有许多投资项目的时候，其中很多并不是真正的机会，所以更重要的是要把握如何识别这些机会的优先级，如何判断哪块"云彩真正有雨"。如果能够不断积累信息的赋权经验，那么投资能力就能达到新一轮的飞跃。规避信息陷阱的办法只有一个，就是不断去学习和思考，不断重复，形成惯性直觉和本能反应。

避开价值投资的陷阱，归根结底是保持理性，保持理性的诚实，在没有充分地研究之前，在思维模式尚未得到检验之前，在没有把风险管理好之前，平衡好自信和谦虚的心态，保持积极的克制和勇敢的主动。

第 5 章　价值投资者的自我修养

# 价值投资无关对错，只是选择

投资之道，万千法门。坚持何种投资理念，都不能以名门正派自居，更不能自认高手包打天下。武林之大，但凡修得暗镖神剑者，亦可独步江湖。所以门派无尊贵，只有适合不适合。在资本市场中，生存下来是第一要务，而生存最重要的是找到适合自己的投资方法。对于投资人来说，格局观不仅仅意味着长期谋略和精准洞察，其本质是你信守的投资哲学。

## 底层思维决定投资方式

在做投资研究时，底层的思维方式决定了研究与否、研究什么，投不投资、投资什么，而世界观、价值观决定了研究对象到底是事实、数据还是原理，投资对象究竟是不是时间的朋友。

比如有的风险投资人，所投项目覆盖了三百六十行，所有行业的项目都看、都投。其实，他的逻辑不仅是建立在行业研究的基础上，更关注的是创业本身，是"创业"这项活动、这门生意。某种程度上说，"创业"这个领域，吸引了众多有斗志、有独立思考能力和卓越创造潜力的年轻人。他们值得被关注和支持，值得通过创业这件事来得到训练和提升。在所有决定创业能否成功的要素中，人是最主要的。因此，"培养创业者，使

价　值

其拥有更为成熟的创业实践经验"这个项目本身，就值得投资。

再比如有的投资人，喜欢由内而外地做判断，从内部的角度出发，更重视创始团队和组织基因；而有的投资人喜欢从外部的角度出发，关注行业格局、盈利结构、生意属性；还有的投资人喜欢从市场的角度出发，看宏观形势、政策趋势、板块轮动，关注时机和势能。角度虽不同，但如果能找到自洽的逻辑，这些投资人往往就能取得不错的成绩。

还有的投资人天然对不确定性很有感觉。其实，人类生来就有一些心理认知误区，包括对不确定性的厌恶，表现为在遇到困惑或压力时，想尽快摆脱怀疑，追求确定的答案。但对于投资决策来说，其核心在于对不确定性的把握。每个投资人对事物认知的不确定性其实是不同的，有的人天生对大的市场走势有感觉，有的人天生对数据背后的逻辑有感觉，有的人天生对人性有感觉。对于同一个投资标的，有的人看到了低价，而有的人能够换一个角度来思考，看到的不仅是价格，还有协同和生态。你的不确定性在我这里可能就是确定性，所以每个人应该用自己擅长的方法来理解不确定性。当然，这里的前提是要有对自己的清楚认知，而对自我认知的不确定其实是每个人都必须面对的。

## 选择让你有幸福感的投资

方法论本质上并无高低之分，只是天性的自知、自省与自

## 第 5 章 价值投资者的自我修养

洽。不同的投资人有不同的看家本领，这其实是基于不同投资原则和策略方法的不同优先选择。某种策略方法一旦成为信仰，一定有其厉害的地方。坚持一种投资方法的关键在于你要遵守一套游戏规则，就像音乐家的内心要有浑然的交响，诗人的内心要有和谐的意境，军人的内心要有统一的信念。如果脑子里有不同的标尺或者不同的声音，就会造成自我意识的混乱。只要坚持的基础原则相同，你就可以无所限制地表达，表达方式可以很丰富。所以，我们并不是以价值投资作为唯一的赚钱方法，而是把价值投资作为一种信念，一种让心灵获得安宁的工作和生活方式。

正所谓兵无常形，投资的科学性和艺术性在不同的人看来一定有不同的解读。许多投资人都在潜心探索不同的投资理念和方法，由于每位投资人的价值观不同，能力圈[①]和风险承受力也不同，因此各自对投资的理解也不同，各自的梦想和实现梦想的路径自然不同。市场会对每个人的想法提供不同的反馈，即使反馈的结果相同，原因也未必一致；在每一次反馈上，每个人的所得对其效用不同，因为每个人的效用曲线也是不一样的。所以**选择投资方式就是选择自己的生活方式，出发点是你自己的内心，选择的是能够让你有幸福感的东西**。

---

[①] 能力圈（Competence Circle），又称能力圈原则，是以巴菲特为代表的价值投资者坚守的重要原则之一，这个概念最早出现在 1996 年巴菲特致股东的信中，强调投资人需要有对选定的企业进行正确评估的能力。——编者注

价 值

## 交给我管的钱,就一定把它守护好

最后,我想谈一谈关于受托人责任的话题。我在从事投资的第一天就学到一句话,叫作**"我宁愿丢掉客户,也不愿丢掉客户的钱"**。这是价值投资者不可或缺的自我修养,因为声誉就是投资人的生命。别人能否信任你、帮助你,很大程度上都取决于你的声誉。

### 忠实,把受托人责任履行到极致

在我们推崇的投资哲学里,第一条就是"守正",这里面最重要的一点正是坚持高度的道德自律,即按照最细刻度的道德标尺,把受托人责任履行到极致。道德自律是开展投资的前提,作为受托人,必须战胜人性的弱点,在诚实、专业中牢记使命和责任,遵循职业操守,防止任何有损出资人的行为发生。这种最重要也是最基本的受托人理念,是对投资人能力和人格的双重考验,尽管并不是每位投资人都能够时刻践行,但路遥知马力,一旦坚持下去,就能得到出资人的长期支持和在特殊时期的关键信任。

优秀的资产管理机构应从出资人利益出发,始终将基金持有人利益放在首位。中国古代向来将"信义"和"生死"并称,

第 5 章 价值投资者的自我修养

诚信道义是中国古典哲学中极为重要的传承。在面对投资项目时，经常会遇到各种各样的情形，不可避免地受到外界环境、社会关系以及个人情感的影响，对于道德自律的坚守在这个时刻尤为重要。美国最高法院传奇大法官本杰明·卡多佐（Benjamin Cardozo）[①]曾经这样表述："受托人应该在最敏感的细节上恪守荣誉感。"把投资道德作为第一标准，归根到底是一种理性。忠实于客户，坚持在最敏感的时刻保持理性思考，这会帮助受托人建立非常长期的信誉。

## 审慎，以客户长远利益为中心

以客户为核心，并不意味着客户想要什么就给什么，而是真正为客户的长远利益、最佳利益着想。受托人责任中，不仅有忠实的义务，还有审慎的义务。专业投资机构应发挥区别于普通投资者的风险识别能力，在处理受托事务时，必须保持合理的审慎，包括全面了解投资标的性质，建立充分完善的风控体系，保证财产的长期安全和稳定收益。许多客户容易受到外界环境的刺激而随波逐流，我们的投资哲学强调"守正用奇"，主张"逆向思考"，用正确的时间维度考虑市场变化和企业演进，最大限度

---

① 本杰明·卡多佐是美国司法史上最具传奇色彩的大法官之一，被誉为有创造性的普通法法官和法律论说家，也是美国侵权法发展史上的标杆式人物。1932年，因其高尚的品格和出色的判决，卡多佐被享有威望的哈佛大学校长、耶鲁大学校长、哥伦比亚大学校长、芝加哥大学法学院全体人员，以及劳工和企业界的诸多领袖共同推举给胡佛总统，并最终成为美国最高法院法官。——编者注

价　值

地降低风险而获得利润，以实现客户的长远收益。

如果投资人管理的钱来自教育事业、公益事业，是传子传孙的钱，就更没有道理不管好。在受托责任这个根本问题上，投资人应该时刻战战兢兢，坚持"以人为本"，无论顺境、逆境，都要保持客观积极的心态，牢记一名受托人的使命，铭记受托之重。

德国哲学家伊曼努尔·康德（Immanuel Kant）说："这个世界上唯有两样东西能让我们的心灵感到深深的震撼，一是我们头上灿烂的星空，一是我们内心崇高的道德法则。"投资人应该始终抱有这种信念，督促自己不断地为客户服务，在共同认可的投资理念下，坚持做研究，坚持与优秀的创业者合作，从而建立资本、资源、创业者之间相互促进的良性循环。理解了这些，就能够理解为什么说受托人责任是长期收益的真正来源。

价值投资者的自我修养，就是在长期追求内心宁静的过程中，坚持有所为有所不为；在道德自律和纪律约束中，重复反思，尊重常识，认知自我。所谓"初有决定不移之志，中有勇猛精进之心，末有坚贞永固之力"，正是长期主义的写照。

## 第 5 章 价值投资者的自我修养

**我对投资的思考**

- 价值投资不必依靠天才，只需依靠正确的思维模式，并控制自己的情绪。

- 好奇心不受好胜心或者战胜他人的成就感所驱动，不是为了当第一把别人比下去，也不是为了战胜市场。

- 信念有时比处境更加重要，你的格局观决定了你的生存环境，也决定了你的投资机会。

- 方法论本质上并无高低之分，只是天性的自知、自省与自洽。

- 选择投资方式就是选择自己的生活方式，出发点是你自己的内心，选择的是能够让你有幸福感的东西。

- 我宁愿丢掉客户，也不愿丢掉客户的钱。

THE FO

高瓴公式

RMULA

# 基于时间的投资回报

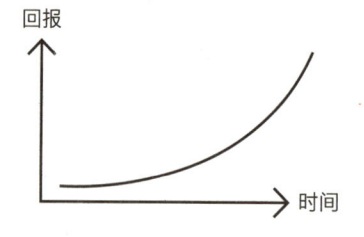

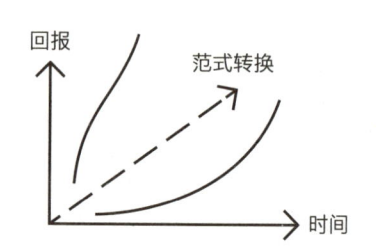

# =

$$\sum_{i=1}^{n} 回报^{Ti} / 投资$$

注：$T$ = 时间，投资回报会随着时间的增加而增长
　　$i$ = 范式转换，即在不同期限、维度或系统中理解多重复合收益

高瓴公式
THE FORMULA

## 1. 时间回报公式

● 所谓时间的价值，可以从这两个方面来理解：一方面，一笔好的投资，其投资收益会随着时间的积累而不断增加，时间是好生意的朋友。另一方面，真正好的投资，从某一维度来看，其收益在短时间内可能有限，但如果把时限拉长，或者从不同维度、不同系统来看，从范式转移的动态角度来看，其收益可能已经在不断地飞速增长，并且是复合的、高阶的、长期的。

● 在与被投企业共同创造价值的过程中，高瓴在投后赋能方面的投入，不仅帮助被投企业运用科技赋能，突破发展瓶颈，还帮助高瓴自身建立了一支成熟的投后运营团队和一套完整的赋能工具箱；更让人意想不到的是，在产业里的摸爬滚打，还帮助高瓴投资团队获得了真正理解产业发展和企业实践的基础性研究能力，从而形成了一个完善的、有益的价值创造循环。**这就是一笔投资、多笔回报，在不同的维度上获得动态的、长期的收益。**

成功

=

{ 1,0 }

×

$10^n$

注：{1,0} = 选择正确与否
　　*n* = 努力程度

高瓴公式
THE FORMULA

## 2. 选择与努力公式

- 在与无数投资人、创业者、企业家的交流中,我愈发觉得,**选择比努力更重要。**对于投资人而言,选择是一种判断;对于创业者而言,选择是一种勇气;对于个人而言,选择是一种相信。选择与努力的关系就好比 1 和 0:做出正确的、让自己心灵宁静的选择,就获得了那个珍贵的 1;在这个基础上,凭借天赋不断学习、探索和努力,就是在 1 的身后增加无数个 0。选择是初心,努力是坚持。

- 在投资的历程中,有许多投资方法和原则。投资无关对错。我们坚守价值投资,就是因为相信这是对社会最有益,也是让自己最有幸福感的方式。一旦选择了价值投资,就坚持研究驱动、不断挖掘影响行业和生意的底层变量,寻找最伟大的企业家。这是一种选择,也是最大的坚守。

价值

=

事^人

人⎦____△____⎣事

## 3. 选择的定义公式

- 无论是投资还是创业，或者是从事许多别的行业，**选择的核心是让人与事相匹配，合适的人在合适的事业上，一定能够取得非凡的、指数级的成功。**这是因为一个人的专注、热情和才华能激活一项事业的许多可能性，甚至改变它本来的发展曲线，把不可能变成可能，获得超越预期的成就。而一项事业本来的属性，也能够让一个人不断地成长，不断地突破自己的舒适区，成为更好的自己。**在这其中，人比事更重要。**

- 我们推崇伟大格局观者，就是因为他们往往能洞察趋势、深谙本质、拥抱变化、富有同理心，这些将是价值创造的最重要来源。

- 选择与伟大格局观者同行，就是持有共同的战略愿景，在深谙行业规律的基础上，运用最先进的科技手段、最高效的运营方式，打造动态护城河，持续不断地为社会创造价值。

人才密度

+

人才多样性

化学反应 ←→ 光合作用

价值

高瓴公式
THE FORMULA

## 4. 组织人才观公式

- **把最聪明、最靠谱的人聚合在一起，一定能够产生巨大的化学反应。**这种化学反应会让人产生奇思妙想、非凡创意和许多无与伦比的思考成果，这些最聪明、最靠谱的人之间也会彼此吸引、促进和激发，从而产生巨大的势能，包括极致效率、团队优势和创造性的解决方案。

- 长期的使命感和共同的价值观，是激活人才的反应条件，就好比光合作用，它营造了一个积极向上、敢拼想赢的能量场，从而让团队成员之间不断地产生化学反应，释放层出不穷的能量。

- 无论对于一项事业还是一个组织来说，人才都是最重要的资产。所以，我们希望看到一个组织和人才和谐发展的小生态，在这个小生态里，每个人都能够尽情地自我成长，充分地交流学习，彼此启发促进，把组织变成一个终身学习社区，然后再不断地相互激发，实现梦想。

$$共同价值观 = \frac{不同背景 \times 能力 \times 驱动力}{组织文化}$$

高瓴公式
THE FORMULA

## 5. 组织文化与价值观公式

- 在把最聪明、最靠谱的人聚合在一起时,产生化学反应有一个非常重要的前提条件,就是价值观对齐,因为不同的人才,有着迥异的教育和家庭背景、独特的能力才华和不同的内心驱动因素。

- **在所有维度或坐标中,最关键的是要形成多位一体的价值观坐标。**只有在共同的价值观体系下,团队才能够共同创造石破天惊的成果,而不会是成员之间水火不容或者毫无反应。

- **价值观对齐的基础是有吸引力的组织文化。**在高瓴的实践中,追求理性的好奇、诚实、独立,追求敢拼想赢不怕输的运动队精神,是非常长期、重要的文化基石。前者指导每个人如何思考、决策,如何独处与自我和解;后者指导团队如何配合、合作,靠团队的力量迎接挑战、实现突破。所以,把无数拥有无限发展潜力的人才聚合在正确的组织文化中,就能够让他们在同一套话语体系和坐标轴中快速学习和成长,这也是组织效率产生的根本。

传统经济的转型升级

＋

新经济领域的创新渗透

化学反应 → 提供解决方案的资本

价值

## 6. 哑铃理论公式

- 除了人才间的化学反应，我们认为在未来的产业变革中，传统经济的转型升级和创新经济的创新渗透将成为两股重要力量。在这其中，科技创新和传统企业的融合，将突破传统消费互联网的物理连接，演变为一场能产生巨大能量的化学反应。创新经济将向生命科学、新能源、新材料、高端装备制造、人工智能等领域广泛渗透，传统经济也将运用最新科技成果实现关键的能量跃迁。

- **这场化学反应的关键是找到最具活力的催化剂，而价值投资机构一旦成为提供解决方案的资本，就可以瞬间激活哑铃的两端，成为传统与创新的组织者、协调者。**在我们的赋能工具箱中，有超长期资本、人才支持、技术赋能、精益运营等多种方式，这些方式将成为加速化学反应的催化剂，把传统产业的长期积淀和创新领域的先进突破结合起来，成为塑造产业变革的新力量。

产业重塑

=

价值重估
―――――
第一性原理

+

价值重构
―――――
赋能工具箱

# 7. 价值投资创新公式

- **运用第一性原理意味着追本溯源、回归本质，并在此基础上升维思考，从更大的框架、更高的视角去考虑问题。**

- 在价值投资的创新之路中，我们不断解构产业的结构性变化，在超长期的视角和更广泛的产业格局中，寻找引领产业重塑的基础性力量。在这其中，我们运用第一性原理，在敬畏市场的同时，独立思考商业模式的本质，实现对实体经济巨头的价值重估。与此同时，我们建设不同的赋能工具箱，在尊重和理解企业家的基础上，帮助创新企业和传统企业实现价值重构。

- 无论是以价值重估去发现价值，还是以价值重构去创造价值，出发点都是从提高产业效率、增加社会福祉的角度，通过产业重塑，持续不断地疯狂创造价值。

# BE A
# FRIEND
# OF
# TIME

第三部分

———

# 价值投资的创新
# 框架

# 第 6 章

# 与伟大格局观者同行

―――
选择与谁同行,
比要去的远方更重要。

## 第 6 章　与伟大格局观者同行

与不同行业、不同背景的创业者们交流，是我非常激动的时刻，他们对科技创新、产业进化有着近乎本能的、天然的知觉和渴望。创业意味着永远在路上，而且有的时候，创业者是非常孤独的，因此在价值投资过程中，选择好的创业者、与伟大格局观者同行是非常重要的一环。我认为，凡盛衰，在格局。格局大，则虽远亦至；格局小，则虽近亦阻。**想干大事、具有伟大格局观的创业者、企业家是最佳合作伙伴，"格局观"就是我们与企业的接头暗号。**

许多时候，成功的创业者被称为企业家，同样，优秀的企业家往往也被称为创业者，因为若企业家始终保持创业者心态，企业就能不断地自我颠覆和创新。企业家和创业者的共通属性是创造一种"生产资料的新组合"，从而满足消费者不断变化的需求。在传统经济学的研究框架中，"企业家和企业家精神"往往是"消失的"，但在实践中，企业家精神发挥着非比寻常的作用，所以企业家群体应该在现代经济学范畴中被视为关键研究对象和核心变量。

价　值

我们无法用语言勾勒出这些伟大创业者、企业家的群像，他们各自拥有独特的能力禀赋和战略远见，但在交流中，我发现他们身上有一些被公众多次提起又常常忽略的共同特质：他们拥有比大多数人更加强大和自信的内心世界，志存高远；他们能够大幅度提高资源的产出，创造新的产品和服务，开拓新市场和新顾客群，视变化为常态；他们希望在改变自我的同时，改变世界。这些特质也时刻影响着投资人，帮助投资人更好地思考商业本质和行业规律。

芝加哥大学教授阿玛尔·毕海德（Amar Bhidé）在其所著的《新企业的起源与演进》（*The Origin and Evolution of New Business*）一书中指出，经济学家把企业家在经济思想史中表现出来的能力划分为四类：对不确定性的承担、对创新的洞察、超强的执行力与极致的协调能力。这与我们对创业者、企业家伟大格局观的定义不谋而合：第一，拥有长期主义理念，能够在不确定性中谋求长远；第二，拥有对行业的深刻洞察力，在持续创新中寻找关键趋势；第三，拥有专注的执行力，运用匠心把事情做到极致；第四，拥有超强的同理心，能协调更多资源，使想法成为现实。

在英雄史观中，人们往往争论究竟是"英雄造时势"还是"时势造英雄"。在我们对人、生意、环境和组织的分析框架中，对英雄和时势的看法，只有角度和权重的差异，而无简单的结论。我所思考的是，应该把商业进程的规律性和伟大创业者的自觉活动结合起来。创业者们因为处于商业实践的一线，往往能够率先感知时势，适应时势，并在某些时刻影响和决定时势；他们感知和适应的时势往往是长期的、不可逆的一般趋势，影响和决定的时势却是微妙变化中的重大事件及其实现方式。这也解释了伟大格局观究竟因何产生，或者说何人才可被称为伟大格局观者。

## 拥有长期主义理念

我对伟大格局观的首项定义是"拥有长期主义理念"，这源自我所坚持的投资标准——做时间的朋友。大多数创业者在创业时没有经营资本、行业数据、管理经验或者精英员工，任何创业都不可能一夜成功，但如果坚持不看短期利润，甚至不看短期收入，不把挣钱当作唯一重要的事，**而把价值观放在利润的前面，坚信价值观是这个企业真正核心的东西，那么利润将只是做正确的事情后自然而然产生的结果。**这是一种非博弈性的企业家精神，越是这样的创业者，反而越能够专注于做长期创造价值的事。对长期主义理念的理解包含三个层次。

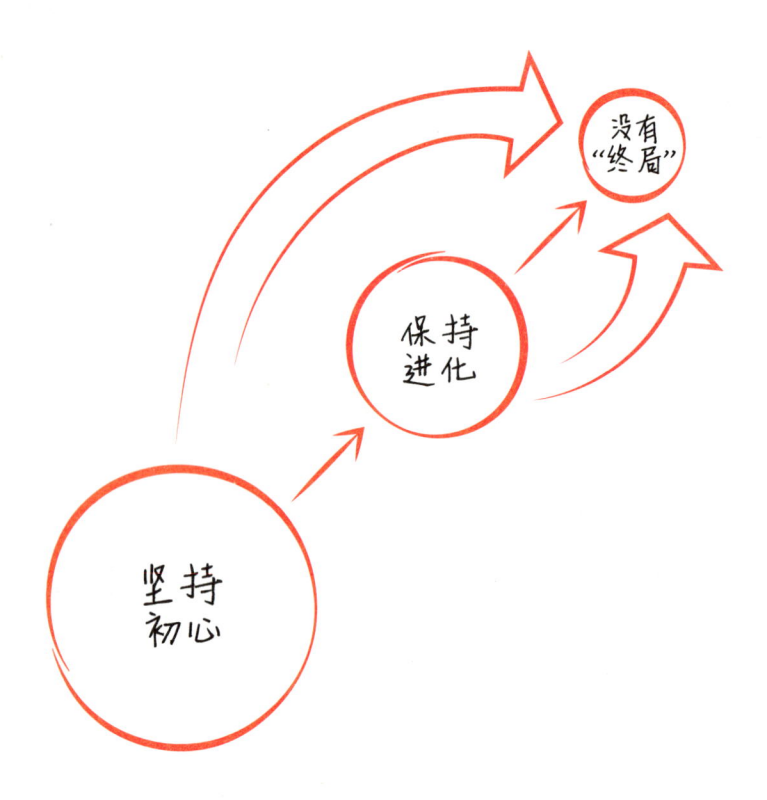

价 值

坚持初心 → 保持进化 → 没有"终局"

走长期主义之路

## 第 6 章 与伟大格局观者同行

## 坚持初心

对长期主义理念的第一层理解是坚持初心。我们会考量，这个创业者做事情是为了短期目标，还是从自己的初心出发，去完成崇高的使命和夙愿。这个初心有多强大？

每位创业者在率领企业寻找前进方向的过程中，唯一已知的东西就是眼前充满未知。优秀的创业者能够不被眼前的迷茫所困惑，他的内心是笃定的，他所看到的长期是未来 10 年、20 年，甚至横跨或超越自己的生命。在接纳新事物和迎接挑战时，他们既享受当下，又置身于创造未来的进程中，对未知的世界充满好奇和包容。坚持初心就是关注自身使命和责任，在短期利润和长期价值之间，做出符合企业价值观的选择。

比如美团创始人王兴，他是一个永远充满好奇心和爱思考的人，喜欢读书，爱问问题，学习能力极强。他的初心是"互联网改变世界"。2003 年，在美国读博士的王兴，感受到社交网站的兴起，毅然决然地放弃学业，回国创业。不像比尔·盖茨、马克·扎克伯克、史蒂夫·乔布斯辍学创业时基本有了成熟的创业思路、靠谱的创业班底，或者至少能找到车库作为办公场地，王兴凭着一颗初心就开启了创业历程。此后，王兴先后创办校内网、饭否网，之后又创办美团网，在本地生活服务领域不断深耕。往往初心有多大，创业的蓝图可能就有多大，正是这种朴素的想法，让美团可以不关注"边界"，只关注"核心"，即用户

价　值

的需求是什么，互联网、科技有没有为用户创造价值。

再比如恒瑞医药前董事长孙飘扬，也十分令人感动。这位被戏称为"药神"的企业家，早年是药厂的一名技术员。有专业背景的他，在很早的时候就下定决心："你没有技术，你的命运就在别人手里。我们要把命运抓在自己手里。"药厂若不改变技术层次低、产品附加值低的问题，是没有出路的。在他的理解中，仿制药能够让一家药厂活得很好，因为仿制药价格低廉，有很好的销路，但创新药才是保证一家药厂真正立足于市场的核心竞争力。此后，恒瑞医药相继在海内外成立研发中心和临床医学部，构建了药物靶标和分子筛选、生物标志和转化医学等创新平台，不断增加科研投入，打赢一场又一场攻坚战。现在回看，10多年来，孙飘扬始终保有创业之初的那份"精神头"，始终不渝地研发新药，做长远打算。

## 保持进化

对长期主义理念的第二层理解是要保持进化。机会主义者往往重视一时的成功，会给由运气或偶然因素造成的机遇赋予很大的权重，结果影响了自己的认知和判断。而长期主义者能够意识到，现有的优势都是可以被颠覆的，技术创新也都是有周期的。因此，长期主义者要做的就是不断地设想"企业的核心竞争力是什么，每天所做的工作是在增加核心竞争力，还是在消耗核心竞争力"，且每天都问自己这个问题。

## 第6章 与伟大格局观者同行

杰夫·贝佐斯在创办亚马逊时，选择从网上书店这个很垂直的细分领域切入。亚马逊做书店之前，美国最大的书店是发迹于纽约第五大道的巴诺书店（Barnes & Noble）。从20世纪80年代末到90年代末，巴诺书店在全美大规模扩张，10年间新开出400多家"超级书店"，最多的时候有超过1000家实体店、4万余名员工。在亚马逊创办初期，贝佐斯和员工需要把书打包，然后自己送到邮局寄送。在把实体书店颠覆之后，贝佐斯远没有满足，因为亚马逊似乎还不足以站稳脚跟。所以，亚马逊不断进化，从进军零售业，到成为全球最大的云服务提供商，再到智能家居、视频流媒体领域，其商业版图没有边界。而支撑这些的，自然是贝佐斯的长期主义理念。在他的所有信念中，"消费者为中心"是长期的选择，也是一种精神力。所以，他可以放弃企业的短期利润，坚持追求极致的消费者体验，保持"Day 1"的精神，把企业资源配置到持续创新的布局中，让资产价值和商业模式不断更新迭代。因此，亚马逊难以被复制，因为它仍在不断生长。

字节跳动创始人张一鸣对保持进化也有独特的理解，那就是"延迟满足"。别人喜欢调试产品，他喜欢调试自己，把自己的状态调节在轻度喜悦和轻度沮丧之间，追求极致的理性和冷静，在此基础上为了长远的战略目标强迫自己学习许多不愿意做的事情。我经常说，懂得"延迟满足"道理的人已经先胜一筹了，他还能不断进化。这种进化状态，是先把最终的目标推得很远，去想最终做的事情可以推演到多大，再反过来要求自己，不断训练和进步。所以，当张一鸣在调试自己的同时，又把公司当作产品一样调试时（Develop a Company as a Product），我们无法想象这家公司的边界。

长期主义者在保持进化时，往往不会刻意关注竞争对手在做什么。一旦盯着竞争对手，不仅每天会感到焦虑，而且会越来越像你的竞争对手，只会同质化，而难以超越它。如果把眼光局限在未来三五年，或盯在具体的某个业务上，你身边的许多人都是竞争对手；但如果着眼长远，不断进化，可以和你竞争的人就很少了，因为不是所有人都能够做长远的打算。所以，**保持进化最大的价值在于竞争对手会消失，而自己才是真正的竞争对手。**

## 没有"终局"

对长期主义理念的第三层理解是"终局游戏"的概念。商业世界的"终局游戏"不是一个终点，而是持续开始的起点，是一场"有无数终局的游戏"。换句话说，商业史从来没有真正的终局，只有以终为始，站得更高看得更远。

从创业早期的高速增长到爬坡过程中的攻坚克难，其实这些都还只是过程。拥有伟大格局观的创业者会去推想行业发展到某个阶段，市场竞争趋于稳定的时候，哪些资源是无法扩张的，哪些资源具有独占性或稀缺性，再去想怎么超越这些障碍，争取更大的发展空间。换句话说，在打"预选赛"的时候，既要想到阶

## 第 6 章 与伟大格局观者同行

段性的"总决赛",又要想到更长远的未来,按照"永远争夺冠军"的决心排兵布阵,步步为营。这样思考的话,就有可能始终参与这场无限游戏,而不会被淘汰出局。当你的竞争对手还在疲于奔命地思考第二天赛况的时候,你已经看到了决战的时刻;当你的竞争对手以为决战到了的时候,你已经看到了更长远的竞争状态,这体现了不同的格局。

爱奇艺创始人龚宇对"终局游戏"有自己的理解。在视频服务领域,要培养用户的收视黏性就要苦练基本功,这个基本功非常烧钱,而且会不断吞噬创业者的意志和投资人的信心。但看待这个问题的角度决定了把烧钱换来的东西看作资本(Asset)还是费用(Cost),是否相信它在未来能够产生价值。他曾在一次演讲中说:"当时我们花了 8000 万元买一个剧,最后只挣了 1000 万元。但再想想,买下这个剧也许可以帮我们节约后面的 2 亿元、3 亿元。""终局游戏"意味着把战略着眼点放在"后面",思考商业模式的无限终局,超前地创造服务或产品的新范式。

再比如爱尔眼科的创始人陈邦,这位因"红绿色盲"而被军校退回的老兵,投身商海几经沉浮,无意间与眼科诊疗结缘。在爱尔眼科的发展历程中,看得远成为战略布局的关键。如何在中国的医疗市场中,找到独立、可持续的民营专科医院发展路径?陈邦通过实践给出了很好的答案:其一是探索分级连锁模式,而这也顺应了"医改"推行的分级诊疗大趋势,通

**价　值**

过把内部的资源打通，将最好的科研成果、最好的医疗服务主动贴近患者，让诊疗服务的重心下沉，创造本地就医的便捷性；其二是超前的、创新的人才培养体系，通过"合伙人计划"，激励和充实人才队伍，让医生的成长领先于企业的发展。这些战略构想的出发点是不断地酝酿和准备，一旦企业有了内生的动力，就能够不断拓展规模，寻求新的市场、新的格局，始终围绕下一场"比赛"来储备力量。

哥伦比亚商学院教授迈克尔·莫布森（Michael Mauboussin）在《实力、运气与成功》（*The Success Equation*）一书中提到这样一个观点："凡涉及一定运气的事情，只有在长期看，好过程才会有好结果。"运气总是飘忽不定的，拥有长期主义理念的创业者，本质上是具有长线思维的战略家。他们往往选择默默耕耘，不去向外界证明什么，而是把自己的事情做好。事情做得久了，就成了他的核心能力。他们会重新定义因果论，重视客户的价值主张是因，提高产品和服务质量是因，完善组织运转效率也是因，自然而然就会产生很好的结果。因果轮回，平衡调和之后来看，很多事情短期看是成本，长期看却是收益。拥有长期主义理念，把信念和持续创造价值作为安身立命之本，这是非常值得钦佩的伟大格局观。

## 第 6 章　与伟大格局观者同行

# 拥有对行业的深刻洞察力

在我看来，伟大格局观的第二项定义就是"拥有对行业的深刻洞察力"。许多在行业里摸爬滚打多年的创业者能够在某一时期对某一方面很熟悉，但是可能囿于原始经验，不会跳出来重新思考，不愿意与外界交流。能够听得进意见且听完之后愿意采纳的创业者非常值得钦佩。相反，最值得警惕的是创业者一意孤行，或者投资人一说什么，他想都不想就去执行。

对行业的深刻洞察既需要看到长远的整体，也需要看到微小的局部，关键在于对变化与不变的洞察。

## 从大局到细节，从转瞬看趋势

管理大师彼得·德鲁克（Peter Druker）将创新和企业家精神视为企业成长的基因。在我看来，企业家精神与洞察趋势、知悉变化、拥抱创新是内在统一的。拥有伟大格局观的创业者最难得的特质就是愿意拥抱变化、推动变化、享受变化，愿意打破既有的理所当然的规则去思考新的角度。由于许多事物是在用每步相差极微极缓的方式渐渐衍变的，这使人们误以为它们恒久不变，从而对变化失去敏感度。对行业的深刻洞察，就是从大局到细节多加研判，从转瞬看到趋势，把握趋势中的定式和细微中的痕迹。

价　值

例如，在汽车被发明出来之前，大家都在思考最好的交通工具是什么。人们认为是"更快的马"，只有福特说不对，他要做大众消费得起的汽车。**真正的企业家精神能够在时代的进化中看到未被满足的消费需求，这是把握住了大趋势中的定式。**

举一位新晋创业者的例子。国货美妆品牌完美日记创始人黄锦峰看到了消费市场的变革趋势——新国货势头，他从2016年8月成立团队，到2017年8月起在淘宝开店，再用不到3年时间将完美日记打造成天猫"双11"首个登顶的国货美妆品牌。而其中，如何抓住新一代年轻人的审美偏好，找到独特而有趣的沟通方式，成为黄锦峰打造美妆品牌的关键。大牌品质、平民价格，非常符合追求极致性价比的年轻人的购物主张；此外，完美日记多次精准抓住流量洼地，如内容社交平台、私域流量、视频直播等渠道，通过头部、腰部、素人全覆盖的达人"种草"、重度粉丝运营等方式，和年轻人玩在一起。事实上，消费的趋势始终在变化，如果完美日记能够不断抓住新需求、新玩法，这后面的故事会更有意思。

在与黄锦峰交流时，我发现他看待行业模式、生意模式的视角都是非常具有创新性和长期性的，不仅对商业机会非常敏感，还同时拥有本土创业经验和国际化视野。所以，我非常有底气地告诉他："在中国一定有机会诞生新的欧莱雅。"在探讨一些长期发展的话题，比如完美日记线下店的定位问题时，我建议可以把它做得更丰富一些，不仅将其定位为一个卖货的地方，还应该让

## 第6章 与伟大格局观者同行

完美日记线下店具备社交互动和"造美"属性,为爱美的女生打造一个真正的时尚集散地。

那么怎么理解"把握细微中的痕迹"呢?我举一位连续创业者的例子——庄辰超,他的成功之处在于能够在细微中找到蕴藏巨大商业能量的痕迹。精通数理的他,善于将自己作为一台精密运算的仪器,运用强大的逻辑推理和计算能力在复杂的系统中寻找创新的机遇。他曾经认真地调侃道,当初在追求女朋友时他都进行了精确的概率演算和路线设计,说一定要成为前30%出现在这个女孩生命中的男生,成功概率才更高。

在创办去哪儿网之前,庄辰超拿谷歌报表做过深入研究,通过分析旅游产业链,在携程、艺龙等强敌环伺的市场中发现了切入的机会。"如果你要开始一个创业项目,一定要先想清楚它的微循环是不是能赚钱。""多层次分销的现状意味着机会,因为很多商业机会来自价值链的崩溃和压缩。""寻找一个行业中的叛逆力量。"这些都是他在创业之时的独到思考。热门的商业模式往往有着残酷的竞争和较高的淘汰率,因此未必是一个好的机会,但通过 MVP(Minimally Viable Product,即最小可行性产品)分析、微循环检验、价值链拆解,他反而能够在细小的垂直领域发现未被满足的需求。

在创办便利蜂时,庄辰超依然在细微中寻找答案。他不是看风口,而是看逻辑。当发现便利店这个生意模型可以被算法

价 值

驱动，而现在中国还没有人做得到时，他开始了再次创业。在他的推演和场景分析中，不仅有人文的分析，还有数字化的分析，通过优化技术和数据，给出从选品、陈列到上新、促销的个性化建议，减少人为因素；通过全程监控的冷链运输、智能感知，对供应链进行全方位的感知，提升运行效率，实现"千店千面"。这些都需要数据支撑，从数据中洞察真相。用完整的商业数据模型，客观地塑造一个行业，这种能力来源于见微知著的洞察。正是由于他的这种能力，无论他创办去哪儿网，还是创办便利蜂，我们都是他的坚定支持者。

## 对变化与不变的洞察

对行业的深刻洞察既包括对行业中变化的洞察，也包括对不变的洞察。只有看到变化，才能知道哪些东西不变；也只有看到不变，才能意识到哪些东西在变化。这实质上是一种持续反思的习惯，要求很强的终身学习和研究的能力，把学习和研究变成一种生活方式和工作习惯，更需要一种穷根究底的态度。

日本 7-Eleven 创始人铃木敏文正是抓住了便利店这个生意中的"不变"，即"什么是顾客需要的便利"，才定义了今天的便利店雏形。在他看来，真正的压力不是源自其他品牌，而是源于能否满足顾客对便利性的多样化需求。于是，7-Eleven 不仅做餐食，还可以代收水电费、设置自动取款机、售卖杂志，无拘束地出售各种生活必需品和服务，持续地提供便利。某种意义上，

## 第 6 章　与伟大格局观者同行

7-Eleven 不是在做传统的零售，而是在做社区的终端服务，让顾客花费最少的时间解决最高频的日常需求。

拼多多的创始人黄峥是一个非常理性的人，在理性得接近极致时，能够发现许多本质的东西。当电商不断创新业务，发展渐至"终局"的时候，他通过抓住这个生意中的"不变"，创造了电商新物种。电商的本质是人和商品的连接，核心在于解决效率问题。而促使流通加快的方式，既可以是人找商品，即以商品为中心；也可以是商品找人，即以人为中心。黄峥选择了后一种，他认为以人为中心存在大量的可能性，拿时间和空间的统一来促使整体效率更高、成本更低。在具体的模式中，先是攒齐一群人，把人们长周期、零散化的需求快速集结成同质化的批量需求，构成空间和时间双维度的集结；在这个基础上，直接打通供应链，连接田间地头、制造工厂，形成 C2M（Customer-to-Manufacture，即从顾客到工厂）反向定制，这就大大降低了柔性化定制生产的难度，从而实现了商品的低价供给。这个模式把人作为促成交易的关键，从生产端的"最初一公里"到消费端的"最后一公里"，所有参与的人都会获得实惠，而且商品流通效率更高。

好未来创始人、首席执行官张邦鑫在思考公司发展时，非常在意务实和创新，但对于教育行业来说，培养的学生出成绩就是核心的不变。因此，他的第一个想法是谨慎扩科，不把一个学科做好绝不开新的学科，不能为了营收数据好看而坏了节奏。第二

## 价　值

个想法是逆向思维，不能照搬照抄，好未来不能是第二个新东方。张邦鑫说："新东方教大学生，我们就教中小学生；新东方教大班，我们就教小班；新东方通过线下讲座招生，我们就通过互联网招生；新东方推崇名师，我们就做教研；新东方教英语，我们就做数学。"第三个想法是运用新的技术手段持续提升教学效果。一般来说，许多人喜欢小班教学，因为既有名师，又有互动。为保证更广泛地区的教育效果，在优质教师资源短期无法满足的情况下，好未来上线网上直播，在 K12 教育领域普及"一位名师讲课＋多名老师辅导"的互动式教学体验。同时，好未来还在人工智能领域加大科研力度，探索人工智能量化课堂，通过计算机视觉、自然语言处理、数据挖掘等搜集、分析教学数据，及时反馈课堂效果，提升课堂品控。把握住教育行业里的不变，其他的创新都可以千变万化。

创业者既要尊重行业的常识，找到不变，又不能被现有的法则所禁锢，找到变化。这其中，善于从战略层面寻找答案尤为关键。战略的核心是对变与不变的判断，只有更深刻的洞察才能形成更好的战略。许多人认为在创业运营中，执行更加重要，因为创业过程中充斥着挑战。我们当然推崇有执行力的创业者，但仍然高度强调企业战略的价值，这比战术层面的高效执行更有决定意义。所以，把对行业的洞察转化为战略并将之分解成行动，是创业者的重要功课。

第 6 章　与伟大格局观者同行

# 拥有专注的执行力

关于伟大格局观的第三项定义是"拥有专注的执行力"。在创业的过程中，伟大格局观的体现离不开创业者的果敢和专注。一般来说，创业者在创业初期容易高估自己的能力，而低估外界的困难，投资人应该帮助创业者把他的勇气进一步激发出来，并帮助他不断地投入和进化以补足高估的能力，克服没有预料到的困难。

## 义无反顾地投入

在充满挑战的管理实践中，创业者每时每刻都在承受高压，他需要做的就是专注于表达自己的信念和想法，做好迎接打击的准备。拳王泰森（Mike Tyson）曾说："每个人都有所准备，但直到拳击比赛中，对手给你一记重拳以后你做出反应，才能看出你是否有勇气面对这一切。"（Everybody has a plan, until they get punched in the face.）创业者就像运动员，在每一个商业结果都可高度量化的领域里相互竞争。企业的用户规模、收入、利润、资产回报率以及每股收益，就像篮球运动员的命中率或者网球手的发球得分率一样，所有的指标都会衡量和展现他们的业绩表现。或许用"向死而生"这样的表述来感慨他们每天的境遇过于悲情或夸张，但他们确实是在用一以贯之的勇气来迎接挑战，而且义无反顾，把自己的全部精力都投入认准的事业中。

价 值

不同的人的眼中可能有不同的史蒂夫·乔布斯，"特立独行""工业美学成就""独裁主义""敏锐洞察""现实扭曲力场"……这些词可能都是对史蒂夫·乔布斯很好的诠释，但同时他又是无法被定义的。如果把创造作为一种使命，并且相信这种使命等同于生命力，那么乔布斯的激情似乎就是在于"生生不已"。因此，这种"活着就是为了改变世界"的内生驱动力促使他为苹果产品注入了难以想象的激情和创造力，这不仅改变了现代通信、娱乐、科技产业和人们的生活方式，更为重要的是，颠覆了人们对于伟大格局观者的所有理解。

国内也有许多令人敬仰的企业领袖，"商界铁娘子"董明珠是我尤为钦佩的企业家。1990年进入格力后，董明珠从一名销售员做起，其后屡担重任，带领格力在竞争最为激烈的白色家电市场中杀出重围。凡做企业，几乎很难不受到各种限制或阻碍，但董明珠坚持"不能让格力受任何伤害"这个核心准则，把企业当作自己的孩子，鞠躬尽瘁，做到心居其正。**这种义无反顾的企业家精神，反而能够打破迂腐的行业惯例，成就更有效率、更可持续发展的行业新准则。**

方达医药的创始人李松博士的创业故事也令人感动，他用"居之无倦"的态度，在药物研发外包领域义无反顾地投入。创业之前，李松已在欧美生物医药行业有了20多年的工作经历，曾在美国及加拿大领导多项有关药物研发及临床试验的项目。2001年，李松博士孤身一人创办了方达医药，当时，一个人、一台旧的设备和一间实验室就是方达医药的全部。创业初期，研究人员凑不齐，实验室还遭遇过爆炸事故，特别是由于无法取得银行贷款和风险投资，为了履行合同做实验，李松只好把全部家当拿去做抵押，贷款去买新的设备，一路上经历了不少坎坷。本可以做一名安静的科学家，李松却选择白手起家。经过10余年的发展，方达医药成为拥有700多位员工和3万多平方米的实验室、临床中心以及毒理安评中心的一站式药物开发研究平台。李松博士的微信朋友圈中有一条很有意思的分享，说女儿叫他"Old Man"，可他觉得自己还是年轻人，还将继续在医药研发领域工作，帮助中国制药企业提高产品质量，让中国人吃上高质量的放心药。敢于义无反顾地投入，可能是创业者难得的气质，每当与这类创业者交流时，我都会被他们的精神力量所感染。

## 把小事做到极致

现在许多人推崇匠人精神，我对此亦深有感触。匠人精神不是把大事做好，而是把小事做到极致，相信"小我有力量"。创业者有许多宏大的愿景，要干成一些惊天地泣鬼神的大事，但历史长河中有许多机会都诞生于很细小的一个领域。创业者可以专注于一个不怎么复杂的方向，重点突破果断出击，在不断证明自己的过程中扩展边界。

先说一说云端视频会议服务公司Zoom的创始人袁征。在2019年，美国500强企业中有1/3是Zoom的客户，2018年，袁

价　值

征还以高达 99% 的员工认可度被评为"美国最佳 CEO"。当然，袁征最令人敬佩的还是他追求极致的精神。创业以前，他在一家硅谷公司工作 10 余年，始终专注于在线会议应用领域，从写代码的普通员工开始，职位一直提升到副总裁，他凭借的正是高强度的工作模式。对于视频会议业务本身而言，从共享文件、共享桌面，到清晰流畅的音视频质量，用户的需求不断提高，而且还面临服务器和网络环境不稳定等诸多挑战。要知道，在视频开会时，一旦出状况就令人抓狂，而且是多人同时抓狂，而袁征的理念却是"为客户提供快乐"。为了保证视频服务满足用户需要，他在每天晚上睡觉之前对"公司、产品、客户、团队、自己"五方面进行回顾，每天早上对自己前一天的工作进行总结，在优化技术细节、改善服务体验的过程中乐此不疲。正是凭借对技术的极致追求，当 2020 年初新型冠状病毒肺炎疫情肆虐全球，改变许多人的工作方式、社交方式的时候，Zoom 凭借稳定的服务体验，每天的用户数量从 2019 年 12 月底的 1000 万人激增到 2020 年 3 月的 2 亿多人，在特殊的时间窗口里满足了人们的会议、社交需求。

公牛集团的创始人阮立平也在诠释着这种"把小事做到极致"的精神。公牛在浙江慈溪起家，当时的慈溪有几百家插座家庭作坊，是全国有名的插座生产基地。阮立平在创办公牛以前，还帮忙推销过别家作坊生产的插座，却发现有的还没卖掉就先坏了。技术出身的阮立平就开始研究插座修理，把坏的修好了再卖，在这个过程中，掌握了不少插座的构造原理。于是，阮立平索性自己创办了公牛电器，并把"用不坏的插座"作为自己企业的生产理念和质量标准。为了保证产品质量,不出安全事故,阮立平坚持严格的供应商和原材料筛选标准,坚持产品和科技创新,努力改变人们对插座产品的习惯性认知。他有一句从多年经验中总结出的话,非常有哲理,叫"慢慢来,比较快,因为我们要走很远,所以一点都不着急"。

兴衰有期,生死有度,企业亦有生命周期。1988年,伊查克·爱迪思(Ichak Adizes)写了《企业生命周期》(Managing Corporate Lifecycles)一书,揭示了企业难以摆脱的"宿命"。但是,创业者的果敢和专注,却恰恰是企业"延缓衰老",甚至"涅槃重生"的基因。对于他们来说,创业过程中最有成就感的就是义无反顾、追求极致。这种积极的、乐观的状态,正是塑造常青基业的秘诀。

## 拥有超强的同理心

除了拥有长期主义理念、拥有对行业的深刻洞察力、拥有专注的执行力以外,伟大格局观还有一个重要定义就是"拥有超强的同理心"。拥有超强的同理心就是懂他人。同理心是以创造力、洞察力和对他人的感知力为主要特征的,拥有超强的同理心的企业家能更好地理解不一样的人,理解消费者、理解合作伙伴、理解员工、理解竞争对手。

## 同理心≠同情心

同理心(Empathy)不等同于同情心(Sympathy)。同情心通常是对他人困难境遇的一种怜悯,而同理心则是真正站在对方的处境,来感受和判断。同理心是一种发自内心的尊重和关爱。拥有同理心的人既能够认可他人的成功,也能够理解他人的失败;既能够雪中送炭,也能够锦上添花;不刻意嘘寒问暖,不虚以敷衍、曲意逢迎;能置身于他人的处境中,体会他人的情绪和想法,共情他人的立场和感受。特别是对于创业者而言,同理心帮助他们站在生产者和消费者之间做沟通的桥梁,站在竞争对手的角度思考共赢的可能。很多时候,世界在不同的人眼中,呈现不同的面貌,因为人们看到的世界可能只是内心价值观的投射。有了同理心,你就能看到更多和自己不一样的方面,能够拥有无限视角去理解更多的事情,这种超前感知力会让你变得无所不知。

许多人醉心于过去的成功和短期的成绩,很容易产生成功的惯性,沉浸在自己的泡沫或象牙塔中,与外界脱离了联系,在自我实现的怪圈里,越来越习惯用自己的视角看待世界,把成功更多地归因于自身禀赋或者努力,而忽视外界因素。人的一生,也会面临一些挑战和失望，甚至有时会觉得自己非常愚蠢。所以，我们强调的同理心，一方面是能够设想，这件事如果别人做是不是也能做好，有多少运气或外界因素的成分，有多少是源于别人给予的帮助；另一方面，也不要太苛责自己，应该偶尔让自己放松下来，寻求更多人的帮助，或许就能够找到方法走出低谷。

沃伦·巴菲特就是拥有超强同理心的典范。比如，有一位高级管理人员可能不是最优秀的，但巴菲特总会站在对方的角度，假设自己处在那个位置和环境下，分析现有情况哪些是由管理人员本身造成的，哪些是由其他原因造成的。这才是理解并解决问题的最佳方式。

这里有一个发生在我身上的小故事。在我前去巴菲特的家中做客时，他坐在司机位上开车接我，我习惯性地打开后座车门，就在弯腰准备进车时才注意到巴菲特坐在了司机位上，顿觉羞愧，赶紧向其致歉，他却哈哈大笑，笑称："你对一个80多岁的司机很放心，我应该感到高兴。"善于帮他人掩饰尴尬，从内心深处保持宽容，诙谐幽默的背后就是他的同理心。

## 做第一名顾客和第一名员工

人们经常说，好的创业者应该站在用户的角度，与其换位思考，更彻底的做法就是做产品和服务的第一名顾客，通过感同身受的体验，强化对自己产品和服务的理解。有创业者告诉我："我

价　值

们不会找形象代言人来为产品做宣传，与其把 1000 万元、2000 万元给明星，还不如花在产品设计上，花在用户身上。"还有的创业者告诉我："如果一款饮料家长不愿给自己的孩子们喝，一家餐厅顾客不愿请自己的家人们来吃，产品没有复购，服务没有好评，那么有什么社会价值呢？没有社会价值，哪里会有商业价值呢？"

　　再比如，创造微信的张小龙在开发每一个功能时，几乎都是从自己的使用感受、生活体验出发，与其说微信的功能来源于对用户需求的理解，不如说来源于他对生活的理解。他苛求完美，追求极简，这些品质被深深融入微信的设计中。张小龙在饭否上说："这么多年了，我还在做通信工具，这让我相信一个宿命，每一个不善沟通的孩子都有强大的帮助别人沟通的内在力量。"创造快手的宿华在表达产品价值观时这样说："快手似一面镜子，看着里面的大千世界，我们希望不要去碰用户，不要去打扰他们，让他们自然地形成一种互动关系，让产品自然生长。"创造知乎的周源始终认为："做社区要尊重社区的节奏。"正因如此，知乎一直在创造一个让用户可以自由表达、可以相互认同的社交空间。这些社交产品的缔造者不是简单地在用技术服务于用户，更是基于强大的同理心，在心灵的海洋中创造了无数个声呐，能够倾听到人们的心跳和脉搏。

　　创业者往往是公司的第一名员工，所以他的工作态度和精神面貌非常重要。一名好的创业者可以时时启发和鼓舞他人，打造有战斗力和人文精神的组织，这同样是凭借同理心。这个组织的格局观要大，要能把人才的生态通过更好的组织方式营造起来，调动大家的积极性和能动性，这需要让组织成员有一个共同的理想，同时，创业者的想法能与时俱进也很重要，这个很考验创业者能不能和年轻人打成一片，**企业家精神加上 21 世纪新型组织的打造方式，就是超越雇佣关系的新型合伙关系**。能不能做到这一点，本质还在于格局观，在于是不是在心里相信。

## 全方位沟通的中心

彼得·德鲁克在《管理的实践》（*The Practice of Management*）中说，他认真研究了美国 20 世纪 50 年代大学中开设的课程，发现只有两门课对培养管理者最有帮助：短篇小说写作与诗歌鉴赏。小说写作帮助学生培养对人以及人际的入微观察，而诗歌则帮助学生用感性的、富有想象力的方式去影响他人。在他看来，真正好的领导者、管理者应该对身边的合作伙伴的行为、态度以及价值观有着敏锐且练达的洞察。

所以，同理心不仅能够调动组织内部的积极性，还能够吸引更多合作资源。在当前的时代下，商业主体需要讲求与各种合作端搭配融合，成为一个产业生态共生体。许多生产要素无法自我搭建，必须依靠更多外界的资源禀赋，为自己的初始基因寻找表达方式。同理心正是"全方位沟通的中心"，能够串起各种角色，凝心聚力，帮助彼此找到价值观的契合点。

价 值

我所看到的很多优秀创业者之间既是竞争对手,又是合作伙伴,他们具有非常开放的精神。在许多伟大的创业者看来,**没有一定要做的生意,但有一定要帮的朋友**。他们始终在思考如何能帮助他人。在这个过程中,或许彼此有不同的诉求、不同的思维习惯,但同理心可以使创业者更加务实和温润,不会夜郎自大、故步自封,而是与更多的人创造更好的沟通过程,营造创造共同价值的磁力场。

同理心是一种难得的品质,它不仅仅能够帮助创业者换位思考,更为关键的是能够让创业者始终保持一颗平常心。有同理心的人往往节俭朴素,在他们的身上看不到太过招摇的东西;他们往往保持一种在简陋的办公室里也能热忱地投入工作的能力,因为是所从事的工作让他们感到自豪;他们闷头做事,服务于远大构想和宏伟蓝图,但同时又在同样的方向不断积累。**任何时候,都不要让处境、金钱、教育背景以及其他东西成为你的负担,让你与现实和他人产生隔阂**。平常心能够使你更深入地了解身边的人,这是非常有价值的东西。亚瑟·叔本华(Arthur Schopenhauer)说:"人虽然能够做他所想做的,但不能要他所想要的。"同理心会带给你一种宽容的力量,对他人和自己的宽容,免于过度气馁或者对他人苛责,这会让你更好地成就自己。

第 6 章　与伟大格局观者同行

# 选择与谁同行,比要去的远方更重要

―――――

与发现伟大的商业模式相比,与拥有伟大格局观的创业者、企业家肝胆相照、甘苦偕行更令人激动和期待。创业绝非易事,这其中的孤独、挣扎甚至进退存亡,每一位创业者都亲身经历过。一家新企业的创立,不仅伴随着创造性想法、某些知识产权的诞生以及创始人人力资本的消耗,通常还伴随着有限的商业经验、相对短缺的资本以及残酷的市场竞争。**在奋斗的过程中,难以预料前路如何,选择与谁同行,比要去的远方更重要。**

## 我们是创业者,恰巧是投资人

高瓴从创办至今始终保持着一种年轻的创业心态。我在和许多新来的同事交流时,就告诉大家"我们是创业者,恰巧是投资人",希望每一位同事都能把自己看作一名创业者,投入研究、投资等工作中。对于价值投资者而言,投资方法和理念决定了他如何看待市场,而初心和使命决定了他如何看待自己。那么我们为什么要坚持"我们是创业者,恰巧是投资人"这份初心呢?

第一,价值投资和许多别的生意本质上并无不同,只是我们选择用投资来表达创业的过程。在创业过程中,我们一点一滴地

价 值

打造一家纯粹的投资机构，摸索投资的好方法，思考公司需要哪些资源，需要怎样的人才，并逐步搭建顺畅的内部工作流程，维护公司的文化。创业的每一个节点，都是高瓴进化史的一部分，过程中屡有挫折和挑战，时有沮丧和不甘，但我们始终坚持价值投资，不断突破自己的能力边界，希望能够一直走下去。

第二，我们以"创业者、企业家的思维"来做投资，把价值投资者看作长期的创业者。价值投资是做时间的朋友，许多结果从长期来看才有意义。于我而言，最重要的工作（也是最大的乐趣）就是让高瓴保持创业的状态，不断进化，始终坚持追求更好；对当前有利可图但长期会伤害自身的行为加以防范，把目光放长远；在这个基础上，从更高的格局去思考问题，去做超前的事情，做组织的迭代、业务的拓展、能力的升级，站在一个创业者、企业家的角度，身体力行地投入创新创业中。我相信投资人一旦忘我地投入，就能获得超越预期的回报。

第三，价值投资者恰好可以参与许多创业的过程，与许多创业者共同面对创业的风险和收获。创业是勇敢者的游戏，从某种角度来说，投资人天天跟各种企业打交道，恰好能看到不同的创业者如何思考、决策和实践，并发现其中许多共性的问题。有的时候，并不是投资人的思维比创业者更开放，只是我们能够在不同的创业者身上学到许多东西，继而通过与创业者的共同谋划和判断，帮助企业解决具体的问题，参与创造价值的历程。

"我们是创业者",是一种状态,也是一种同理心。我自己创业的过程,帮我更好地理解创业。一旦投资人做出了决定,就把重要的资源、资本交付给值得信赖的创业者,让创业者成为资源、资本的使用者、驾驭者,全力支持他,这也是为什么说"恰巧是投资人"。这种身份上的复合性,使我学会了很多,了解了许多文化、理念,也包括各种瞬时的判断、人生的取舍,使我既能够换位思考如何打造自己的投资机构,又能够比较深层次地参与产业深耕,以同行者的身份帮助创业者。

## 做创业者、企业家的超长期合作伙伴

如果说创业者、企业家是建构者、成就者,那么投资人则更像探索者、守护者。许多人在探讨投资人与创业者、企业家应该保持怎样的关系,对此,我认为最好的关系就是超长期合作伙伴关系,让创业者、企业家坐在主驾驶位上,与其保持非常灵活的合作,投资人可以最大限度地向创业者、企业家学习,又可以超脱于公司的运营细节,不必介入太深,还可以通过深入研究提供战略建议。核心是摆正投资人的心态,与创业者、企业家共同创造价值。

首先,帮忙时别添乱,在帮忙之前要明确别帮倒忙。这里面有一个容易闯入的误区,就是投资人希望简单机械地通过压缩成本或者更换管理层来改变一家公司,或者对创业者输出未经考证的建议。其实,更好的做法应该是相信原有管理层的潜能,以增

价　值

量的方式力所能及地帮助这家公司打造新的能力，进一步强化根基、拓展外延。这也需要投资人和创业者价值观契合、利益一致，不要额外产生风险点。

其次，让创业者和企业家做企业的控制人，做关于控制权的设计，坐在企业的主驾驶位上。这既是对企业家和企业家精神的尊重，也是对企业经营和产业发展规律的尊重。投资人无法代替创业者、企业家去做判断，应当鼓励他们心无旁骛地冒险，通过不断试错，把最真实的想法和追求表达出来。用最快的时间、最低的代价把该犯的错都犯了，反过来就实现了"打怪升级长经验"的过程。**创业活动本身最大的风险其实就是保持不变、不敢去冒险，如果创业者不去冒险的话，投资人就在冒最大的风险。**

再次，投资人不应该只提供资本，在企业有需要的时候，还要能够参与企业创新研究、快速发展的整个过程，提供针对不确定性的预判和行动方案，根据外部环境生态的变化，与企业一同成长。投资人不仅仅要用实际行动支持创业者，还要善于问问题，帮助创业者把许多零散的思考串起来，把许多零散的行动点串起来，形成思想和行动互相验证的闭环。在与创业者的深度交流中，可以探讨彼此的研究发现，但如何把这些研究洞察内化提炼，通过有效可行的商业模式进行实践，还是要靠创业者的本领。

最后，做事情、看项目、与人打交道的出发点应该是相互尊重和认可。我经常说"**不要和魔鬼做交易**"(Don't make deal with the evil),还有一句是"**不要轻贱了自己**"(Don't sell yourself cheap)。这两句话的意思是,要先做好人预设,即相信对方是个好人,在此基础上与之开展广泛而密切的合作;一旦发现对方在道德上存在问题,就果断拒绝与之合作,永远不要和坏人做生意。同时,自己必须是个好人,要始终对自己保持极高的道德要求。在做个好人的前提之下,要相信自己,高看自己,对自己有信心。只要秉持正确的价值观和道德观,就能够赢得长期而关键的信任。这里"关键"的含义,就是指当你遇到危险的时候,别人不会放弃你反而会更加理解和支持你;当遇到机会的时候,别人会首先想到与你分享。做到了这些,你就会格外受到尊重。我们投资了很多创业者、企业家,他们还反过来做我们的出资人(LP),把自己的财富交由我们管理和投资,这是非常难得的信任。

我们希望能够和拥有伟大格局观的企业家一起,成为有情怀、有"调性"、有梦想的人,不仅是"确认过眼神",还要在对世界的热爱、理解和拥抱中,共同创造更多价值和意义。因此,我经常与不同的创业者、企业家交流,一起滑雪,挑战各种极限运动,在交流或者玩耍的同时,分享彼此对创业、投资以及人生中许多重大问题的思考,这种同行的感觉,很多时候超越投资或者合作,成为很难忘的人生记忆。

在对未来的设想中,**价值投资已然不是一种单纯的投资策**

价　值

**略，而是一种价值观。** 在创业、创新、投资事业中，价值投资成为创业者、企业家和投资人之间相互信赖和尊重的纽带，正是这条纽带，让创业者尝试伟大创想，将目光聚焦在未来10年、20年，以超长期的视角审视未来生产、生活的变化。从某种意义上来看，为卓越创业者分担创新风险，构成了价值投资者超额收益的本质来源。

在科技创新和新商业革命的浪潮中，人的因素不应被遗忘，企业家精神不应被忽视。长期主义者们可以把自己的经验、感受与彼此分享，获得对生意、创新和价值的讨论和共鸣，在开放共赢的长期观念中，促成价值在未来的流转与创造。

## 第 6 章　与伟大格局观者同行

**我对投资的思考**

- 想干大事、具有伟大格局观的创业者、企业家是最佳合作伙伴,"格局观"就是我们与企业的接头暗号。

- 把价值观放在利润的前面,坚信价值观是这个企业真正核心的东西,那么利润将只是做正确的事情后自然而然产生的结果。

- 真正的企业家精神能够在时代的进化中看到未被满足的消费需求,这是把握住了大趋势中的定式。

- 企业家精神加上 21 世纪新型组织的打造方式,就是超越雇佣关系的新型合伙关系。

- 没有一定要做的生意,但有一定要帮的朋友。

- 任何时候,都不要让处境、金钱、教育背景以及其他东西成为你的负担,让你与现实和他人产生隔阂。

- 创业活动本身最大的风险其实就是保持不变、不敢去冒险,如果创业者不去冒险的话,投资人就在冒最大的风险。

# 第 7 章

# 持续创造价值的卓越组织

BE A
FRIEND
OF
TIME

———

重视学习和挑战,
把学习作为
终身的乐趣和成就。

## 第 7 章　持续创造价值的卓越组织

一家创业公司的发展历程，有高光时刻，也有至暗时刻。在纷繁复杂的创业环境中，积极乐观的精神气质和管理文化能够使其处乱不惊。因此，创业公司的组织管理逐渐成为一个被广泛研究和讨论的话题。现状是，大多数创业者在生存与死亡的急迫问题上耗费了太多的精力，几乎没有多余的精力用在组织的内部管理上；同时，在各种形态的创业组织中，难以找到统一的、有效的管理范式。但毋庸置疑，组织和管理创新是企业杀出竞争重围的核心动力，在某些时候，甚至成为决定创业成败的关键变量。

1912 年，科学管理之父弗雷德里克·泰勒（Frederick Taylor）[1] 提出科学管理理论。诞生之初，管理学语言发源于工程

---

[1] 弗雷德里克·泰勒被公认为"科学管理之父"，也被称为"理性效率的大师"，他的科学管理思想扎根于一系列科学实验，让人们认识到管理是一门建立在明确的法规、条文和原则之上的科学。他的科学管理理论包括工作定额原理、挑选头等工人、标准化原理、计件工资制等。——编者注

### 价 值

学语言，它把员工看作被使用的人力资源，把组织看作可以准确调整和控制的机器，把管理看作可确定、可预测、可计划的事情。但是，新的商业环境、组织方式和新一代员工的特质决定了当前的管理变成了一种难以预测和标准化的动态过程。尤其是对于创业公司而言，应该选择怎样的内生动力和管理规则来驱动组织发展？是不是应该追求区别于传统经济的管理实践，而适应新时代、新经济的管理法则？创业公司有没有更灵活的管理模式？这些问题或许没有答案，但比答案更重要的是创业者在实践中寻找答案的过程。

在高瓴的创业历程中，我也时常思考，一家初创公司应该如何管理。我的文化价值观受到许多中国古代文化，尤其是老庄哲学的熏陶，与此同时，在互联网的快速发展中，互联网开放、共享的精神也对我颇有影响。

任何一家创业公司都有自己的初心和使命，有独特的企业文化，吸引合适的人才，建立适合业务发展的流程，这些都是为了塑造一个适应内生增长和外界变化的组织。在我的设想中，无为而治可能是一种比较好的目标状态，管理者提供与公司文化契合的管理原则，而不是机械的管理制度或管理工具。管理不再是克服随意性、约束无效者和违规者，而是搭建适合创业创新的能量场。在一个有着自我生长动力的组织中，组织诞生之初的原始动能以及与外界交互获取的驱动力，始终大于由于管理摩擦、外界竞争带来的阻力，这样的组织可以营造出合适的工作氛围,发挥每一名员工的创造力。

## 实践价值管理:做一名超级 CEO

在中国过去几十年的经济浪潮中,太多的创业者涌现出来,成为各具特色的 CEO 群体。他们有的擅长研发生产,有的擅长渠道经营,有的擅长组织管理。但是随着传统经济向新经济转型、传统商业模式向新商业模式转型,传统的 CEO 也需要转型为新型 CEO,他们不再仅是业务模式的组织者、运营者,还要成为拥有持续进化能力以及实践价值管理的超级 CEO。

与传统的 CEO 相比,超级 CEO 意味着什么呢?我认为超级 CEO 至少有两项核心能力:第一,保持自由思考;第二,真正理解并实践价值管理。

价 值

## 保持自由思考

在我的理解中，对于一家初创企业而言，每天都是崭新的一天（Every day is a new day）。超级 CEO 应该扮演最先感知外界变化、最有动力带领企业迎接挑战的角色。即使企业发展到相对成熟期，保持自由思考、不断塑造新的企业形态，仍然是超级 CEO 的主要工作。如果企业像一台机器一样按部就班地完成日常工作，那么要 CEO 还有什么意义呢？超级 CEO 的使命就是保持自由思考，一方面主动适应变化，另一方面主动为企业带来新的变化。

如果说传统的 CEO 像是在设计和发射火箭，那么超级 CEO 则更像驾驭一艘宇宙飞船。火箭的发射需要在图纸上做千百次推演测算，根据已知的原理考虑各种情形和参数，在发射前郑重地倒计时点火，这与传统的管理活动非常相似。而新经济、新商业模式的一切都在变化中，无法预测甚至难以感知，很多提前的设计或构想无法承受环境改变所造成的冲击。超级 CEO 们在驾驭宇宙飞船时，需要随时根据外界环境的变化，借助最新的科技工具和管理策略，做出及时、正确的反应。

说到主动为企业创造变化，埃隆·马斯克（Elon Musk）给予我们很多创新的启示。他在南非长大，后来在加拿大皇后大学、美国宾夕法尼亚大学读了四个专业，之后又到斯坦福大学攻读博士学位，此后不断实践非凡的商业计划。我曾跟他交流过，印象深刻的有两点。第一，他拥有真正跨行业、跨领域、跨专业的自由思考能力。与很多学习计算机、信息技术的人做科技创新不同，他在本科阶段接受的是通才教育，研究生阶段学的是物理，他是个很典型的跨行业思考者。第二，他对商业模式的理解永远围绕着创造价值，不去管传统的商业模式或财务指标，不断打破常规去构建新的载体。他做商业的落脚点和许多人不同。所以当他创办太空搜索技术公司 Space X 发射火箭、创办新能源汽车公司特斯拉颠覆汽车产业、创办太阳能服务公司 Solar City 探索清洁能源时，谁能想到他的下一个商业模式创新在哪里？

**一旦超级 CEO 们能够保持自由思考，就将拥有超级工具箱。**这个工具箱所代表的不是具体的能力或者管理模式，而是不断打破自己的能力边界，重新定义 CEO 的使命，在不一样的格局上催生奇思妙想。

## 真正理解并实践价值管理

价值投资不只属于投资人，**每一位企业家都应该是价值投资的天然实践者。**在未来的企业管理流程中，超级 CEO 的管理重心应该始终围绕价值创造本身，从资产配置、资金管理、运营效率等角度，深刻理解商业模式的本质，让企业的资源、流程匹配最大化创造价值的全过程，包括精细化运营、资本再配置等。

不同于大公司可以依靠惯性去运行，初创企业在一开始就需

价 值

要精细化运营。精细化运营不是一味地降低成本、精简流程，因为单纯的运营效率提升存在不可持续性；与此相对应的是站在顾客视角来确定产品、服务和流程的价值结构，因为只有顾客需要的才具备价值，再在此基础上梳理完整的价值链来提升整体效率。长期来看，整体供应链的效率提升比单独某一个环节的效率提升更为重要。威廉·桑代克（William Thorndike）在《商界局外人》(The Outsiders)[①]中讲述美国首府广播公司（Capital Cities Broadcasting）CEO 汤姆·墨菲（Tom Murphy）[②]的核心经营理念时这样表述："目标不是要拥有最长的火车，而是要耗费最少的燃料第一个到达车站。"

除了精细化运营，资本再配置也是实践价值管理的重要维度。资本再配置的方式一般有三种：再投资、储蓄、返还给股东或者债权人。对于不同的行业或者企业的不同阶段，资本配置的选择会有显著差异。初创型企业往往具备很强的成长性，因此提高资本使用的效率尤为重要。资本再投资能力的关键在于清楚认识到公司的核心动能，做自己最擅长、与环境生态最匹配的事

---

① 《商界局外人》讲述了 8 位传奇 CEO 的管理故事，他们以投资的视角看待管理，视资本配置为核心任务，让管理和投资在商业本质层面回归统一，最终创造出惊人业绩。本书简体中文版已由湛庐文化引进，由北京联合出版公司于 2016 年出版。——编者注

② 汤姆·墨菲是沃伦·巴菲特的管理学导师，也是强生、IBM 等公司的董事。他用 29 年时间带领首府广播公司将收益翻了上百倍，1995 年，该公司以 190 亿美元的天价被迪士尼收购。——编者注

第 7 章 持续创造价值的卓越组织

情,不能进行盲目的资本运作,片面地追求多元化或者协同效应;同时,需要从更宽泛的角度思考资本再配置,包括将人力、流程和组织能力也视为一种可配置的资源,围绕价值创造本身,动态地调整各种资源,强化企业的竞争优势。

从某种程度上说,价值管理是价值投资的前提,如果没有超级 CEO 的价值管理,那么大多数投资恐怕将成为空头支票。未来的超级 CEO 们能够结合车库创业者、风险投资家的特质,对自己提出很高的要求,善于将前沿技术、商业头脑、同理心结合在一起,对战略、创新有很强的敏感性,融汇学院智慧(Book Smart)和街头智慧(Street Smart),在自由思考和价值管理实践中展现身手。

## 打造文化:追求内心的宁静

在实践层面,有许多不同的企业文化。不同的创业者有不同的性格特质,其内部文化也大相径庭。在我看来,企业文化是重中之重,它的重要性不亚于创业者本身,既大于商业模式,大于

价　值

某一产品或服务，某种程度上也大于团队。可以说，让许多创业者最欣慰的可能不是流行一时的产品，可能不是他们带领的团队，而是与创业伙伴们一起营造出来的企业文化。流程可以完善、产品可以迭代，这些都可以不断改进，唯有**企业文化必须在创业一开始时就建立起来，不能出问题，也无法推倒重来**。

多年实践经历告诉我，好的创业企业文化，不应该是"你好我好大家好"，也不应该是时刻提心吊胆、视身边人为对手，更不应该推崇靠少数几个人包打天下。能够持续疯狂地创造价值的企业，应该从所处的阶段、所在的行业、所服务的客户、所构建的产品、所搭建的团队中，提炼出相得益彰的文化。

在高瓴的创业过程中，我们先是提出学院派理念，其实质是持续追求真理的热忱、磨炼方法论的坚持以及务实解决问题的稳健。后来，随着组织规模的扩大，我们又提出运动队文化，其实质是团结和追求卓越。一旦拥有了好的文化，就能够建立文化打造组织、组织激励斗志、斗志促进生意的良性循环，这是不断进化的起点。

## 坚持追求真理

高瓴自诞生以来，始终强调研究驱动，坚持探究事物的第一性原理，推崇理性的好奇、诚实和独立，学院派风格是和价值投资一脉相承的。这也就是说，学院派风格并非适用于每一家创业公司，创业公司的文化应该是和自身的业务模式相匹配的。但是坚持追求真理，坚持将问题研究清楚，坚持按正确的方式做正确的事情，则适用于许多创业公司。

坚持追求真理往往能够鼓励每一名员工主动思考，用第一性原理去想事情的本质，以及应该怎样开展工作、有没有更有效率的方式。同时，追求真理而不是别的目标，可以很大程度上避免公司政治、内部关系这些干扰项，使得员工可以保持开放的心态，提出更多的建议，进行更多的反思，营造一个更少内部博弈、更多团队协作的氛围。在此基础上，把追求真理当作一项长期承诺，将一个人的智慧、精力和激情投入创造价值的过程中，这样的文化能够保证企业不走捷径，不会错失真正的好机会。

## 敢拼想赢不怕输

相对于学院派风格，我觉得运动队文化可能适用于更多的创业公司。许多人说，最好的团建就是带领团队打胜仗。而且，运动队文化本身就是企业家精神的延伸。拥有运动队文化的公司具有以下四种特质。

第一，有运动员的运动精神和拼搏态度，敢拼想赢不怕输。运动本身就是竞争，追求更快、更高、更强；同时，要有面对失败的勇气，能赢，也不怕输，打仗就要打到流尽最后一滴血；失

价 值

败后能够总结经验教训，自信开放，敢于向竞争对手学习，不断提高自己；专注于比赛本身，千万不要伤害对手。

第二，有运动队的协作精神，有同理心，相信团队是取胜的基石。在卓越的组织中，合作不是"1+1=2"，而是每个人能够理解同事们思考问题的角度、产生决策的根据以及采取行动的原因，以整体价值最大化的思维去判断自己该做些什么，然后根据需要承担更多或者放弃更多，能够及时补位。当你的合作伙伴因某种原因只能承担30%时，你可以承担70%，当他退缩30%时，你能够承担130%。这就像在一场足球赛中，在前锋最终射门得分前，有许多次看似无效的穿插跑位，但整个足球队的最终目标是一致的。长期循环下去，凡是付出更多的人，收获也会更多，这是一个动态增长的过程。

第三，可以做陪练，又不甘于一直做陪练。一家企业就像一支篮球队，场上的球员"拼命发挥"，帮助整个团队赢球；场下的板凳队员既做好充足的准备随时可以上场，又能够为场上的球员鼓掌加油。

第四，用成绩说话。不允许任何人有特权，不要认为在公司工作年限长，就可以自然而然地享受公司收益，每个人获得的回报全凭对组织做出的贡献和价值。即使是新人，只要有信念，努力工作，做大家认可的事情，就会得到褒奖。

第 7 章 持续创造价值的卓越组织

## 坦诚沟通和交流

无论是学院派风格还是运动队文化，一种好的创业企业文化，不仅仅强调员工个体和团队的积极向上，关键还在于建立一套透明的规则，提倡基于同样的价值观、同一套话语体系的坦诚沟通和交流，建立最直接、最高效的反馈机制，保持信息通畅。"有话直说"，不要因为委婉的表达而浪费大家的时间。委婉的害处是你以为我懂了，我也以为你懂了，但实际双方没有真正理解对方表达的要点。每个人都可以用自己擅长的方式来表达，效果会更好。最让人担心的是由于语言体系或者表达方式的差异，同事之间产生误解甚至积怨，或者是表达时像说寓言故事一样，让大家去猜去想。透明的沟通文化和高效的反馈机制，是节省大家时间、提高效率的最佳选择。

一家创业企业的文化，应该来源于对商业规则的理解。许多人在个体利益最大化和利他主义的两极之间摇摆，但最终应该相信道德的力量。对于一家创业公司而言，最不应该出现的现象就是：第一，眼睛紧盯着矛盾，而不是在更大的格局上思考问题；第二，高压文化，团队成员不协作；第三，不仅不协作，内部还互相拆台，导致组织涣散，没有凝聚力。

在一个具有良好企业文化的创业组织中，每个人都能清楚地知道什么才是最优的答案。长远利益和团队至上不仅对组织是最好的，对组织里的每个人都是最好的。长期来看，围绕共同目

价　值

标，团队成员动态均衡地高效协作，是一种带来内心宁静的配合方式。我们在投资上坚持反博弈，摒弃零和游戏，在推崇的创业企业文化上，依然持相同的选择。

# "绽放"人才：和靠谱的人做有意思的事

在我的理解中，一家企业拥有怎样的人才往往决定了这家企业的效率和边界。对于初创企业而言，选择和培养价值观契合的人才，赋予他们挑战和成就感，是企业实现长远发展的基础能力。

## 寻找靠谱的人

吸引和尊重人才不是一句口号，而是创业公司保持活力的重要选择。在创业组织中，有许多新人能够很快地独当一面。美国科学史家、科学哲学家托马斯·库恩（Thomas Kuhn）就发现，最伟大的发明几乎都是某个领域的新来者在相对年轻时做出的。

## 第 7 章 持续创造价值的卓越组织

当创业公司初期还无法吸引有经验的人才时，吸引靠谱的新人就成为关键。最佳的方式莫过于靠伟大的事业来吸引和激励，而不是单纯靠薪酬和福利。如果只有赚钱才能让一个人开心，就像追求"第一名"的开心一样，他一定缺少对事业最单纯的热爱。创业公司需要的是把追求伟大成就作为目标的人，而不是把获得奖励或者物质财富作为目标的人。如果一位员工因为公司的工位太拥挤、福利不好，甚至水果沙拉不好吃而前往另一家公司工作，那就欢送他吧。**工作带来的最大的幸福感应该是和靠谱的人做有意思的事，把同事当成你的事业合伙人。**

那如何定义"靠谱的人才"呢？有这样几个角度。

第一，自驱型的人。自驱型的人寻找事情背后的意义，追求人生的意义感，拥有专注解决问题的最佳效率，而不需要更大的组织规模。他们天然具有企业家精神和主人翁意识，能挖掘自身的潜能，认识并突破自己的能力圈，以最精干的方式完成具有挑战性的工作。

第二，时间敏感型的人。彼得·德鲁克在许多年前就提出过一个观点："有效的管理者知道他们的时间用在什么地方。他们所能控制的时间非常有限，他们会有系统地工作，来善用这有限的时间。"每人的时间都是有限的，我经常说"浪费时间"（kill time）就是"kill people"，把有限的时间使用好，是一门非常重要的功课。时间敏感型的人既是很好的时间分配者，能够把精力

价　值

赋予权重，把时间用到最该用的地方，又能够很好地尊重他人的时间，不拖泥带水，这种品质能够决定自身成长的边界。

第三，有同理心的人。有同理心的人往往习惯于换位思考和通盘考虑，而不是机械地完成任务。他们善于把自己的脚放在别人的鞋里去想问题，站在工作对象或者合作伙伴的角度去思考整件事情。拥有同理心不仅是一种很好的工作方式，也是一种新型领导力。如果每一位员工都能具备更高一级管理者的视角，感受到自己与整个组织、所有层级、各个部门在解决问题中的真正联系，就可以通过沟通和学习，尽可能地把握业务开展的优先级及内在关联，从而能够从公司整体价值最优出发做出最佳判断。

第四，终身学习者。与具有固定型思维（Fixed Mindset）的人相比，拥有成长型思维（Growth Mindset）的人更**重视学习和挑战，把学习作为终身的乐趣和成就**，而不是短暂的、功利性的斩获。好的创业公司，不能要求员工无所不知、无所不能，但可以要求其无所不学、迎难而上。终身学习能够无限地放大一个人的潜能，适应过去、现在和未来。更为关键的是，别的东西对人的需求曲线的刺激总是有限的，只有求知欲，能够不断使人得到满足，长期走下去。

## 赋予长期使命感和成就感

对于创业组织来说，吸引人才还只是第一步，建立有效的人才

## 第7章 持续创造价值的卓越组织

培养和考核体系是实现人才"绽放"的核心机制。在创业公司中，因为不同的团队需要不同的人才，在不同的时期也有不同的任务重点，所以培养人才应有两个维度。第一是基于公司战略层面的培养，始终把对公司长远发展有益的工作技能作为重点培养内容，帮助新人形成好的思维模式和做事习惯；第二是基于团队执行层面的培养，在解决实际问题中磨炼才干。同时，培养考核的方式应与外界环境的变化、人才成长的规律紧密相关。最后，在企业文化和核心价值观基础上，构建适应业务开展需要的动态人才考核体系。

在人才培养的过程中，史蒂夫·乔布斯有一个观点值得借鉴，即"真正顶级人才的自尊心不需要呵护，每个人都知道工作表现和贡献是最重要的"。换句话说，准确的评价比善意的评价更为重要，要相信优秀的员工能够以开放的心态和足够的睿智识别什么是对的，接受批评并且努力改正，这比忽视或"顺水人情"更为善意，因为优秀的人都是极纯粹的人，没有杂念，有长期使命感和成就感。史蒂夫·乔布斯用他独特的急躁甚至粗暴的管理方式，保证团队由一流队员，而不是平庸分子组成。

**在创业公司中，更好的方式是把培养和"绽放"人才作为中心工作，开发每个人和团队的能力。** 尤其是面对新生代求职者时更应如此，他们追求自由灵活的工作环境，在乎归属感和成就感，追求与公司共治、共创、共享的发展机会。公司管理者要保持对每位员工需求的敏感度，精心设计他们的工作内容，发挥其最大优势；在此基础上，等待每一位员工所做的贡献，然后予以其新的鼓励和赋能。

价  值

# 激活组织：创建好的小生态系统

在过去的组织创新中，管理理念经历了几次大的变革。先是工业革命，把机器化大生产引入产业当中，使得技术超越了技能，机器取代了体力，这样的生产力决定了组织形式是标准的、严谨的，统一性和规范性是管理的重心；之后是知识革命，工作被迅速地知识化和信息化，知识也逐渐成为超越资本和劳动力的最重要的生产要素，管理的重心也不再是标准化或者计件制，而是激发和赋能，以及动机的匹配。世界上本没有最优秀的组织，只有最适合自身和环境发展的组织，随着新经济、新商业模式的发展，创业公司的组织方式也一直在变化。

## 从雇佣关系进化到合作伙伴关系

由于强调灵活和变化，企业的组织形式正在从雇佣关系进化到合作伙伴关系，而中国的创业公司可以快速切入最新的管理模式。这样的组织，能让器官中的每一个细胞将自身的优势和能力最大限度地发挥出来，每个人都能够学习和"绽放"，实现自身最大价值。对于员工来说，**不是老板给你一张网，让你捕几条鱼，而是你主动去寻找一片海、一个更好的捕鱼方式，甚至一个更好的养鱼方式**，等等。

第 7 章　持续创造价值的卓越组织

令人欣慰的是，中国正在形成更加成熟完整的职业经理人体系。创业者的企业家精神加上有战斗力的管理层将帮助中国创业公司快速应对各种挑战。美的董事长兼总裁方洪波曾经这样讲述创业者的企业家精神：在创业过程中，企业家精神不是一种地位，而是一种要素。企业家精神不是一把手才有的，不仅仅是要尊重商业文明的变革、尊重技术进步，这些都还只是视野和决断，而且要在企业的每一个层级里都体现出来，要"浑身上下"都有企业家精神。因此，如何重塑组织结构，如何赋能与赋权，如何激发研究、市场、销售团队共同协作，如何实现全球化配置与发展，如何培养人才……无数问题困扰着企业转型，但一旦解决，这些问题同样会成就企业转型。把每一位员工变成创业的合作伙伴，发挥出每一个人的企业家精神，是组织持续升级的驱动力。

## 组织生态系统的四层含义

对于创业公司而言，最重要的是基于底层商业逻辑，建立适合自己商业模式的小宇宙、小生态系统。在我看来，这个小生态系统应该有这样几层含义。

第一，要以学习为基础、以学习为取向，而不是为了最大化短时收益。具体来说，首先，学习型组织要有生命力，能够像生命一样去繁衍，有"传帮带"的精神，有生生不息的能力；其次，学习型组织要有自我免疫的功能，能够处变不惊，在面对问题时清楚地思考、判断和推演，有不为所动的禅定精神，不仅能够想

价　值

到彼岸，还能够想到抵达彼岸的路径；最后，学习型组织要有系统作战的机制和精神，把工具化和匠人精神结合起来，就像在现代化作战中，一个在前线作战的大兵的工具包是齐全的，而这些工具包由后方团队专门开发与支持。

　　第二，要具有赋能型的机制或载体。不仅要持续学习，还要在学习的基础上将思考力转化为行动力。这就需要唤起员工的激情，给予其挑战，如果员工的工作内容刚好匹配他内心的志趣，他就能够自主地创造价值。组织的功能不是分配任务，而是将员工的兴趣、专长和组织发展需要解决的问题进行匹配，这种组织往往是灵活的、有机的。从某种程度上说，不是组织雇用了员工，而是员工使用了组织的公共设施和服务。同时，赋能型组织是一个文化载体，员工因为享受这里的文化，从而获得身份认同、使命认同。所以，公共设施不再是简单地提供后勤保障或员工福利，而是营造员工互动、交流和相互激发想法的场所。**让最聪明的人待在一起，谁知道会碰撞出什么改变世界的好主意！**

　　第三，打造一个去中心化的组织。去中心化的核心是让听到炮声的人来做决策，而不是让听到炮声的人打电话请示连长、连长请示营长、营长再请示团长。打造去中心化组织的前提是培养最佳的前线人选，并赋予他们完成其工作所需要的责任和权威。所有决策过程都在执行层制定，自己的员工能够理性思考、果断行动，可以无拘束地跨团队交流。实现去中心化，可以大幅度减少公司的层级，比如 CEO 是一层，其他高管是一层，所有的员

## 第 7 章 持续创造价值的卓越组织

工是一层，每个员工和 CEO 之间只隔着其他高管这一层。当然，一些企业非常强调管理半径，削减层级未必可行，这样的话，重要的做法就是精挑细选每一个员工。一旦来了新员工，就全方位地对其进行培训，使之"全副武装"；建立精干的商业团队，使每个人都成为"特种兵"，能够独当一面，独立战斗。去中心化创造的不仅是决策和行动机制，更是营造企业文化的基本要素，这种独立的工作方式会给公司创造一种客观的、不用钩心斗角的文化。

第四，不断进化。有一个新概念叫"组织力"，即企业的内生凝聚力和驱动力。组织力越强，企业增长或转型的加速度就越大。拥有强大组织力的组织，能够主动寻找边界的压力甚至是不适感，从而不断地进化和突围。哲学家丹尼尔·丹尼特（Daniel Dennett）[1]将"进化"定义为一种用来创造"不用设计师的设计"的通用算法。这种通用算法，既可以是内部挖掘，也可以是把外部资源带进来。对于创业公司而言，由于在不断重塑原有行业、原有秩序，它不仅需要成熟的运作经验，还需要创新的思维。因此，不断进化的组织不仅知道自己不能做什么，并加以完善，还知道自己擅长做什么，并加以迭代。本质上，不断进化的组织天

---

[1] 丹尼尔·丹尼特是哲学界泰斗、世界著名认知科学家，"人工智能之父"，马文·明斯基（Marvin Minsky）称赞他为"下一个伯兰特·罗素（Bertrand Russell）"。丹尼特将其一生至今所搜集的各种好用的思考工具倾囊相授，写成了《直觉泵和其他思考工具》(*Intuition Pumps and Other Tools for Thinking*) 这部著作，本书简体中文版已由湛庐文化引进，由浙江教育出版社于 2018 年出版。——编者注

价　值

赋能型组织

不断进化的组织

组织
生态系统

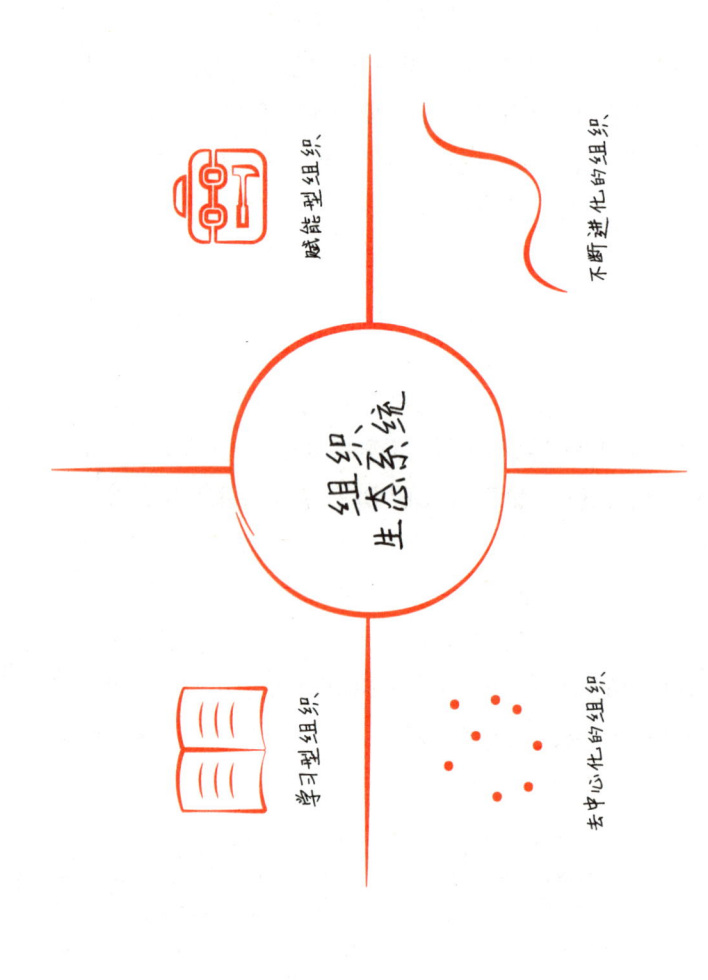

学习型组织

去中心化的组织

组织生态系统的四层含义

## 第 7 章 持续创造价值的卓越组织

然没有边界。

彼得·德鲁克说:"管理要做的只有一件事,就是如何对抗熵增。只有在这个过程中,企业的生命力才会增加,而不是默默走向死亡。"当企业必然地变得涣散、失效后,管理的第一性原理就是对抗熵增,围绕如何发现问题和解决问题,如何沟通和反馈,如何凝聚共识,把组织更新到创业第一天的状态。在这样的状态里,每个人都能将自己的天赋转化为组织高效运转的驱动力,让"小宇宙"像刚诞生一样,拥有巨大潜能。

一个卓越的创业组织最好的状态就是年轻的状态,依靠内生的组织力,没有包袱、满是憧憬,不假思索、以终为始;在长期主义的范畴中,把组织的基因、商业的逻辑、外界的环境和创业者的个人禀赋贯通融合,实现组织对环境的瞬时响应和对生意的长期助力。

价 值

## 我对投资的思考

- 每一位企业家都应该是价值投资的天然实践者。

- 企业文化必须在创业一开始时就建立起来,不能出问题,也无法推倒重来。

- 一个卓越的创业组织最好的状态就是年轻的状态,依靠内生的组织力,没有包袱、满是憧憬,不假思索、以终为始。

- 吸引和尊重人才不是一句口号,而是创业公司保持活力的重要选择。

- 在创业公司中,更好的方式是把培养和"绽放"人才作为中心工作,开发每个人和团队的能力。

- 不是老板给你一张网,让你捕几条鱼,而是你主动去寻找一片海、一个更好的捕鱼方式,甚至一个更好的养鱼方式,等等。

- 让最聪明的人待在一起,谁知道会碰撞出什么改变世界的好主意!

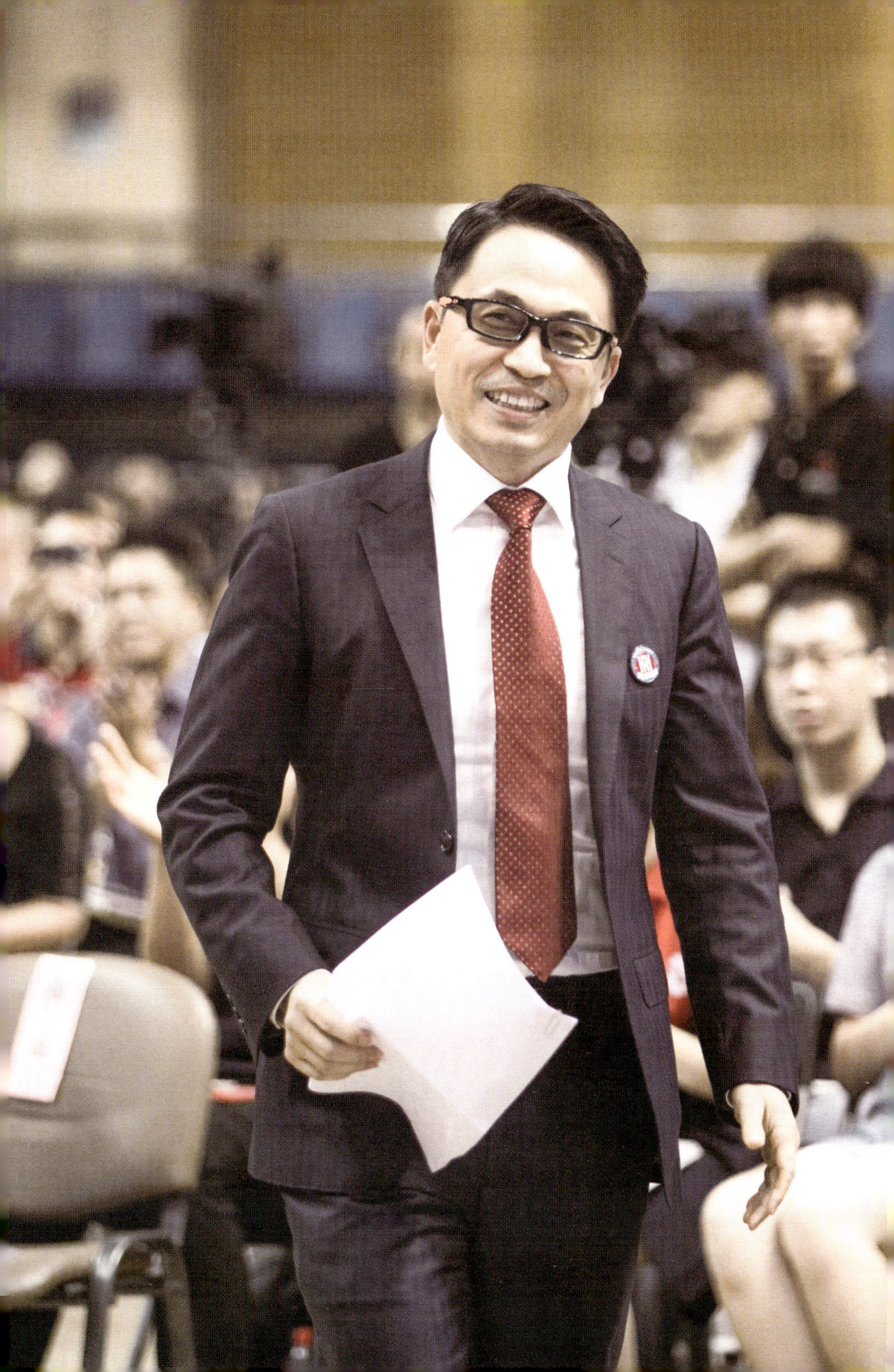

◎ 1990年，以驻马店地区高考文科第一的成绩被中国人民大学录取，去报到之前在高中校园留影。

◎ 在中国人民大学读书时，在校园内的"实事求是石"前留影。

◎ 大学时期开始接触资本市场,和系里的同学一起在校园内组织了一场股市模拟大赛。

◎ 作为青年学生代表被邀请到中央电视台,与节目组一起策划股市模拟大赛。

◎ 1994年,大学毕业后加入中国五矿集团,在办公室里留影。

◎ 离开中国五矿集团之后,到耶鲁大学攻读工商管理硕士学位和国际关系硕士学位,其间在耶鲁投资办公室实习,并结识了大卫·史文森先生。

◎ 重返耶鲁校园，与大卫·史文森先生讨论在中国翻译出版他的著作《机构投资的创新之路》。

◎ 2014 年，受邀与沃伦·巴菲特先生共进晚餐，在餐桌上愉快地讨论了价值投资创新和品质投资等话题。用餐结束合影时，巴菲特先生拿出自己的钱包，并开玩笑道："你管钱比我管得好，我把我的钱包交给你管吧！"对于年轻的投资人，这位传奇老人总能找到合适的方式予以鼓励，这也是对价值投资不断发展的一份希翼。

◎ 与比尔·盖茨先生见面，探讨如何让捐赠发挥更大的价值。

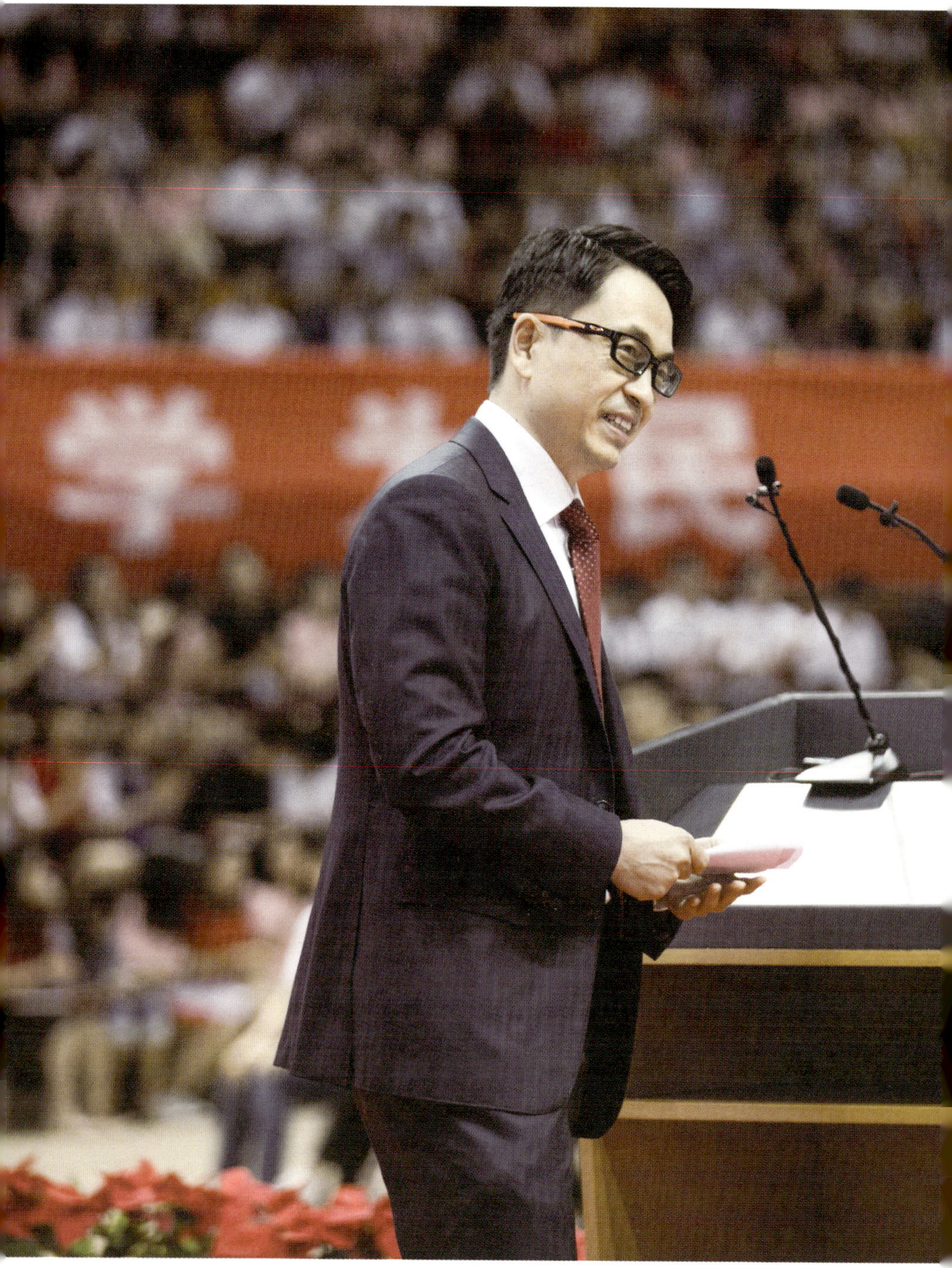

◎ 始终心念教育和人才培养,希望帮助更多年轻人追求知识上的丰富、能力上的完善和价值观上的正直。在中国人民大学2017届毕业典礼上演讲,宣布向母校捐赠3亿元人民币,用于长期支持创新型交叉学科的探索和发展。

◎ 资助百年职校并创办郑州百年高瓴职校，2011年在郑州百年高瓴职校揭牌仪式上发表演讲。

◎ 2015年与一众科学家、企业家、投资人共同发起设立"未来论坛"的建议并资助未来科学大奖，在颁奖礼上与青少年代表合影留念。

◎ 2017 年，作为创始捐赠人，捐赠支持创立中国第一所聚焦基础性前沿科学的创新型研究大学——西湖大学，担任西湖大学创校校董。

◎ 2017 年成立了高礼价值投资研究院,在课堂上分享"零售行业的前世今生"。

◎ 在与孩子们一起玩耍时爱上了滑雪，在滑雪时与家人共度了很多美好时光。

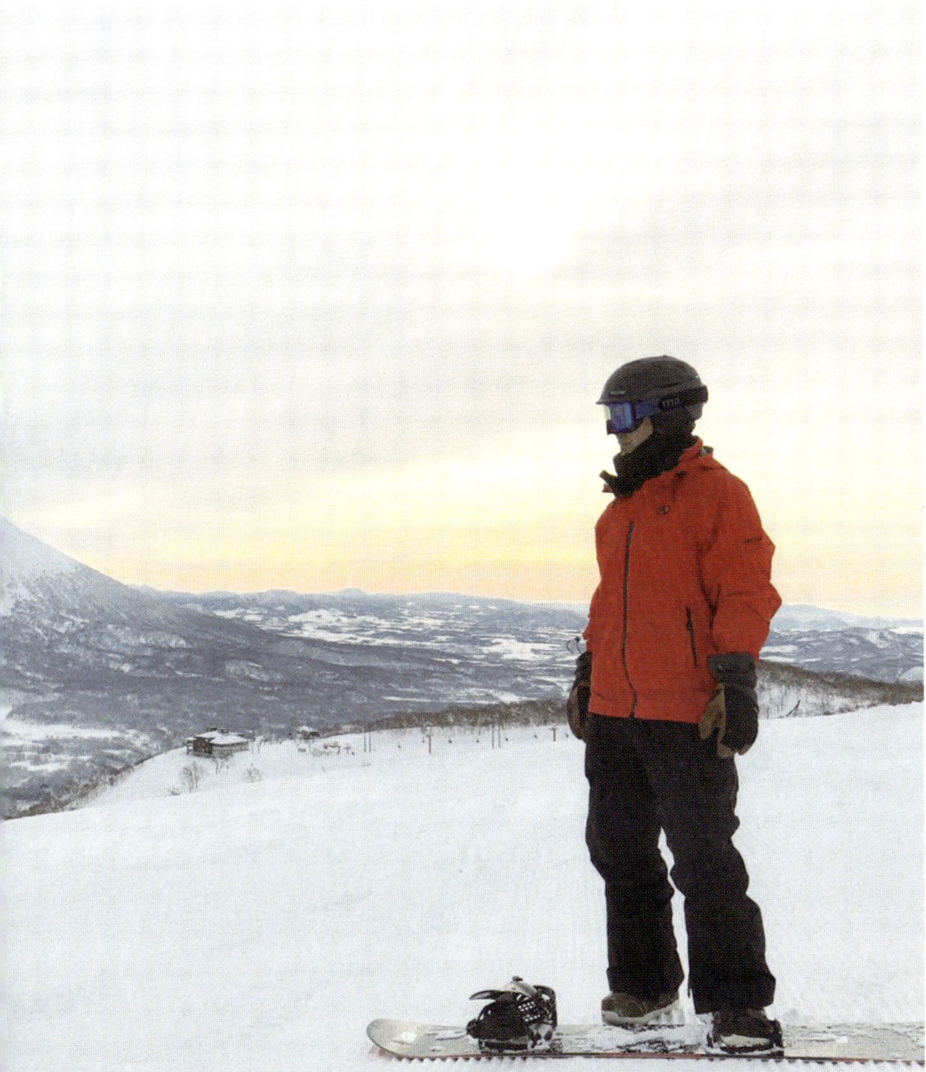

◎ 冲浪就像冥想，需要全神贯注，在控制身体和意念中寻找平衡。

# 第 8 章

# 产业变革中的价值投资

———

科技不是
颠覆的力量,
而是一种
和谐再造的力量。

## 第8章 产业变革中的价值投资

在投资实践中,我有幸亲身感受到了中国融入世界的历史进程。在这其中,从农村走出的年轻工人,经济体制转型中迸发的生产活力,以及敢为人先的企业家精神成为众多产业发展的支撑要素。然而,令许多传统产业始料未及的是,市场更迭和科技进步没有终点,诸如制造、零售、教育、物流等多个行业,都由于数字化程度较低,在此消彼长的竞争格局中面临困境和挑战。传统经济可能正在遭遇一场硬仗。

与此同时,新经济在信息与计算科学、生命健康与医学等领域,呈星火燎原之势,各类超乎想象的创新酝酿着一个又一个突破性的"黑科技"革命。大数据、计算机视觉、语音识别、自然语言处理、机器学习等人工智能技术成为驱动科技领域发展的重要力量;基因测序、3D打印、精准医学、合成生物学等技术进一步推动生命科学产业的深刻变革。

价 值

今天的科技创新已经到了新的时点，不仅是在技术上、设备上、原材料上的简单创新，而且是在基础科学和"硬核"技术上的创新。更令人振奋的是，科技创新正在以交叉融合的方式与传统行业相互影响，大数据、人工智能广泛应用于交通、医疗、物流、制造业等场景，推动着经济社会的新发展。

19世纪末以来，美国每一代的年轻人都在享受着比他们的父辈好得多的生活。电力、医疗卫生、通信等技术进步，让美国最先享受到某种意义上的黄金时代。伴随着工业化、城镇化、信息化进程，属于中国的最好的岁月正在到来。正是这样的时代，提供了探索价值投资新内涵的土壤，中国的工程师红利、原发的技术创新、庞大的消费需求、完整的产业基础设施以及不断完善的政策空间和金融市场环境……这些要素体系良性耦合，内生增长的动力使中国涌现了太多好生意、好企业。

这是全球前所未有的现象，中国给世界创造了一种新增长方式。这同样也意味着，在中国做价值投资，不仅要以全球化的视野通览世界的过去、现在和未来，理解全球产业发展的差序格局，还要理解中国的过去、现在和未来，理解中国产业的发展纵深。

世界级的课题催生世界级的答案，而中国正在给出自己的答案。

第 8 章　产业变革中的价值投资

# 哑铃理论：让科技成为和谐再造的力量

在这样一个激动人心的时代面前，许多企业家推敲不定：能否在快速的变化中存活下来？企业应该怎样运用科技的力量不断创新？自经济学家约瑟夫·熊彼特[①]提出"创造性破坏"这一概念以来，科技创新便被世人普遍认同为颠覆者，而传统产业受到冲击则被认为是社会进步必须付出的代价。换言之，新经济不仅另辟蹊径开疆拓土，还步步蚕食传统经济的自有领域。新经济来了，旧产业输了？事实似乎并非如此。

## 从创新 1.0 进入创新 2.0

全球化的浪潮、科技的浪潮帮助中国从一个单纯的模仿者、追赶者变成了创新的先行者、原创者、分享者，中国正在经历从创新 1.0 到创新 2.0 的飞跃式转变。此前，创新 1.0 时代本质上是商业模式的创新，是利用互联网技术做"连接"。比如搜索引

---

① 约瑟夫·熊彼特（Joseph Schumpeter）是"创新理论"鼻祖，与同时代的凯恩斯既惺惺相惜，又互相论争。熊彼特因提出"创造性破坏"这一概念而闻名于世，他认为创新就是不断地从内部革新经济结构，不断破坏旧的结构并创造新的结构。他将企业家视为创新的主体，认为企业家正是通过创造性地打破市场均衡来获取超额利润的，但除非不断创新，否则"企业家"是一种稍纵即逝的状态，创新是判断企业家的唯一标准。——编者注

**价　值**

擎连接人与信息，社交工具连接人与人，电商连接人与商品，在线约车、团购 App 连接人与服务……伴随着科技的发展，中国科技创新的模式正在向 2.0 版本切换。创新 2.0 时代的关键是融合，而不再是简单地复制他人经验、简单叠加各种技术和应用场景。来自基础科技、基础科学的创新将以全领域、深结合的方式改变各行各业，推动制造业的全面升级，未来的创新是将真正的黑科技、硬科技与传统产业融合起来，实现长远价值创造和共同发展。

　　同时，理解创业 2.0 并非只有一个维度，不能把产业做简单的新旧分野，真正的新经济意味着一种全新的理念和经济发展驱动力。这其中，包括以新能源、新材料、生命科学等为代表的新兴技术发展及群体协同应用；包括新生产效率，如工业自动化、信息化、智能化等；包括新组织方式，如组织结构更加扁平、决策更加快速、管理更加精益化等；包括新产业链形态，以更有针对性的方式拉动资源和生产来及时响应定制化需求；还包括新的生产生活业态、新的规则制度、新的社会文化认知；等等。

　　毫无疑问，创新是最可持续的价值创造活动，而创新驱动能否实现，关键还在于创新要素和底层资源能否匹配到位，这包括技术、资本、人才以及与之相适应的组织形态。同时，创新的成果应该由时间来检验。坚持价值投资，不局限于一时一刻、一城一池，拒绝条块化、分割化，这种投资理念正好可以成为传统与创新、技术与应用、算法与场景、制造与消费的重要媒介。一旦经历了复杂场景的训练和更多维度的观察，价值投资机构就可以自由地做很多事，不仅可以投资于互联网等科技企业，用科技的力量为挑战性问题提供创新型解决方案，还可以投资于真正拥有核心竞争力的传统制造业，通过与管理层的通力合作，让企业更加契合当代客户的需求；不仅可以投资于中国，把全球的创新资源、创新发现引入中国，还可以投资全球创新型企业。

## 哑铃的两端，创新的渗透与转型

面对产业变革，我们提出了"哑铃理论"。哑铃的一端，是新经济领域的创新渗透。创新已不仅仅局限在消费互联网领域，而且在向生命科学、新能源、新材料、高端装备制造、人工智能等领域广泛渗透。哑铃的另一端，是传统企业的创新转型和数字化转型，即传统企业运用科技创新做转型升级。这不是一场变革，而是向更优成本、更高效率、更精细化管理的方向持续迭代，帮助企业去创造价值增量。同时，哑铃的两端是连接的、相通的，可以随时彼此借鉴和转化。价值投资机构应该连接哑铃的两端，做提供解决方案的资本，成为两端的组织者、协调者。

在创新渗透方面，医学领域尤为突出。我们希望在医疗医药领域提供长期支持，帮助医学创新成为改变人类命运的基础力量。在生物技术、创新药研发、医疗信息化和前沿医疗技术等领域有众多创业公司纷纷涌现，尤其许多创新型制药公司正在通过

价 值

哑铃理论

图中文字：
- 新经济领域的创新渗透
- 提供解决方案的资本
- 传统经济的转型升级

## 第8章 产业变革中的价值投资

靶向（Marker）治疗[①]、免疫治疗、基因治疗、遗传病治疗、细胞治疗、激发自体免疫等多种方式，探索医学的种种可能。

在信息领域，信息技术的创新将改变现有的消费场景、生产制造场景、供应链场景、管理决策场景、资本运作场景，消弭价值链中的角色区分，重塑商业逻辑。特别是中国互联网的发展，使得全球互联网创新由原来的单极驱动向双极乃至多极驱动演进。中国从 C2C（Copy to China，复制到中国）转型为 IFC（Innovation from China，创新源自中国），中国原生态的互联网创新正成为世界互联网创新的动力之一。这其中蕴藏着许多长期投资的机会。

而在赋能传统行业的一端，从理性角度来看，我们的投资逻辑有两个层面：其一，在线上流量越来越贵的情况下，线下有很多基本面很好的公司；其二，传统企业一旦经过高科技赋能，就有更多的机会来创造长期价值。从感性角度来看，我有很强的激情，觉得有责任用高科技的力量帮助传统产业通过科技驱动实现产业升级。这种激情一方面源自我们对科技的理解——**科技不是颠覆的力量，而是一种和谐再造的力量**。在本质上，科学技术应当含有人文关怀的意义。因此，我们要把科技的荣光和人文的温暖结合起来，让更多的人搭上科技进步的

---

[①] 靶向治疗是指设计相应的药物，使其在进入体内时与已经明确的致癌位点结合，使肿瘤细胞特异性死亡，并且不会波及肿瘤周围的正常组织细胞。致癌位点可能是肿瘤细胞内部的一个蛋白分子，也可能是一个基因片段。分子靶向治疗又被称为"生物导弹"。——编者注

价　值

列车。比如，劳动是生而享有的权利，工作带来的愉悦感和成就感是不可剥夺的，不能因为科技进步使得这些工作机会被替换掉。它另一方面源自我们对制造业的理解——实体经济是国家发展的根本，而先进的制造业则是强振实体经济的关键。就像福耀集团董事长曹德旺所说："改变这个世界的，一定是制造业。"所以，一旦科技与制造业相结合，就可以实现传统产业的再造重生，帮助制造业等传统产业持续不断地创造价值。这是我特别想做、特别想证明其价值的一件事情。

为此，我们坚定地支持中国制造，投资格力电器、福耀玻璃、蓝月亮等制造企业，投资孩子王等使用互联网新经济思维和手段激活传统产业的企业，还帮助百丽国际、公牛集团实现数字化、精益化升级。我们对传统企业的思考是，要实现创新升级，需要完成三个方面的转型：第一，要实现资产的动态配置，优化资产负债表；第二，要有精益化管理的思维和能力，提升运营效率；第三，要拥有全球视野，能够走出去，进行国际拓展。

对于服务实体经济而言，价值投资在未来的产业变革中，一定能够发挥很大的作用。价值投资者通过敏锐洞察技术和产业变革趋势，找到企业创新发展和转型升级的可行路径，整合资本、人才、技术等资源要素，帮助企业形成可持续、难模仿的动态护城河，完成企业核心生产、管理和供应链系统的优化迭代。高瓴希望运用哑铃理论，实现创新转型和发展的化学反应：在哑铃的一端，助力生命科学、信息与计算科学等原发创新，搭建基础硬

第 8 章　产业变革中的价值投资

件、基础算力和开放生态；在哑铃的另一端，重仓中国制造，帮助传统企业运用科技赋能、精益管理等方式，实现业务增量，重构商业系统。

## 突破生命科学：研发与创新

在高瓴内部会议上，当分享对生命科学领域的投资时，有合伙人笑说，如果你能活到 90 岁，就能活到 120 岁；如果能活到 120 岁，可能就可以永生。冯友兰老先生也有一句很有名的话，叫："何止于米，相期于茶。"① 在无数产业中，对人类社会影响最深远、最具基础性变革力量的，还是生命科学领域。

其实，人们对生命秘密的探索从未停止。某种程度上说，

---

① "何止于米，相期于茶"，出自冯友兰先生曾赠金岳霖先生的一副对联，意思是何止活到八十八岁，期望活到一百零八岁。按照中国传统的说法，米指"米寿"、茶指"茶寿"，因为米字的形态可以拆解为"八十八"，所以米寿是八十八岁；而茶字的形态恰如米字之上加草字头，可推想到"八十八再加廿"，所以茶寿就成一百零八岁了。——编者注

价　值

生命科学是一项古老而崭新的科学，它作为学科门类出现是在 20 世纪中叶，但从 16 世纪开始，人们就已经对生命现象展开了观察和探索，最早出现的是解剖学和生理学。我们可以预测，在生命科学领域，技术创新的周期会更长，创新的空间也会更大，未来生物科技的创新将超乎大家的想象。

## 持续创新的全产业链医疗

在过去的医疗行业，当人们的身体出现问题时，它的表现形式和诊断方式是有限的，一些疾病往往有一些相同的症状。如果依据症状来诊断疾病，似乎会陷入经验主义的盲目中。但其实，自然在创造人类时，留下了许多"密码"，顶级科学家正在用聪明的大脑，去探究这一条条蛛丝马迹，就像打开一张藏宝图，去解码生命演绎的"程序"或"进程"。正所谓"草蛇灰线，伏脉千里"，科学家通过分子诊断、基因检测、诊断成像、大数据等技术，按图索骥，根据疾病的成因而不仅是身体的症状来诊断和治疗疾病。人们一旦具备了精准诊断病因的能力，就能够从根本上重塑现代医疗产业。

随着社会经济水平的发展、人均收入水平的提高、人口老龄化趋势的加剧、人们健康意识的提升以及医疗保障制度的完善，医疗产业正在发生颠覆性变革，这些变革始终围绕人们不断变化的、未被满足的医疗健康需求，通过跨学科研究和科技力量的融合、产业链端的重构和创新，形成巨大的合力。特别是在生物医

第 8 章　产业变革中的价值投资

药和医疗行业，包括创新药、生物疫苗、药物外包研发（CRO）、专科诊疗、药品零售等细分领域，我们花了大量的时间研究和思考，比如在医疗服务领域，如何站在患者的角度，构建全方位的院前、院中、院后健康服务体系，如何运用互联网技术、远程手段打造综合的医疗解决方案；比如在药品流通领域，如何运用数字化升级等方式解决信息不对称、第三方支付和依从性问题；比如在药物研发领域，如何实现产业的分层和分级，以及如何利用人工智能技术对医疗数据进行充分解读，帮助药物研发企业加速迭代过程；此外，我们也在思考，如何在药物研发、药物流通、医疗人工智能等领域进行全产业链重塑，促进医疗产业在技术与产业、线上与线下等多个维度融合创新，让行业快速地发展。

不仅是思考，从投资角度来说，医药医疗行业具有很强的消费属性和科技属性，市场巨大，进入壁垒高，同时具有成长性、盈利性、抗周期性等特点，这些因素决定了这个行业具有非常长期的投资赛道，而且可以构建出一条又深又宽、持续创新的动态护城河。所以，在中国的产业版图中，医药医疗行业一定会占据非常重要的位置。在具体实践中，高瓴从 2014 年起就开始广泛支持包括 PD-1 创新药、外包研发 / 外包生产研发（CRO/CDMO）、眼科、骨科、口腔、辅助生殖、肿瘤放疗、微创外科、连锁药店、医学实验室、医疗人工智能等多个领域的创新企业，深度见证并参与了医药医疗行业发展的黄金时刻。

比如，在药物外包研发和外包生产研发领域，高瓴投资了

价　值

药明康德、泰格医药、方达控股、凯莱英等多家行业领先企业，出发点就是看到了全球的医药研发产业链正在发生的重大转移，看到了国内创新药产业上下游的不断成熟。药物研发涉及诸多环节，包括药物发现、药学研究、临床前研究、临床研究等，其中药物外包研发是一个非常依赖专业性、知识性的细分行业。药物外包研发企业所提供的专业研发服务能够有效降低药企的研发成本和风险，缩短研发时间，提高研发效率，形成非常有针对性的专业化优势。随着科技手段的丰富、中国科研人员体系的成熟，药物研发的产业链正在快速地拆分重组，整个产业也更加集约和高效。这就好比二三十年前的半导体行业，行业在不断地分层细化，企业不需要自己从头去设计开发、搭建实验室、生产加工、商业化拓展，而是用产业链细分的基础设施去快速实现目标。一个团队有了一个想法，只要画一张图纸，就可以快速地在产业体系里"跑"出来产品原型，产业的创新速度将极大地加快，这对于中国的医药产业来说是非常好的创新。

以药明康德为例，这家中国规模领先、全球排名前列的小分子医药研发服务企业，主营业务包括外包研发和外包生产/外包生产研发（CMO/CDMO）业务两大类别，在药物发现、临床前研究、临床研究及生产方面均有业务布局，通过全球26个研发基地和分支机构为超过3000家客户提供各类新药的研发、生产及配套服务。药明康德曾于2007年成功登陆纽交所，由于长时期的低估值，2015年，药明康德完成私有化退市，当时，高瓴参与了其私有化历程。2018年，药明康德先后在上交所和港交所完成上市，过程中，高瓴不断加码投资。我们希望药明康德能够不断拓展其业务版图，把人工智能、大数据、自动化实验室等科技工具引入新药研发领域，继续强化整个行业的发展势头。

还有凯莱英，它是一家全球领先的、服务于新药研发和生产的一站式综合服务商。其核心业务涵盖了从新药临床早期到商业化的定制生产和技术开发等服务，与排在全球前15名的跨国制药企业中的11家建立了长期合作，核心客户包括默沙东、百时美施贵宝、诺华、艾伯维和辉瑞等。凯莱英凭借其高度专注和重视研发的经营理念，积累了非常前沿的技术能力和丰富的制药工艺。作为凯莱英的长期支持者，我们将继续推动完善旗下医疗产业平台和被投企业生态，提升凯莱英服务创新药公司的广度和深度，推动它们在小分子、核酸、生物药外包生产研发以及创新药临床研究服务等新业务领域开展深入战略合作。

对医疗领域的投资，核心在于以患者为中心，发现真正能够为医疗生态带来创新活力的长期要素。为此，我们积极探索全球的最佳实践和管理方案，把拥有150年历史的梅奥诊所医疗实践引入中国，这些实践包括按病种的先进医疗技术，医院管理的知识库、规则库、临床决策支持系统和护理流程等专业的医疗管理体系，涵盖专科医生、全科医生和护士的继续教育、培训体系和内容等。我们的最终目的是希望真正让中国的医护人员更有尊严，让中国的病人有更多选择、享受更好的服务，也让中国的医

价 值

疗机构能够更加市场化。

不仅如此，我们还投资了国内最大的眼科连锁医疗机构——爱尔眼科，深耕第三方医学检验及病理诊断业务 10 余年的创新企业——金域医学，以及国内领先的辅助生殖综合服务商——锦欣生殖。在医疗器械领域，中国产业的快速发展也才刚刚开始，涌现了许多致力于高值器械和微创医疗的创新型企业。高瓴投资了布局最广的医疗器械平台型企业——迈瑞医疗和上海微创，还支持了专注于骨科、心血管微创、运动医学等医疗科技领域的创新企业——凯利泰，国内骨科关节植入物市场龙头厂商——爱康医疗，以及沛嘉医疗、微创心通、启明医疗等具有内生增长潜能的企业，就是希望源自中国创新的企业，能够真正满足中国患者的需求。

无论是围绕药物研发、医疗服务，还是围绕药品流通、健康管理，医疗健康企业都需要为以患者为中心的不同利益相关者创造价值，促进最佳医疗实践与核心需求的融合，帮助中国建立先进完整的医疗基础设施，从而实现整个生态的共赢。只有共赢，才能从根本上改变这个行业，让医疗行业的发展惠及每一个人。

## 百济神州，中国医药的"从仿到创"

对于全球飞速发展的创新药领域，我们做了长期、大量的研究。在过去的数十年间，困扰中国医药行业的痛点就是低水平、高重复的仿制药占据主流，而中国创造的新药寥寥无几。中国市

## 第 8 章　产业变革中的价值投资

场对创新药的高需求与医药创新的薄弱形成尴尬的对比。然而，事情正在发生变化。在医药研发领域，药物研发更加精准高效，概率或者巧合不再是研发成功的关键。有人将当下的中国创新医药行业比作 20 世纪 90 年代的半导体行业，随着中国医药领域改革的快速推进，中国制药企业的创新能力从原料药、低端制剂到高端制剂，"me too, me better, me best"[①]一步步进阶，中国医药行业遇到一次不可错过的重要机遇。

其实，对于中国药企来说，"从仿到创"不是信手拈来，无法一蹴而就。关键时点和关键变化不仅在于外界环境，核心还在于专注研发、专注创新。毕竟仿制药行业是靠强销售驱动的，做仿制药的核心不在于研发人员，而在于医药代表。而创新药行业是靠强创新驱动的，具有投入高、周期长、风险大的特点。成药性是创新药的独木桥，也是考验投资人的关键要素。因此，业内常用"三个十"定律来描述新药研发的艰辛：十年研发周期，十亿美元投入，低于十分之一的研发成功率，没有长期信念，无人敢为之，无人敢投之。这一特点让"投资创新药行业"成了最典型的风险投资，这也意味着，创新药行业适合有着长期耐心，并且有全产业链判断的投资人。

具体而言，在中国居民的死亡原因中，慢性病、肿瘤近年

---

① 形容从"我可以做出同样的药品"，到"我可以做出更好的药品"，再到"我可以做出最好的药品"的进阶。——编者注

价 值

来一直位于前列，而绝大部分抗肿瘤药物只能依靠进口。因此，在中国医药研发领域，最富有里程碑意义的就是抗肿瘤药物的研发，而其中市场上最重磅的抗肿瘤药物就是 PD-1 抗体药。PD-1 的全称是 Programmed Death-1，即程序性死亡受体 1，是一种存在于细胞表面的重要的免疫抑制分子。PD-1 能够有效地下调免疫系统对人体自身细胞的免疫应答，通过抑制 T 细胞活性来避免免疫系统攻击自身细胞，即促进自身免疫耐受。而 PD-1 的这些功能在癌变的组织里也能在很大程度上阻止免疫系统，包括 T 细胞，杀死已经癌变的人体细胞（即癌细胞）。目前科学研究表明，PD-1 抗体药可以有效地结合并抑制 PD-1 的生物功能，重新激活免疫系统，即能够使人体免疫系统，包括 T 细胞，有效地清除癌细胞。PD-1 存在于各类实体瘤的癌变组织中，因而 PD-1 抗体药对于众多实体瘤适应证均有良好的药效，也成就了其在肿瘤领域作为重磅药物的稳固地位。高瓴从 2014 年起先后投资了目前中国排名前 4 名的全部 4 家 PD-1 抗体研发药企[①]，一方面源于我们扶持中国冠军级药企的决心，另一方面也源于我们对创新药领域的深度研究和前瞻性洞察。

其中，百济神州令人印象深刻。作为一家根植于中国的全球性商业化生物制药公司，百济神州致力于成为分子靶向药和肿瘤免疫药物研发领域以及商业化创新领域的全球领导者，是首家在中国和全球范围同步开展注册型临床试验的创新药企，

---

① 这 4 家 PD-1 药企分别是百济神州、恒瑞医药、信达生物、君实生物。

## 第 8 章　产业变革中的价值投资

目前已在五大洲开展了临床试验,也是国内首家在纳斯达克和港交所双重上市的生物制药公司。立足于自身扎实的生物医药研发功底,百济神州现已成为一家涵盖研究、临床开发、生产及商业化的全面发展型企业。

百济神州成立于 2010 年,早期也经历过资金匮乏、无人投资的困境。高瓴作为覆盖企业全生命周期的投资机构,对百济神州不是"送一程",而是"陪全程"。2014 年 11 月,百济神州完成 7500 万美元 A 轮融资;2015 年 4 月,百济神州完成 9700 万美元 B 轮融资,两轮融资中高瓴都是领投方;接着,2016 年 2 月,百济神州在纳斯达克 IPO(首次公开募股);2016 年 11 月,百济神州以公开发售股票的方式募集资金 2.12 亿美元;2017 年 8 月,百济神州公开募集 1.9 亿美元;2018 年 1 月,百济神州再次公开募集 8 亿美元;2018 年 8 月百济神州在港交所第二次上市;2020 年 7 月,高瓴作为锚定投资人,对百济神州追加 10 亿美元投资,其他几个股东跟进,百济神州共融资 20.8 亿美元,创造了全球生物医药历史上最大的一笔股权融资,高瓴的 10 亿美元也成为全球生物医药史上最大的一笔投资。在百济神州创立至今的 10 年间,高瓴共计参与和支持了百济神州的 8 轮融资,是百济神州在中国唯一的全程领投投资人。

业界常说,投资生物医药公司是一念天堂,一念地狱,但基于长期持续的研究和对大趋势的判断,我们深知,对于抗癌药,尤其是创新型抗癌药,没有资本的长期坚决的投入,就没有

价　值

最后的成功，我们希望从资金支持的角度，转变为百济神州创新事业的最紧密的合作伙伴，要么不投，要投就全力投入，全方位支持。百济神州创始人、董事长兼首席执行官欧雷强（John V. Oyler）告诉《中国企业家》杂志："高瓴全力支持百济神州实现推进生物制药行业革新的梦想，助力百济神州在全球医药产业前沿与国际巨头竞争，这种机构投资者对创新型新兴企业的支持，在全球生物制药史上绝无仅有。"

对于百济神州而言，其强大的管理团队和卓越的科研能力是投资判断的逻辑起点。北京生命科学研究所所长、美国国家科学院院士、中国科学院外籍院士王晓东博士和保诺科技公司（BioDuro）的创始人欧雷强这对黄金搭档，一位擅长从科学的角度出发，深刻地理解产品研发；另一位擅长管理公司，了解公司的运作。而且，一位来自中国，另一位来自美国，他们联手打造的医学团队从第一天起就具有全球化视野。

在第十七届百华协会年会上，欧雷强获得"百华生物医药终身成就奖"。这是百华协会第十次颁发该奖项，也是该奖项首次颁发给非华裔人士。百华协会在颁奖词中提道："欧雷强先生对中国生物科技制药行业的发展和全球化做出了重大贡献。在他的领导下，百济神州作为一家起源于中国的生物科技医药企业，创造了众多的'首次'"。

在创立百济神州前，王晓东已是生物医药圈的风云人物。

2004年，41岁的他凭借在细胞凋亡研究领域的杰出成就当选美国国家科学院院士，成为中国大陆20多万留学美国的人员中获此荣誉的第一人。这位生命科学界"牛人"在回国之后一直怀着一个愿望——做中国自己的创新药，是百济神州的"研发实力担当"。

此外，曾经在华尔街身经百战，担任百济神州首席战略官兼首席财务官的梁恒博士，辉瑞核心医疗大中华区前总裁、担任百济神州中国区总经理兼公司总裁的吴晓滨博士，这两位人士加入后，与王晓东博士和欧雷强共同组成了星光熠熠的创始团队，也极大地推动了百济神州的商业化进程。

在研发方面，截至2019年底，百济神州拥有1500多人的研发团队，在全球五大洲近30个国家和地区开展了50多项临床试验。百济神州在对待每一种药物的时候，都以追求"同类最佳"为目标，在公司内部设立了极高的筛选门槛，也因此放弃了多个按行业标准衡量其实非常优秀的在研项目，把精力专注于核心研发成果上。2017年，百济神州的研发费用为2.69亿美元，2018年研发费用达到6.79亿美元，2019上半年研发费用达到4.07亿美元，成为生物制药公司的"研发投入王"。目前，百济神州手握两款"大药"——替雷利珠单抗（Tislelizumab）和泽布替尼（Zanubrutinib），并具备大分子（抗体）和小分子（化学药）新药的独立自主研发能力，这在全球来看，至今都是非常少见的，哪怕是美国本土的创新医药企业也很少兼具这两种能力。从百济神州公开披露的PD-1药物——替雷利珠单抗治疗经典型霍奇

价　值

金淋巴瘤（cHL）适应证的临床数据来看，客观缓解率[1]明显高于进口产品，特别是中位随访 7.85 个月的完全缓解高达 61.4%，这个数据表现远远好于两款进口 PD-1 药物——帕博利珠单抗（Pembrolizumab）和纳武利尤单抗（Nivolumab）。百济神州同时还具备血液肿瘤以及实体肿瘤新药的开发能力，专攻肿瘤新药和免疫治疗，我们预测后两者是未来 20 年全球肿瘤药物研发的核心方向，是大势所趋。2019 年 11 月，美国食品药品监督管理局（FDA）宣布，百济神州自主研发的抗癌新药泽布替尼以"突破性疗法"的身份，"优先审评"获准上市。这一突破不仅是全球癌症患者的福音，也是中国新药研发的里程碑，改写了中国抗癌药"只进不出"的尴尬历史。

百济神州在创立之初的共识是："要做就做全球最好的抗癌新药。"其对产品和临床实验的极致要求、着眼未来的战略远见，以及对中国创造和原发创新的强烈信念，都与我们"重仓中国"的决心不谋而合。因此，高瓴在投资以后，积极穿针引线，介绍梁恒博士、吴晓滨博士两位"大牛"先后加入，帮助百济神州设计恰当的股权激励机制和董事会决策机制，组建薪酬委员会，围

---

[1] 客观缓解率（Objective Response Rate，简称 ORR）是一种直接衡量药物抗肿瘤活性的指标，是指肿瘤体积缩小到预先规定值，并能维持最低时限要求的患者的比例。客观缓解率一般被定义为完全缓解（Complete Response，简称 CR）和部分缓解（Partial Response，简称 PR）之和。而完全缓解是指所有靶病灶消失，无新病灶出现，肿瘤标志物正常，并且这种状态至少维持 4 周时间。——编者注

绕临床开发和产品商业化两大战略发力点制定长远战略规划，并撮合其与全球制药巨头达成全面合作，帮助百济神州在关键时刻做出最佳选择。

其实不仅是百济神州，中国正在涌现出越来越多的创新性医药企业，特别是在国家推行药品集中采购以后，没有壁垒的普通仿制药将回归正常的利润水平，而掌握药品核心研发能力的创新药企业将获得很好的发展机遇。所以，除了百济神州以外，我们还投资支持了恒瑞医药、君实生物、信达生物、翰森制药等创新药研发企业。随着四大国产 PD-1 抗肿瘤药上市，中国创新药企业进入了新的发展期。

2018 年 12 月，君实生物的特瑞普利单抗注射液（Toripalimab Injection）"拓益"和信达生物的信迪利单抗注射液（Sintilimab Injection）"达伯舒"，在一个月内先后被批准上市。君实生物主攻肿瘤、自身免疫性疾病及代谢疾病，是国内领先的创新生物药公司。信达生物主要研发用于治疗肿瘤等重大疾病的单克隆抗体新药，并已建立了一条包括 17 个单克隆抗体新药品种的产品链，覆盖肿瘤、眼底病、自身免疫疾病、心血管病等治疗领域。

2019 年 5 月，恒瑞医药的卡瑞利珠单抗（Camrelizumab）"艾瑞卡"也被批准上市。恒瑞医药是国内抗肿瘤创新药的绝对龙头，同时还拥有麻醉药和造影剂两大核心业务。创新是恒瑞医药多年来始终坚持的重大战略，2019 年恒瑞医药的研发投入达

价　值

到 39 亿元，总额与占营收比重均创行业新高。公司的业绩 10 多年来连续增长，总市值也已突破 5000 亿元。

再看翰森制药，这家成立于 1995 年的制药企业，20 多年来一直致力于推进中国临床需求缺口巨大的中枢神经系统、抗肿瘤、抗感染、糖尿病、消化道和心血管等领域的药物的创新发展，并且它在精神类药物市场的销售额连续 5 年位居国内第一。自 2016 年开始，高瓴成为翰森制药的第一家外部机构投资者，也是翰森制药启动上市前投资规模最大的外部机构投资者。2019 年 6 月，翰森制药在港交所上市，成为港股医药类龙头。

我们相信，在未来将会有更多惠及全世界人民的创新药、"大药"出自中国，这是产业的巨大转折，也是中国医药行业升级的关键机遇。

"To cure sometimes, to relieve often, to comfort always."[①] 爱德华·特鲁多（Edward Trudeau）医生的这句墓志铭，鼓舞着无数的医学工作者。正因如此，生命科学的探索没有终点，需要不断探求真理和奥秘，回归人文和正义。所以，坚持研究驱动、以人为本的价值投资一旦和生命科学领域相结合，就不仅仅是一种方法论，更是一种价值观，观照生命健康，关注人类社会的长远发展。

---

① 常被译为"有时去治愈，常常去帮助，总是去安慰"，意为"也许医生并不总能治愈病人，但可以经常为病人缓解病痛，并且总是为他们带去关怀"。——编者注

第8章 产业变革中的价值投资

# 拥抱消费转型：升级与细分

在对零售业的长期研究中，我们发现这个行业一直在被许多新的要素影响，同时也影响着这些要素，其中包括新世代的诞生、新场景的出现、亚文化的转变等，这些使得消费者的需求也一直在变化。比如，随着新世代的诞生，越来越多的孩子们在城市里出生和成长，感受新的科技水平和物质条件，几乎没有经历过战争、饥荒，对自然和社会更加关注，也更加自主和博爱。再比如，许多新消费场景、新交互体验、新品牌主张出现，等等。这些都会导致许多新的商业模式产生。

## 零售即服务，内容即商品，所见即所得

在我们看来，消费的本质是消费者与世界和自我达成和解的过程，选择怎样的消费方式和品质是消费者内心对美好生活的映照，因此消费品包含物质性和精神性双重维度。在向消费型社会转型的过程中，由于城乡、区域经济发展的差异，以及由此产生的消费观念、消费文化的差异，未来的消费将会不断地发生升级与细分。消费转型不是任何单独维度的升级或降级，而是复合的、动态的、颠覆的，不同细分的产品领域、地域以及年龄阶层都将产生新的消费趋势。许多传统的消费品，一旦嫁接上高科技、新思维或者代际特征，就可以满足特定群体的消费升级需

价 值

求；而许多消费品一旦能够在设计中真正理解特定的消费者的需求，保持对现实世界的敏感，就能够在某个细分的市场成为爆品，而不会曲高和寡。

关于消费品，有许多趋势性的东西，而且这些趋势有些是相互独立的，有些又是相互叠加的，这就要区分在具体的品类、具体的赛道，究竟是独立的权重更大，还是叠加的权重更大。比如，有的消费品类的功能属性已经很完备了，消费者对功能价值的诉求就没有那么高，反而很看重感性属性，而影响感性属性的因素太多了：年轻人喜欢时尚感、娱乐性、社交属性强的品牌；中年人喜欢有高级感、经典尊贵的品牌。如果这两类人群坚持各自的审美趣味，那么就形成了相互独立的趋势；但如果一部分年轻人追求中年人的审美，因为觉得这种品牌更加高大上，而有些中年人开始关注年轻人喜欢的品牌，年轻人能够反向影响购买力更强的中年人，那么这种趋势就是叠加的了。这就使得消费品品牌出现了很多有意思的玩法，既有新型品牌走复古路线的，又有传统品牌玩年轻化的。

消费的问题不仅是需求的问题，还是供给的问题。我们对消费品理解的出发点是需求决定供给，供给制造需求。有更好的产品及服务供给，更人性化的消费体验，更加有设计感、设计思维导向的用户交互过程，就能激发更多的消费诉求。当奶茶不再是一种传统饮品而升级为一种"网红"新式茶饮时，喜茶成为年轻人的轻奢生活方式；孩子王把线上线下一体化，把与用户建立情感联系作为服务目标,重在"经营老客",而不是"追求新客",让服务过程与现实的生活方式相融合;消费者在世界范围内寻找有故事的咖啡、有历史感的威士忌、有"调性"的精酿啤酒,从而喝出生活美学。人们对生活的热爱正转化为对生命体验的关注,一些专科诊疗服务已成为一种生活方式,牙科矫正成为时尚。

在新消费的概念中,产品及其品牌包含了在服务过程中与消费者沟通的全方位要求,换句话说,**零售即服务,内容即商品,所见即所得,物质组成的产品力和文化组成的品牌力共同成为理解消费新趋势的复合视角**。比如有的新品牌把创作者的思考和心路历程很好地表达出来,与消费者在认知、审美和价值观上产生共鸣。再比如,线下门店对构建品牌认知、塑造品牌形象也有着不可替代的作用,好的消费场景是打造品牌力的关键。在未来,用户分析、产品设计、品牌定位、销售渠道之间不再是彼此割裂的关系,而是你中有我、我中有你的关系,是一种相互影响、互有引力的关系。所以,新消费将呈现新渠道、新场景、新人群、新品类、新设计,而核心是把供给做好,满足消费者不断变化的、释放的需求。

## "Retail is detail"——零售在于细节

再来讨论一下零售业。传统的分析方法是从人、货、场的视角来看零售业态的升级,我想再顺着"前提""关键""结果"的

价 值

逻辑链条分析一下究竟什么是新零售。

首先看"前提"。新零售发展最大的前提是时代变化。我们在前文回顾过现代零售业的前世今生,但零售业还在不断迭代演化进程中。所以不仅要思考清楚零售业发展的"存量信息",还要注意到正在变化的"增量信息"。零售业的发展和时代的发展以及众多生态要素的完善保持同步,这里面既有大量基础设施的升级完善,又有许多人口因素、文化因素的变迁。今时不同往日,新一代年轻人面对着完全不同的社会环境、人文环境和自然环境。人口结构、家庭结构、经济购买力决定了人们如何理解这个社会,而这又酝酿出更多的人文思潮和文化现象。基于物质和精神的不同,新一代年轻人的价值主张也会更加多元化、个性化和感性化。人们喜欢的东西往往非常跳跃、独特和感性。这就决定了消费不再是"面向大众"的消费,而是"以我为主"的个性化消费。在这样的前提下,零售业的底层逻辑就不再是追求薄利多销的"流量经济",而是关注个体差异化需求以及全生命周期价值的"单客经济"。与此同时,伴随着个体消费者认知能力的增强,海量个体之间通过社交网络形成非常强大的交互,从而"聚沙成塔",更好的消费体验会吸引更多的消费者,形成产业中的"头部效应"。

其次看"关键"。零售的关键不仅仅在于商品,还在于体验,包括购买前、中、后的一系列体验,使得消费者随时可触达、随时可决策、随时可终结。"Retail is detail"——零售在于细节。

## 第 8 章 产业变革中的价值投资

这里需要思考什么是消费者的终身价值。从价格来看,一个商品的成本构成包括原材料成本、制造成本、研发设计分摊成本、市场推广及广告费用、销售渠道费用等。而一个商品创造的真实收益,应该是用户累计购买的价值总和。因此,好的商业模式能够从整条产业链来考虑,要求各个环节的生产者把提升消费者终身价值作为根本行动指南。比如,在整体定位上,如何思考产品背后的精神实质,赋予生活更多仪式感,让消费者体会"更多"幸福感;在销售环节,如何从供应链的角度快速反馈、及时补货,丰富可触达的零售渠道和购买体验,让消费者觉得"更快";在推广环节,如何识别多样化的消费者,理解真正有量级的关键需求,不断推陈出新,花最少的时间下决策,让消费者感觉"更好";最后,回到初始的研发设计环节,把消费者不需要的属性或者设计去掉,减少无效的成本和浪费,让消费者真正"更省"。这样的"多快好省",就是在遵循零售的本质,以消费者为中心。

最后看"结果"。新零售的结果就是用数据把前端智能化,把后台中枢化,用后台的算法指导前端的场景,减少时间的错配、空间的错配和属性的错配。**新零售的实现方式,就是用更加细分的场景满足不断变化的需求,好的消费场景是打造品牌力的关键**。在这种逻辑下,许多零售企业已经不把自己定义为零售商。比如,盒马鲜生把一个超级门店变成了线下购买的消费店和线上配送的前置仓,扮演着超市中心、餐饮中心、物流中心、体验中心以及用户运营中心的多重角色。这其中,还有许多关于新零售的整体数字化技术和解决方案。因此,未来的

## 价　值

零售，不再是单一环节的物理交换，也不再靠规模驱动、功能驱动、供给驱动，而是靠个性驱动、服务驱动和需求驱动，价值链通过传感、数据和用户运营等技术平台融为一体，在消费者捕捉上化被动为主动，把科技元素、社交元素、文化元素和消费者体验结合起来，重塑多场景、全渠道、全链路的购物方式，把体验推向极致。实际上，实体零售的多维立体空间，创造了商家与消费者互动的无限可能。未来的消费者不局限于在哪儿购物、买什么产品，零售的结果是一整套体验，从而帮助消费者实现"所想即所得"。

以良品铺子为例，这家深耕休闲零食领域的企业，从最早的一家武汉零食小铺发展为拥有2300多家门店，布局全国，在竞争激烈的零食赛道，凭借对消费者价值的理解，成为具有卓越全渠道能力的行业领导者。

值得一提的是，良品铺子在新零售的打法中理解了前提、抓住了关键，也在用创新来重构更符合消费需求的场景。首先是产品品质，其核心是"全品类"扩张，满足消费者的多样化需求。休闲零食本身就要求口味、要求品质，因此，如何把控品质、如何调剂配方成为运营的重点环节。良品铺子建立理化试验室、感官实验室，制定从化学到美学的一系列标准；将零食味道的调剂配方作为基础科学，根据地域、季节做味道细分和产品投放。其次是渠道优化，其核心是"全渠道"模式，通过数据化和设计化，使得全渠道消费场景能够最大化吸引潜在客户，而其"端到端"

的全价值链可以从源头上保证品质,亦可直接倾听消费者的声音和诉求,使全产业链的弹性和灵活度很大。同时,良品铺子的店面从第一代店开始,就运用数字化能力不断升级,从街边店、社区店升级为商圈店,到现在已经是第五代店了。升级后的第五代店淡化商业感,营造出沉浸式的体验,打造一座"美食图书馆"。所有的店铺既做到了高效统一,又能实现因地制宜。

在高瓴投资以后,我们对良品铺子也提供了一些建议和支持,帮助公司持续进化。一方面,在线上红利期逐渐消退的背景下,高瓴建议良品铺子秉承"高端零食"的路线,提升消费者的整体体验;另一方面,引入大数据团队,把线上线下积累的消费者数据进一步收集加工,并通过线上电商数据、地图数据,建立线下选址模型,选择最具潜力、最有活力的门店地址和销售策略,提升门店拓展效率。作为一家零食店铺,良品铺子从上游的原料采购、供应链管理、产品研发,到门店销售、品牌营销,不断吃透整个价值链条,从而像互联网企业一样,做到零售领域的"千人千面"。这背后不仅需要超强的大数据、供应链管理能力,更需要对新零售本质的理解。

正是基于对行业和新零售模式的共同思考,高瓴坚定支持良品铺子,在战略发展、精益运营、数字化升级、会员管理等方面提供了很多帮助,过程中我们还邀请孩子王与良品铺子交流客户关系管理经验,进一步提升消费者的购物体验。

价　值

　　说到孩子王，这家面向母婴人群做产品的零售企业有很多很好的新零售实践。2009 年，孩子王在南京开设第一家实体门店，这家旗舰店的经营面积接近 7000 平方米，这与传统母婴零售店一般仅占地约 200 平方米的打法完全不同。看似大开大合、独辟蹊径的打法，恰恰是源自对零售行业的深度理解。尽管无法与家电零售比拼客单价，无法与超市比拼流量，但是孩子王却在流量、单价、成本这些零售行业经典共识上又增加了两个参数：一是频率，二是创造性满足需求，即通过更丰富的产品品类、更深度的消费体验、更细微的用户管理，实现顾客的高频触达，并把母婴童主题 Mall（商城）发展为一站式服务中心。这些还只是商业模式创新的第一步，真正实现价值链的全面提升在于对零售理念的重塑，即从"经营产品"到"经营用户"。这就像"王永庆卖大米"，在送大米时做好对用户米缸大小以及人口数量的调查，这样就可以推测出用户家的米何时"告罄"，下次提前送达。孩子王做了大量关于会员管理的模式创新，能够满足不同会员的动态需求，从规模增长变成单客增长，叠加会员从商品和服务中获取的全方位满足感。同时，孩子王拓展线上交流和服务平台，利用互联网思维加速拓展 O2O（Online to Offline，从线上到线下），让线上精准营销与线下互动体验相结合，并拓展丰富的线下社群活动，让"妈妈后援团""妈妈社区"成为非常贴近用户的情感空间。正是得益于这样的新零售探索，截至 2020 年，孩子王大型数字化门店数量达到 370 多家，遍布全国 150 多座城市，拥有 3300 万会员以及超过 100 万的"黑金 PLUS"会员。

可以设想，在消费转型的未来，线上和线下不再有明显的区隔，后台的数据与前台的交互时刻更新，上游和下游连为一体，物质和精神彼此交融，品牌丰富而温暖，产品新奇而繁多，但不同消费者却能够各取所需，在所想即所得、所得即所需的消费体验中，寻找与理想生活的共鸣。

# 闯入智能时代：产业互联网

"人工智能"这个名词沉寂了30年之后，终于再次成为人们关注的创新焦点，人工智能革命正在深度参与人类社会的未来。人工智能最理想的解决方案，不仅仅是实现智能机器的自主感知、自我学习、自行决策和自动执行，还要实现人与智能机器的和谐共存。

## 消费互联网是物理的，产业互联网是化学的

在讨论人工智能革命之前，我们需要通览互联网产业的发展。本质上说，未来的信息技术革命正在经历从桌面互联网、移

价　值

动互联网到人工智能驱动的大数据互联网的转变，这其实是智能时代的惊险一跃，考验的正是人工智能与无数产业的融合能力。

在直接服务消费者的消费互联网领域，互联网企业经历了新一轮格局调整，相当多的竞争对手都"相逢一笑泯恩仇"，变成了合作伙伴。从早期的野蛮生长到现在的理性回归，新的新陈代谢与融合再生已然形成。在"互联网女皇"玛丽·米克尔《2019年互联网趋势报告》中，高瓴提供了中国互联网发展趋势的观察和思考。在中国互联网用户规模继续增长、移动互联网数据流量增速逐年加快、用户在线时长逐渐增加的趋势下，中国消费互联网领域涌现出诸多创新。

一是游戏改变支付、电商、零售、教育以及更多行业。支付宝创新推出公益游戏，把许多线下的生活方式转化为公益积分，用户可以使用线上的公益积分在荒漠地区种下真树，创造了线上线下交融的产品体验；拼多多把社交、游戏、电商结合在一起，"喊朋友砍一刀"，提升交易效率和购物体验；在零售业，百丽国际和滔搏运动通过游戏化的奖励任务促使店员完成业务关键指标，把工作变成竞技小游戏；在教育行业，游戏化的小任务，把数学和编程学习变成了趣味学习。

二是互联网商业模式的融合创新。微信通过即时通信带动更多的交易和服务，用户在通信软件上，可以享用购物、交通、音乐、支付、政务等功能，许多海外互联网公司也采用微信策略，

第8章 产业变革中的价值投资

陆续加入更丰富的内容；美团始于团购，不断进化成超级 App，聚合了 30 种以上的本地服务，包括餐馆点评及预订、电影演出预订、民宿酒店预订、外卖购买、机票火车票购买等，成为生活服务超级平台。

三是线上线下全渠道的互联网创新。线上移动直播带来个性化、互动式的购物体验，买东西成为一种娱乐方式；生鲜零售探索多种供应链模式，比如自营实体店、前置仓、社区拼团、便利店闪送等；阿里巴巴不再仅仅做线上购物平台，而且在做线下零售数字化，将线下数据搬到线上；教育行业也在探索线上和线下一体化，通过直播和双师模式，实现优质教育资源的平移配置。诸如此类的变化让我们看到，一个层次丰富多样、具有新陈代谢能力、具有创新能力和可持续性的消费互联网森林生态体系已经形成。

而在连接工业、商业端的产业互联网领域，一个多层次、多维度的新生态也在快速发展。就像在不同的海拔看到不同的植被景观一样，在全球，工业 2.0、3.0、4.0 同时存在，在中国，自动化、信息化、智能化更是并行发展。更为重要的是，中国是真正意义上的制造大国。一方面，按照工业体系完整度来算，中国拥有 39 个工业大类、191 个中类、525 个小类，成为全世界唯一拥有联合国产业分类中全部工业门类的国家；另一方面，中国拥有世界上其他任何国家都无法比拟的巨大市场，很多产业的升级需要巨大的市场规模来做支撑，中国拥有最好的先天条件。

价　值

如果说消费互联网是"物理反应",那么产业互联网则是"化学反应",新技术的红利正在从消费互联网领域转向产业互联网领域。产业升级成功的关键,一方面是靠算法、算力、数据。如果说消费互联网创造了很多场景,并基于各种场景积累了一些连接方式和思维模型,那么产业互联网既需要运用这些场景,又需要把云计算、机器学习这些计算力应用到价值链中,通过自动化、网络化、智能化的方式,让虚拟世界和物理世界紧密融合,使人、机器、资源间的连接更加智能,用全新的组织业态和互联网精神整合产业链,产生新的协同作用。另一方面是靠行业认知的转型。应用场景决定算法,算法决定决策质量。仅靠换设备、上软件、加技术、搞数据,无法实现生产效率的大幅跃迁,只有真正熟悉产业价值创造的全流程,才能够真正用好数据燃料,寻找大数据中的"高能粒子",撞击传统产业链的痛点。

在这样的背景下,人工智能革命正在影响着各行各业:体力工作者被智能机器替代,脑力工作者被智能算法替代,一场前所未有的工作方式变革正在爆发。人工智能带来一场计算能力的革命。就像蒸汽时代的蒸汽机、电气时代的发电机、信息时代的计算机和互联网一样,人工智能正在成为驱动所有行业的新动能,拥有与各个产业、领域对话的可能。

## 传统产业升级 = 传统产业 + "ABC"

对于传统产业升级的理解,我们的基础观点在于它是一个长期、系统的过程,不可能一蹴而就,应当有长期资本和科技赋能的双重助力。为此,我们提出的解决方案是"传统行业+'ABC'","ABC"指人工智能(AI)、大数据(Big Data)、云计算(Cloud),这比"互联网加传统行业"更丰富。传统产业和企业的痛点的出现,与其说是由于缺乏技术,不如说是由于缺乏客户价值挖掘、价值链重构、服务体验提升等诸多方面。只有真正在传统行业里摸爬滚打过,有长期深厚的行业洞察、知识积累、经验沉淀,才能做好数字化升级,提供创新的解决方案。正因如此,**传统产业的调整和升级将随着"ABC"的发展演进为一场以行业为"底数",科技为"指数"的"幂次方"革命**。

以物流行业为例,无论是在怎样的科技水平下,其商业模式的关键都在于"成本"和"服务"。谁解决好了这两点,谁就能够拥有最突出的核心竞争力。这其中,车和货的匹配是传统痛点所在。传统方式是靠电话联络或蹲点,这种近乎随机的撮合方式极易产生闲置与浪费,直接导致物流成本居高不下,服务能力也良莠不齐。2013年10月,周胜馥在中国香港创建的货拉拉,凭借创始团队敏锐的市场嗅觉,于2014年进入内地,以平台模式连接车和货两端,得到迅速发展。其核心亮点在于两点:一是凭借移动互联网的数据赋能优势,实现了货主与运力的最优撮合,把最能满足需求的运力匹配给最合适的货主;在此基础上,随着用户数据的不断积累,运力的配置也在不断优化,从车货的简单匹配升级为良性互动,比如,让有经验的运力服务更加个性化的货主,提升平台的整体服务体验。二是依托卓越的创新力、执行

价　值

力和本地化服务能力,快速形成平台规模和车网密度,通过"智慧物流"等技术手段,把规模优势真正转化为成本优势,降低物流成本。正是基于以上特点,货拉拉在创办不久,就创造了平均10秒内响应、10分钟内到达的行业新标准。货拉拉的科技创新实践,根植于深厚的物流运营经验,凭借互联网、大数据的技术优势,提升了物流信息化效率,改善了货运司机的生产和生活,也诠释了"最好的技术不是颠覆,而是激发实体产业的巨大潜能"这一重要命题。正如周胜馥所说:"每个年代都有不同的机会,我们这个时代最大的机会,就是移动互联网。"

需要看到的是,产业互联网进程是在各个地区、各个领域、各个环节数字化程度参差不齐的前提下进行的,因此,智能时代的首要任务,就是要加强信息基础设施建设,弥合不同产业、地区间的数字鸿沟。

弥合传统经济的数字鸿沟需要两个层面的融合和助力。第一,基础技术领域的创新和应用。产业互联网时代,有许多基础设施公司在努力打造一个开放、包容的新生态。它们在芯片及处理器、操作系统、底层算法等维度为数字化制造赋能。比如许多人工智能公司都在研发新型的芯片及处理器,在计算架构与算法的配合驱动下,提升计算效率。

以自动驾驶领域为例,传统汽车将会像手机一样,经历从功能机到智能机的升级,并且一旦实现自动驾驶和车联网系统,买

## 第 8 章　产业变革中的价值投资

了车就等于买了一个司机和一处 8 平方米的房子，汽车就相当于一个移动的生活空间、工作空间。因此，自动驾驶不仅仅是改造车，本质上是在改变人们的生活。这其中，自动驾驶处理器对于自动驾驶的意义，就好像发动机之于航空业，基础设施效应无比巨大。自动驾驶处理器在性能、可靠性、实时性、功耗效率以及对应的算法等方面都对人工智能应用提出了极高标准，其突破不仅带动自动驾驶核心技术的完善，也将带动整个人工智能产业的发展。从技术难度、经济规模到战略影响，自动驾驶处理器都堪称人工智能世界的珠穆朗玛峰，谁能带头攀上这座高峰，谁就在人工智能技术领域占据了制高点和发言权。从自动驾驶的行业数据来看，到 2025 年，智能驾驶的软硬件销售（不含整车）将达到 262 亿美元，其社会效益将放大到 1 万亿美元，包括缓解交通拥堵、节省燃料、减少事故以及提高生产效率。可以说，每 1 美元的自动驾驶处理器销售将带来 40 美元的社会效益。这就是基础技术的作用，有极强的产业放大效应。

第二，供应链的数字化、智能化。数字化供应链对生产力提升有着脱胎换骨的效果。由于传统的供应链是点到点的分散连接，无论是数据、决策还是在执行中，都会产生新的矛盾和浪费。因此，数字化供应链的关键是形成"生态集成的供应链"，打破传统供应链的不可知性、不稳定性和复杂性。在供应链的所有端口，都能够实现即时、可视、可感知、可调节的能力。这就需要通过打通底层数据、强化算力构建等方式，把需求感知、计划总控、库存管理、物流管控、资金配置等放在一个完整生态

价 值

中,搭建"去中心化"的自动反馈体系。无论是产品研发、柔性化生产,还是用户管理、需求预测,数据都能够作为最优决策的参考。

以家电行业为例,凭借需求红利(即房地产周期与渗透率的提升)、规模制造红利(即价格战洗礼下的产能扩张)、渠道红利(即中国特有的分销体系与专卖店网络),行业龙头在传统商业模式下掌控了产业链定价权。但传统的分销渠道模式是层层分销、比拼网点,由于层级过多、成本费用高、服务能力弱,渠道变革迫在眉睫。渠道的本质是流通,在产业互联网时代,通过数字基础设施和互联网的搭建,实现精准定位和高效触达,降低流通环节成本。这其中应该有两个"打通":第一,打通消费者端数据,实现从生产端到渠道再到消费者这一完整产业链的信息化;第二,打通供应链,实现管理下沉,采用"类直营""直营"等模式,从店面到物流、到仓储、到工场,实现统一指挥和调配。

再以大居住市场为例,我们之所以投资链家和贝壳找房,就是因为看到这个行业发生了内生性的变革,并且企业可以运用新技术、数字化等外生变量来促进整个行业的升级。一方面,随着中国城市化进程的纵深发展,房地产市场的格局正从增量市场逐步转型,存量市场比重升高,存增并重,或者说一手房、二手房市场共同发展。现在,中国已经拥有了全球最大的房地产存量市场之一,居民的房产总市值接近 300 万亿元,是美国居民房产总市值的 2 倍左右。同时,从存量房的流通情况看,虽然存量房的

## 第 8 章 产业变革中的价值投资

年交易额已超过 6 万亿元,但存量房的年周转率大约只有 2%,明显低于欧美国家存量房的年周转率。这样的现状为存量房交易提供了非常大的机会。另一方面,互联网创新进入了 2.0 时代,新技术红利正在加速从消费互联网向产业互联网渗透,而大居住市场作为一个巨大的市场,正好处于消费互联网和产业互联网融合的前沿。线上居住交易市场,过去只能简单地实现信息连接功能,现在却能在此基础上,发挥新技术驱动的数据处理能力,用数字化手段让产业供给能力实现转型和重构,赋能供应链上的企业和个人,大幅提高供给端的运行效率和整个经纪行业的服务能力。

贝壳找房正在做的,就是打造在未来大居住交易基础设施中非常重要的一个平台,并且努力将科技和整个产业相结合。从需求端来看,人们过去在线下找房、看房的需求正在发生历史性的、向线上的迁移,贝壳找房创新性地通过真房源系统、增强现实(AR)、虚拟现实(VR)等科技手段来丰富找房、看房、选房的消费体验。从供给端来看,就"如何优化房源委托、带看、服务、交付等环节,为消费者匹配最合适的房源、提供最好的资产配置服务"这个问题,企业无论采用线上化的方式,还是科技赋能手段,都有巨大的发挥空间。贝壳找房从很早之前就预见到,要创造一流的消费者体验,就必须打造一流的房地产经纪人队伍,让"消费者至上"的企业文化理念得到组织层面的执行保障。为此,贝壳找房花费十几年的时间,不遗余力地建立起经纪人合作网络机制,并且将它对全部从业机构和从业人员开放,使得全行业的经纪人都能够在统一的运营平台上提供服务,以确保

价 值

房地产经纪人之间实现有序、透明、高效的合作,提高房地产经纪人的服务效率和房产交易效率,从而在不损害消费者利益的前提下提高房地产经纪人的收入水平,使其以更好的心态为消费者提供服务。值得一提的是,这种机制在国外往往由被称为"多重上市服务系统"(Multiple Listing Service,简称 MLS)的行业自律系统来维护,贝壳找房的这项创举对于整个行业来说都是一项了不起的探索。贝壳找房结合中国国情,创建了具有中国特色的 MLS,并将其开放给了全行业,将企业目标和社会责任有机地结合起来,这的确可以说是一项了不起的成就。

最后,我们需要看到,传统产业原有基础设施的数字化改造,需要巨大的资本投入,并且无法带来直接的投资收益,所以除了依靠政府政策引导和公共投入外,亟须秉持长期投资理念的社会资本积极参与,实现产业互联网的"冷启动",让更多行业受益于技术创新。在产业互联网时代,科技与产业快速融合、重构,这决定了价值投资有望作为技术创新和实体经济之间的催化剂,弥合技术基础设施之间的鸿沟,这也是时代赋予"价值投资服务实体经济"的新使命。

第 8 章　产业变革中的价值投资

# 价值创造赋能路线图

对于产业的数字科技化升级，我们的尝试有很多，最终都是服务于提升各种不同的企业能力，包括战略定位、供应链提升、研发设计、用户运营等，但最大的坚持是让传统企业的企业家坐在主驾驶位上，互联网和新技术的提供者则坐在副驾驶位上提供辅助决策和支持。**数字科技化赋能是在飞行中换发动机，不会改变传统企业的行业属性，不是"停业整顿"，也不是为了创新而创新，必须直接为业务带来增量。**

## 数字化转型实现科技赋能

构建企业的数据与分析能力，是数字化转型成功的基石。数字化转型不仅能够优化成本、提升效率，关键是还能营造数据驱动型文化，把商业的底层逻辑用数据串起来，挖掘和释放数字价值，拓展数据应用场景，增加有效决策，减少试错成本。但伴随着数据爆炸式增长，企业面临数据碎片化，数据无法打通、无法进行深度整合和分析等问题，数字化转型升级成为企业新功能的重要来源。以我们对滔搏运动的数字化转型实践为例，这个项目的出发点正是对产业互联网的探索和实践。

滔搏运动是百丽国际旗下的运动零售板块，是近 20 家全球

## 价　值

领先运动品牌在华的关键战略伙伴,这些合作伙伴包括耐克、阿迪达斯、彪马、匡威、添柏岚等运动鞋服品牌,其中与耐克合作了20年,与阿迪达斯合作了15年。滔搏运动从2010年起开始探索多品牌集合店的运营模式,先后开设了TOPSPORTS运动城、TOPSPORTS多品店、TOPSNEAKER潮流集合店等,拥有8300多家直营店铺,3.5万名员工。

在滔搏运动的数字化转型路径中,有一项重要的设计就是智慧门店方案,核心是对门店"人、货、场"的数据采集,包括对进店客流量、客户店内移动路线和属性进行数据搜集,形成"店铺热力图"和"参观动线图",帮助门店了解进店客户的产品偏好,进行货品的陈列、摆放和优化,优化销售策略,提升单店产出。2018年,我们为滔搏运动的一家门店安装了智能门店系统,在观察期内,门店发现女性客户占进店人数的50%,但收入贡献只有33%,并且系统提示,70%的客户从来没有逛过门店后部的购物区。数据清晰展示了女性客户的转化率偏低,且店面后部没有被有效利用。于是,店长将店面的布局重新调整,增加更多女性鞋服展示,陈列更多暖色系产品,并调整客户的动线和流向,提高后部购物区的可视度。一个月后,该店后部购物区月销售额增长了80%,全店销售额增长了17%,店面商业潜力被进一步释放。

第8章 产业变革中的价值投资

在此基础上,他们积极鼓励店员作为最接近客户的UI/UE[①],用自主开发的数字化工具包和社交媒体平台,释放终端的活力。店员可以随时使用数字化工具包,查看客户在店内的历史消费数据,切换销售数据的统计维度,及时反馈和优化自己的销售行为;还可以运用数字化工具包,实现商品管理、店内人员管理、销售目标管理等,实时上报采购和补货需求,系统化地提高一线作战能力。

同时,店员可以自主运营不同主题的社群,从线下到线上引导客户,通过社群运营,发起体育运动相关的主题讨论,分享专业运动知识和鞋服指南,提供最新的潮品资讯,组织线下活动等,建立长期的客户陪伴关系。更有意思的是,滔搏运动还成立了专门的电子竞技俱乐部,与迅速扩大的电子竞技玩家群体建立连接。滔搏运动电子竞技俱乐部战队先后取得了2018年全国电子竞技大赛第二名、2019年英雄联盟职业联赛春季赛第四名,以及2019年PUBG Mobile俱乐部公开赛世界冠军,凭借圈内口碑吸引了非常广泛和活跃的粉丝群体,这也使得滔搏运动能够直接和最年轻的客户群体产生互动。

通过社群运营、门店数据采集等方式,滔搏运动积累了一笔宝贵的数据资产。2018年底,滔搏运动在研究了2000万份买鞋

---

[①] UI 是 User Interface 的简称,指用户界面;UE 是 User Experience 的简称,即用户体验。——编者注

价 值

数据后发现：山东人和广东人最爱"剁手"买鞋；上海人最偏爱限量款球鞋；耐克和阿迪达斯的"迷弟迷妹"们对两大品牌的购买力不相上下；男性仍然最爱买也最舍得买运动鞋，但女性在潮流人群中的占比要超过男性，体现出对于"凹造型"的重度需求。

全流程的数字化和店员创造的人性化 UI/UE 界面，使得我们可以进一步分析门店模型，根据店铺运营基础数据，了解不同季节、不同时期、不同周边环境对销售的影响，根据线上零售和用户数据，进行用户行为的全过程跟踪和用户画像的精细化描摹，实现门店的动态调整，提升每家店的运营潜力。以用户需求为中心，就是基于人、货、场每时每刻的交互，将数据变成串联各项业务的"活水"，持续分析与迭代，不产生多一分钱的浪费，不制造多一秒钟的迟疑，打造更有效率的零售新模式。我们的总结是，**数据是生产资料，有流程才能运营，有算法才能升华。数据、算法和流程，应形成相互促进的正向循环，对业务产生价值。**

经过上述科技和数字化的加持，百丽国际旗下运动鞋服零售商滔搏运动营收稳居行业第一，具备了分拆上市的条件，其运动产业链已形成集中度较高的市场格局，运动鞋服板块快速增长。2019 年 10 月 10 日，在具备上述天时地利条件的情况下，滔搏运动正式在港交所挂牌上市，上市首日股价上涨 8.82%，市值超 570 亿港元。这一数字已超过两年前百丽国际私有化交易的整体金额。

用户定义产品，软件定义流程。科技赋能、数字化转型不是颠覆再造，也不是简单地新增渠道或者市场，而是从工业化逻辑转变为数字化逻辑，回归到在创造价值的"一笔一画"中寻找痛点，利用大数据、智能化系统重新组合产业链，拉近生产制造和消费者的距离，创造最高的效率。

## 精益管理重构运营效率

福特汽车首创了汽车大规模流水装配线，这种模式使得工业化大生产在真正意义上成为可能。生产步骤的彻底分解和标准化，使得劳动生产率大大提高。对于今天的企业来说，数字驱动的技术创新是优化核心生产和供应链系统的重要选择，但企业还需要通过先进的管理理念创新、组织文化创新，重构运营效率，释放出更大的活力。这其中，我们对精益管理有着既本源化又独特的思考。

精益管理的概念由美国麻省理工学院教授詹姆斯·沃麦克（James Womack）等在20世纪90年代提出，起源于日本丰田的生产方式，其核心指导原则在于以最小的资源投入，准时、节约、高效地创造出尽可能多的价值，为消费者提供新产品和及时服务。精益管理的价值，在于为企业提供了超脱于各种资本运作和金融较量以外的真正创造价值的方法，并且这种创造是无止境的。有人会问，成就了"精益生产方式"以后，企业的下一步飞跃是什么？答案是，持续精益。

价 值

精益管理与浪费相对，如果正确识别了"浪费"，可能也就理解了精益管理99%的含义。在精益管理的范畴中，浪费是指一切消耗了资源而不创造价值的人类活动，包括需要纠正的错误、生产了无需求的产品及由此造成的库存和积压、不必要的工序、员工的盲目走动、货物从一地到另一地的盲目搬运、由于上一道工序不及时导致下一道工序的等待以及商品和服务不能满足消费者要求，等等。

许多制造业公司致力于现代化生产，大力推行智能制造，在制造环节探索变革。但精益管理的核心不仅仅在于生产环节，对于非生产环节也能够通过流程再造、优化，实现内部运营效率的广泛提升，消除浪费、降低成本，这些都是在创造价值。精益管理负责的是从客户需求的输入到客户需求被满足的完整流程，包括了客户识别、价值分析、研发设计、制造生产、物流交付、售后服务全过程。

比如，高瓴在投资公牛电器之后，积极推动其生产和管理环节的升级再造，力求降本增效提速，实现符合中国生产实践的精益管理，这主要体现在三个层面：第一，在营销端引入VOC（客户声音）、PSP（问题解决流程）、市场细分、价值销售等管理工具，进一步协助公牛电器进行流程梳理和机会识别，帮助一线销售人员了解市场，制定细化到每个大区、县市和乡镇的市场策略，真正定义用户认可的价值；第二，在制造端协助改善实施现场，提升生产效率和产品品质，降低产品的返修率，实现客户拉

## 第 8 章 产业变革中的价值投资

动的生产方式;第三,在研发端导入 BPD(爆款设计工具),降低识别机会的成本,实现尽善尽美。例如,数码立式插座是公牛的一款代表产品,高瓴的精益管理团队与公牛研发团队一起,通过对这款产品研发环节的精益改善,最终整合减少了 16 个零件,每个插座的成本降低 7 元多,并带动了生产端效率的提高。这一系列的管理提升,帮助公牛电器进一步明晰了业务定位,把市场(市场细分、市场容量、复合增长)、客群、竞争对手等信息转化为决策基础,圈定发力的目标市场。在此基础上,运用 VSM(价值流程图)工具梳理关键流程,找出改善项、引爆点,完成工具匹配,输出行动计划。2019 年,整个公牛集团一共有 430 项改善[①],精益管理的收益总额约 1.1 亿元。更关键的是,精益管理不是一个阶段性任务,而是持续精益的过程,会不断创造新的效益和效率。

在实践精益管理的道路上,最重要的事情就是认识价值。客户是价值的定义者,以合适的价格、合适的品质满足合适的客户需求,这时价值才能够充分表达;厂商是价值的生产者,如何满足定义者的要求,这考验了生产者的认知能力和组织生产水平。忘掉股东和高管们在意的财务情况,避免工程师和设计者的无效炫技,打破供应商和雇员们的墨守成规,剩下的可能就是客户能够获取的真实价值。这构成了我们对"精益管理重构运营效率"的核心主张。

---

① 改善,译自日文词汇"Kaizen",源自丰田精益生产体系,指小的、连续的、渐近的改进。——编者注

价  值

  但是，在任何时候，重构商业系统都不是目的，我们对科技企业的认知是，**世界上本没有科技企业和传统企业的分野，优秀的企业总会及时、有效地使用一切先进生产要素来提高运营效率，从而实现可持续增长**。也正因如此，未来所有优秀的企业都将是科技企业。正是基于同样的逻辑，未来所有优秀企业的商业系统，都是在不断地学习和进化的，通过精益生产和科技赋能，让每位在生产线工作的人也有活力和改善工作效率的动力。理解商业系统的第一性原理是不断创新。每一种新的商业范式、新的生产路径、新的交易流程、新的价值链组织形式都可能提高商业效率，成就新的商业物种。

  在坚持长期主义的实践中，要不断寻找驱动行业发展的创新力量，通过科技创新和人文精神消弭发展中的问题，实现更具普惠意义的价值创造。价值投资有涵盖过去的定义，也有面向未来的启示，这是对长期主义的理解和尊敬。

第 8 章 产业变革中的价值投资

**我对投资的思考**

- 在新消费的概念中,产品及其品牌包含了在服务过程中与消费者沟通的全方位要求,换句话说,零售即服务,内容即商品,所见即所得,物质组成的产品力和文化组成的品牌力共同成为理解消费新趋势的复合视角。

- 新零售的实现方式,就是用更加细分的场景满足不断变化的需求,好的消费场景是打造品牌力的关键。

- 数字科技化赋能是在飞行中换发动机,不会改变传统企业的行业属性,不是"停业整顿",也不是为了创新而创新,必须直接为业务带来增量。

- 世界上本没有科技企业和传统企业的分野,优秀的企业总会及时、有效地使用一切先进生产要素来提高运营效率,从而实现可持续增长。

# 第 9 章

# 价值投资的实践探索

———

真正的"重仓中国",
就是要帮助中国制造业
更好更快地
实现转型升级。

## 第9章 价值投资的实践探索

在从事投资的历程中,有两件事情让我格外振奋:其一,在产业重塑和经济发展的浪潮中不断丰富价值投资的内涵,从在基本面研究中发现价值,发展到洞察变化和趋势,创造价值,思考人、生意、环境和组织,在跨区域、跨行业、跨阶段的投资中实现价值投资服务实体经济的新范式;其二,在对价值投资的不断重新定义中推动商业模式的创新、价值链效率的提升和产业的升级,在最复杂的案例中经受训练,在不同的情景和场域中影响和推动产业的根本变革,与企业家、创业者一起持续不断地创造价值。这两件事情始终让我扮演着双重角色:其一是投资人,其二是创业者。

诚然,在过去的很长一段时间里,无论是投资人,还是企业家、创业者,似乎都已经习惯了现代商业社会的惯有法则,也给创业、投资赋予了某种传统的意义。比如,创业者大多是行业的颠覆力量,而投资人大多是资本的代言人。然而,新的价值主张和社会思潮,正在渐渐催生新的商业社会法则。创业者可以将新科技、新场景、新业态与旧有的商业模式相融合,或者不断地微

价 值

创新、再创新，投资人也可以从更长期、更普惠的角度理解资本和资源的配置，从而实现新的商业意义。

就像只有在每一次金融危机或者疫病大流行的特殊时刻里，人们才会发现世界运转的习惯能够如此轻易地被打破一样，这些时刻也令人恍然明白，同类的事情其实都曾在历史上发生过。**价值投资者只有在长远问题上想清楚，在行业塑造、价值创造的维度上想清楚，才能经得起时间的考验。**

正是这样的出发点，使我在一些重大的交易机会面前，敢于下重注，敢于和企业家、创业者一起，在产业的巨大不确定性面前挖掘确定性的机会。归根到底，任何产业之中都蕴藏着不可估量的巨大潜能，我们能做的，只是点亮"星星之火"，进而期待产业的"燎原之势"。

## 创造新起点：实体经济巨头的价值重估

在我对价值投资的理解中，"把蛋糕做大"一直是我的重要

第 9 章 价值投资的实践探索

原则。在这其中，发现价值是第一步，在市场的过度悲观氛围里寻找到真正的价值奇点，需要依托于对产业的长期跟踪研究和系统性思考；创造价值则是第二步。在高瓴的多年实践中，我们不断积累丰富的价值投资工具箱，包括超长期资本、人才支持、技术赋能、精益运营、生态资源、医疗生态、学习平台。这些积累工具箱的过程，既是不断把蛋糕做大的过程，也是高瓴涉足实业，帮助实体行业领先者进行价值重估的历程。在高瓴完成的百丽国际私有化、普洛斯私有化等案例中，上述理念就有很多体现。

## 百丽国际私有化，重塑"鞋王"

2017 年 7 月 27 日 16 时，中国最大的鞋业企业百丽国际以 531 亿港元的价格从港交所退市，此次私有化交易也创造了港交所至今为止规模最大的一次私有化交易纪录。在对百丽国际的投资过程中，我真正看到了中国企业家的胸怀和远见，以盛百椒、盛放、于武先生为代表的企业领军者，持续学习，敢于创新，不断适应日新月异的变化，敢于自上而下地发起变革，他们身上的这种魄力和精神令人尤为敬佩。

百丽国际从 2007 年上市，到 2017 年退市，历经 10 年，这不仅是百丽国际走过的路，也恰恰是中国制造业转型升级的缩影。百丽的外文品牌名 BeLLE 取义于法语，意为"美人"，百丽国际最早在 1979 年由其创始人邓耀先生在香港创办，随着内

## 价 值

地改革开放，邓耀先生逐步探索在内地发展。在最初的创业过程中，为了降低生产成本，邓耀先生不断在内地和香港穿梭，把香港的设计带到内地鞋厂代工，再把成品带回香港销售。这在当时可是不错的商业模式，尽管也有弊端，比如产销周期长、设计和款式无法快速迭代。此后，随着盛百椒先生的加入，百丽国际也开始在内地自设工厂、广开门店。百丽国际的第一家店就开在深圳的东门老街，20世纪90年代初，那里还比较荒凉，可能只有很少人预想到那里会成为黄金旺铺。凭借一款又一款的爆品，一间又一间的门店，百丽国际打出了"凡是女人路过的地方，都要有百丽"的口号。

然而，由于鞋服行业整体市场扩张以及百丽国际电商转型不顺利，2013年下半年以后，百丽国际的市场占有率逐年下降，销量、利润也开始下滑，百丽国际经受了新商业环境带来的巨大考验，旗下传统产业业绩面临较大挑战，不得不暂停渠道扩张。在某种意义上，资本市场是乐观或悲观的放大器，百丽国际的股价不断报出新低，从2013年每股18港元的高位下跌至每股4港元，市值缩水接近80%。

从基本面来看，百丽国际不只有女鞋品牌，作为一个布局多元的时尚运动产业集团，它旗下拥有鞋类、运动和服饰三大业务，是全球第一大女鞋公司，也是中国最大的运动鞋服零售商，拥有400多亿元的年收入，60多亿元的税息折旧及摊销前利润（EBITDA），4000万双女鞋、2500万双运动鞋、3500万件运动

## 第 9 章 价值投资的实践探索

服饰的年销售业绩,几千万会员,近 20 个鞋类品牌、6 个服饰品牌,旗下的滔搏运动则是近 20 个全球领先的运动品牌的关键零售伙伴。没有哪个失败的企业每年能有几十亿元的现金流。而且,百丽国际还是香港恒生指数 50 只成分股之一,也是香港第一只内地企业的蓝筹股。我们做过估算,百丽国际的直营门店每天进店约 600 万人次,按照互联网行业的概念,即有 600 万日活跃用户数量(DAU)[①],如此折算,它可以算是中国前五大电商之一。现在线上流量获取成本越来越高,流量入口正从线上向线下转移,百丽国际的 2 万家直营店,特别是 8 万多名一线零售员工的线下流量入口显得尤为可贵,这些是直接面向消费者的触点,是百丽国际最好的 UI/UE。不仅如此,我们参观完百丽国际之后大呼吃惊,百丽国际拥有自营工厂,原材料直接从产地采购,有极强的供应链和补货机制,整体运营效率和库存管理能力都在业界领先。这些无论是对于高科技公司、互联网时尚公司,还是亚文化的创新公司来说,几乎都无法实现,线上做得再好的人,去做线下还是需要经历一个艰难的学习过程。不管是打造 C2M 反向定制模式、快时尚供应链,还是实现无缝连接,我认为有机会实现并创造出零售业新模式的公司,实际上是百丽国际,而且可能也只有百丽国际。

鞋是供应链最复杂的消费品类之一,因为每个人都有一双不

---

[①] 日活跃用户数量统计一日之内登录或使用了某个产品的用户数(去除重复登录的用户),通常会结合月活跃用户数量(MAU)一起使用,以衡量服务的用户黏性以及服务的衰退周期。——编者注

价 值

同的脚，全球 70 亿人就有 70 亿双不一样的脚，再考虑到同一个尺码的鞋子又会有不同的式样，所以做鞋的企业从设计到原材料采购、生产加工过程、配送，再到零售，每个环节的复杂程度和对管理能力的要求都是极高的。能把鞋做好的零售企业，是真正顶级的零售企业。百丽国际从皮料采购、生产加工、运输配送到终端零售，参与和覆盖了女鞋垂直整合的全产业链，百丽国际的生产商、渠道商和供应链全是一体的，而且它同时运营着十几个不同顾客群、不同价位的品牌。在 20 多年间，百丽国际从白手起家，到把做鞋卖鞋的生意做到如今这样的体量与市场地位，毫不夸张地说，这是中国企业界的一个伟大成就，在全球的女鞋企业中也是独一无二的。

百丽国际的另一个巨大成就，是做成了中国乃至全球顶级规模的零售网络，它拥有 13 000 多家女鞋门店、7000 多家运动门店，而且仍在高速发展中。百丽国际有可能是全球唯一一家拥有高达 2 万家直营门店的企业了。而且更关键的是，百丽国际对如此之大的零售网络，实现了全面自营、管理、掌控，整体运营效率和库存管理能力在业界都是响当当的领先者。连耐克、阿迪达斯这样的全球强势大品牌也充分意识到百丽国际的零售网络的价值，并积极寻找合作，它们在中国的飞速发展离不开百丽国际强大的零售能力。百丽国际管理着 12 万员工，其中的绝大多数都是直接面向消费者的一线零售人员。这样的管理能力，在我们接触过的这么多消费零售企业中都是相当少见的。

## 第 9 章 价值投资的实践探索

在我看来，**一个商业物种的产生起源于它所处的时代和环境，其积累的生产能力、供应链效率和品牌价值，是对那个年代最完美的诠释，堪称经典，而经典的价值不可能瞬间土崩瓦解，也不会凭空消失。**资本市场的报价是一种悲观预期，但也表明一旦换一个维度来思考，就会发现不可多得的巨大机遇。在百丽国际的私有化过程中，邓耀先生说过的一句话让我几乎落泪："我不在乎是否退出，也无意于钱，我在乎的是公司是否能与更好的合作伙伴一起，带领百丽国际的 10 多万名员工凤凰涅槃，重获新生。"邓老先生这种不论遇到多大困难都要往前走的力量，是一种"生"的力量，让我非常感动。的确，我认为百丽国际拥有最好的基础、最扎实的功力，只要能突破科技改造的瓶颈，拓宽并激活渠道价值，一定是最有机会创造出新模式的公司。

与此同时，在中国做并购，最好的方式未必是海外基金的通常做法，即买下被市场低估的公司，再通过成本缩减、精英治理取得巨大的经济回报，而是必须要充分尊重管理层，尊重中国企业特有的文化，理解产业发展的具体阶段。对百丽国际而言，运用新零售模式提高管理效率和科技化水平，向市场要增量，通过竞争拿到更大的市场份额，是更好的路径。因此，百丽国际的新型解决方案必须依附在企业原有核心竞争力之上，投资人不能做搅局者，也不能好为人师。

正是基于上述思考，我们推进百丽国际的数字化转型时，核心理念是在百丽国际的能力和基因上面做"加法"，充分信任百

价　值

丽国际的原有管理层,在此基础上调动数字化赋能团队、精益运营团队进驻工厂、门店,开展数字化转型,拓宽电商渠道,提供线上线下一体化解决方案。

在推进百丽国际数字化转型的过程中,我们坚持三个原则:

- 第一,"锦上添花"。百丽国际拥有强大的管理团队,组织基因好,善于学习,在传统零售行业耕耘多年,我们想做的是把百丽国际的潜能发挥出来。我们与百丽国际一起,用好互联网生态下的流量红利,建设好赋能工具箱。百丽国际正在完成的,便是实现全流程的数字化,将数据作为新的驱动力。
- 第二,"务实再务实"。在数字化真正发挥作用之前,我们无法定义其产生的价值。因此,必须拥有务实精神和长期思维,建立基于数据对齐[①]的业务流程,积跬步,至千里。
- 第三,"小步快跑"。大型集团转型,最难的不是整体规划、资源投入,而是创新机制、试错机制。因此,必须采取"小试牛刀+试点推广"的方式,从尝试、小试,到中试、推广,步步为营。

与大多数传统企业一样,百丽国际在数字化转型前,流程割

---

① 数据对齐指使来自多个数据源的多维数据保持一致的方法。——编者注

裂,有的业务条线流程不清晰,没有分析、决策和反馈节点;底层数据割裂,商场数据无法同步给品牌商;横向数据割裂,不同区域、不同渠道、不同门店的数据并不相通,无法"合并同类项";上层数据割裂,宏观数据无法快速帮助一线销售人员答疑解惑,无法实现供应链的及时调整。

我们从第一性原理出发,思考一双鞋的"人生"要经历什么。从建模设计、生产制造、仓储运输、门店销售、会员管理,百丽国际要做的就是把所有流程统统纳入数据化体系,把大数据能力应用到对消费者的发现、触达和服务流程中,连接每一双鞋和每一位顾客,连接一线销售和公司总部,连接过去与未来。特别是在分析决策层面,我们做了两件事情。其一,开发终端赋能工具。通过收集门店及所在商圈的实时人流数据,以及每双鞋的试穿率和购买率数据,调整销售预测和库存参数,把消费者喜好和设计生产联系起来,运用"单品管理"的理念,实现供应链的瞬时触达,达成了赋能每一个门店的构想。其二,重新定位店长与店员。时尚产品需要在交互过程中挖掘顾客的潜在购买欲望,因此,用户交互非常关键,高度依赖店长与店员的服务能力。百丽国际通过智能门店决策平台的设计,给予一线店员更多智能化武装。店员们不再苦于"调货、断货、压货"的运营环节,而是从数字化工具中领任务、做游戏,优化店面陈列和单品布局,在指引下完成销售和服务过程,成为消费者的时尚顾问。

这些"加法"不仅是基于对鞋服行业的理解,从更大的格局

价 值

上看,其实是中国制造业转型升级的必经之路。**科技不是科技企业的专利,传统制造业加上科技,将从产业端改造整个商业系统,适应不断进化的商业环境。**

## 普洛斯私有化,释放物流巨头新势能

2018年1月22日,普洛斯(GLP)宣布从新加坡证券交易所退市,高瓴参与的这笔私有化交易金额达到790亿元人民币,成为亚洲历史上迄今最大的私募股权并购案例。

由于其服务于B端的商业模式,普洛斯并不被人熟知,但这家现代物流基础设施及解决方案提供商兼服务商却是不折不扣的隐形巨头。普洛斯在美国起家,是亚洲最大的物流地产商,在中国物流地产业的市场份额超过第二名到第十名的总和,牢牢占据了一线城市核心交通枢纽区域,向亚马逊、京东、菜鸟等电商提供高标准仓库。

普洛斯的私有化历程,需要从2003年说起。2003年,普洛斯联合创始人、首席执行官梅志明加盟Prologis公司,并在上海建立了第一间驻华办公室,即如今的普洛斯(GLP)的雏形。当时中国刚刚经历一场"物流园泡沫",政府出台了异常严厉的房地产调控政策。Prologis在中国采取的策略是与手中已经握有仓储土地的本土企业合作,先后取得了上海西北物流园区物流设施独家开发权和苏州物流园区开发权,占据了这些

## 第9章 价值投资的实践探索

城市的核心物流枢纽,其成熟的物流地产开发运营经验也逐步受到各地的认可。

2008年,受到金融危机的严重影响,Prologis公司不得不出售最赚钱的亚洲业务。2008年12月24日,新加坡政府产业投资有限公司(GICRE)以13亿美元的现金收购Prologis公司在中国的全部资产和在日本的部分资产,并继续延用其中文名普洛斯。2010年10月,普洛斯在新加坡证券交易所上市。上市之后,普洛斯不断扩展中国业务版图,到2017年,普洛斯拥有2870万平方米的物业总建筑面积、1190万平方米的土地储备,物流地产项目分布于38个城市和地区,基本形成了覆盖中国主要空港、海港、高速公路、加工基地和消费城市的物流配送网络,占据当时中国物流地产市场60%的份额。2016年底,普洛斯第一大股东新加坡政府产业投资有限公司提出进行战略评述,公开寻求私有化买家,打算退出。这成为普洛斯私有化交易的契机。

2015年5月,凭借对物流地产行业的深刻洞察,我们坚定看好普洛斯的长远发展前景,通过投资成为其第二大股东。对于价值投资来说,尊重和理解行业属性是投资的前提,物流行业看似冷门,但其具有长期、稳定并且相对较高的收益回报,普洛斯专注于基础设施建设,这是具有广阔前景和长期发展价值的事业,所以参与普洛斯的私有化,是一项非常长期的投资。对于普洛斯这样一个业务成熟、体量巨大的企业来说,如何在既有基础上进行进一步的创新,这一点颇具挑战。但我们

## 价 值

看到，普洛斯不仅仅是一家物流地产公司，还可以成为一家具有很大价值的平台公司。

物流是销售、电子商务、现代服务业的基础之一，所以一旦将物流当中的每一个环节，包括物流的节点、场地、仓库连接起来，就可以在这个网络空间里做很多运营、增值的服务，涉及运力、设备、资金等，这种服务模式和过程是非常长期的，有着很基础的、不可替代的价值。例如，普洛斯现在正在进行对仓库自动化设备的投入，仓库自动化设备建成后，可以让人随时获取实时信息，包括仓库里面的货是什么、是谁在运、运给谁。在这个基础上，物流基础设施还可以与许多新技术领域相结合，包括人工智能、物联网、无人自动化，这些能够改变整个行业，甚至影响众多行业的价值链。比如，近年来随着产业互联网、社会化网络等产业的迅速发展，大数据储量迅猛增长，用于处理数据的服务器供不应求，数据中心已成为支撑新型数字经济的重要基础设施。某种程度上来说，在这样一个重资产的行业中，只有大规模、大体量的头部公司，配以长期的、巨额的资本，才能够打破创新性成长的天花板，加速整个行业的科技化水平，促进物流生态体系与新技术、新基建的融合与升级。

更为关键的是，我们要投资普洛斯的坚定信念，很大程度上缘于我们对以梅志明先生为核心的管理层的尊重和钦佩。梅志明先生是将中外文化融于一身的杰出的企业家代表，他的全球化视野以及对中国本土市场的深刻理解，源自他多年来受到的中西方文化熏陶。像这样能够在不同的文化中，最大化地汲取优质养分的企业家，一定能够在更广泛的领域里达成别人难以达成的成就。

除了从新加坡退市的普洛斯、从香港退市的百丽国际，高瓴还参与了智联招聘从美国的退市，以及其他一些大公司的分拆案例。无论是私有化，还是其他跨境并购交易，**并购投资的出发点并不是追求投资规模或者单纯的投资收益，更关键的，是在原有商业模式创新进入阶段性瓶颈的情况下，判断科技赋能能否成为驱动产业升级的新价值所在，能否通过科技创新对现有商业模式进行精细化打磨，通过引入新的资源改善被并购公司的长远状况**。中国的产业正在进入新一轮并购时代。

如果说风险投资是在为行业培育最具创新力的挑战者，成长期投资是在为行业塑造最有竞争力的领导者，那么并购投资更像是站在产业的角度重塑行业、引领行业转型升级的逻辑和路径。因为这些被并购企业往往已经非常成熟，有着独特的成功基因，一旦被科技赋能、战略赋能，就能够成为更具活力的超级物种，并引领行业的发展。所以，不同的投资阶段和投资方式，都有着各自的使命，但前提一定是深刻理解行业的驱动力，投资要有益于效率，有益于价值创造。

价 值

## 激发新动能：重仓中国制造

中国的经济发展，是在"三化合一"的场景中非常快速地前进着的。对于中国而言，制造业不仅仅是立国之本，也是国家竞争力的重要评估基准。在我看来，**真正的"重仓中国"，就是要帮助中国制造业更好更快地实现转型升级，真正地在产业中提升数字化、科技化、信息化水平，帮助中国制造业占据价值链的最高端。**

**格力电器，打造中国制造业新名片**

以投资格力电器为例，2019年，高瓴参与格力电器股权转让交易，这场重大的交易对于格力电器、国资混改以及中国先进制造业来说，都有着长远的影响。其实，高瓴在成立的第二年，就发现了格力电器的潜力。作为中国制造业的一张名片，格力电器在家用空调市场的占有率和产销量多年保持第一。更加令人信服的是，格力电器管理团队始终兢兢业业，对尊重市场规律、尊重价值创造规律的理解足够深远。所以，我们秉持着"一旦发现优秀的公司，就长期支持"的原则，对格力电器的支持长达十几年之久，而且还会更久。

2019年4月，格力电器控股股东格力集团通过公开征集受让方的形式，协议转让其持有的格力电器总股本的15%股权。

## 第 9 章 价值投资的实践探索

消息一经放出，就吸引了众多投资人，毕竟这场交易的意义不仅限于它是价值 400 亿元以上的巨额交易，是 A 股市场上最重要的交易之一，而且在某种意义上，它承载着一个时代和一个产业的历史。

其实，无论是对于企业还是个人，时代都是最大的恩赐。伴随着 20 世纪 90 年代初中国掀起的工业化浪潮，百万移民来到珠江三角洲，格力电器就诞生于改革开放的前沿阵地珠海。格力电器的前身是"格力空调器厂"，最早只有一条组装线，面对国际品牌的不断涌入，以及国内竞争不断加剧的困难局面，格力电器利用自身的资源打造了包括设计、研发、生产制造、物流以及销售在内的完整的产业链，专注于技术研发，突破微笑曲线[①]的固有格局，最终在行业内突出重围。

回顾格力电器的发展历程，有几个非常重要的历史节点。其一是格力电器于 1996 年在 A 股上市，从一家地方国企转变为国有上市公司，利用资本市场实现公司治理的逐步规范化，并开始探索市场化的运营管理模式；其二是格力电器于 2006 年进行股权分置改革，引进战略投资者，并建立现代企业治理结构，在市场竞争中开拓更加灵活的管理模式；其三则是通过 2019 年的股

---

① 微笑曲线由宏碁集团创办人施振荣先生于 1992 年提出，他认为在产业链中，处于微笑曲线两端的"研发"和"销售"附加值较高，处于中间的"制造"附加值较低，所以产业未来应朝微笑曲线的两端发展，也就是加强研发以及客户导向的营销与服务。——编者注

价 值

权转让，格力电器进一步运用市场化改革的力量，探索更加科学的治理机构、更加高效的执行效率、更加市场化的激励机制，以及更加灵活的发展空间。

从长远看，中国制造业不应是简单的生产制造，中国制造业在未来必须完整掌握高知识密度、高附加值、高影响力的价值环节，从生产要素的维度重构产业组合，掌握核心的设计、核心的技术、核心的品牌资源，才能摆脱产业链底端的被动性，跃升到产业链的高端。高瓴参与到这场交易之中，正是因为我们从格力电器身上看到了这种可能性。

格力电器的股权转让最终顺利完成，在这之中我们最大的体会就是要尊重企业和企业家精神，尊重每一位企业员工的创造力。当然，我们后面还有更长的路要走，包括发挥长期资本的优势、利用全球研究以及帮助实体经济转型升级的经验，帮助格力电器引入更多的战略资源，进一步改善公司治理，实现战略发展的重新定位、核心技术的突破以及国际化、多元化发展等。以数字化转型为标志的产业变革，无法一蹴而就，必须局部突破，小步快跑，积累数字化转型的经验和信心，逐步实现产业的华丽升级。

### 制造时代，基础性领域的创新潜能

再来看高瓴投资的公牛集团案例。甄别出公牛集团这样的隐形巨头，需要多年观察，但这个过程在某种程度上却能体现中国

## 第 9 章 价值投资的实践探索

制造业的崛起之势。

1995 年,阮立平创立了公牛集团,凭借一款"国内最安全的插座",成为行业"一哥"。事实上,公牛集团的主营业务插线板是一个很难做的品类,产品更偏向于无差别消费品(Commodity)属性,并没有很高的技术壁垒,公牛集团之所以能做到市场第一,渠道优势是最重要的撒手锏,在家乐福、沃尔玛等大型商超乃至五线小城的五金店,公牛集团都垄断了插线板这一品类,牢牢控制了对渠道的话语权,将行业第二名远远甩在了身后。

这一点与高瓴之前投资的福耀玻璃很类似,汽车玻璃也是无差别消费品,但是福耀玻璃同样做出了强溢价的品牌,在渠道上占据话语权。公牛集团之所以能建立很强的渠道优势,在于它把快消品的管理经验和模式引入了民用电工领域,与同行相比,它有非常强的渠道运营和管控能力,同时有极强的工匠精神,凭借"良心企业"的口碑成为行业第一,从而在市场上具有了垄断性地位。

目前公牛集团的产品线包括转换器、墙壁开关、LED 照明以及数码配件,此外还孵化了智能电工、断路器、嵌入式产品等新业务。从更长的周期来看,公牛集团在产品、渠道、技术、品控等方面会积累更强的优势。

不仅如此,凭借对产业超长期、跨地域的研究,我们在工

价 值

业自动化、工业互联网、工业智能化等领域投注了非常多的关注和支持。特别是在新型冠状病毒肺炎疫情期间,我们敢于逆势加仓,在中小企业最需要注入发展新动能的时刻加快出手速度,投资了众多快速成长的创新型企业,其中不乏先进制造业企业。

2019年3月,纪录片《制造时代》聚焦东莞产业题材,展示了以东莞制造业为案例的中国制造业在转型升级过程中的探索和取得的成果,其中就有高瓴投资的怡合达。怡合达不是一家简单的制造业企业,它是专门为自动化设备制造单位提供自动化零部件的一站式采购服务平台。众所周知,像3C(指计算机类、通信类和消费类电子产品)、汽车、医药、食品、新能源等行业的普遍特点是呈头部企业集中化趋势发展,由于成本和人才等原因,很多中小企业的自动化改造过程比较困难。怡合达要做的就是提高国内制造业自动化应用水平,特别是要解决中小企业在自动化升级方面的痛点。

2019年11月,高瓴旗下创投业务作为领投方投资了聚焦工业互联网智能化的全应科技。全应科技凭借对热电行业生产工艺及流程的深度理解,以数据智能技术为驱动,为热电行业的智能化运行提供工业互联网解决方案。2019年底,高瓴完成了对徐工信息的A轮投资。基于深厚的制造业背景和IT技术积累,徐工信息在工业互联网、智能制造等业务领域深耕力拓,打造了"最懂制造的工业互联网平台"和"让制造更简单"的智能制造产品与解决方案。

高瓴在先进制造领域的投资案例有很多,但每一次投资选择的着眼点都是异常清晰的——在未来产业互联网、信息技术、先进科技与传统产业快速融合的时间窗口,把握制造业升级的脉动,理解产业链底层的创新潜能,拥抱这个快速变化的时代。

## 开拓新世界:think big,think long

在跨地域、跨周期、跨品类的研究中,高瓴做了很多跨境的研究、投资和资源连接。一方面,我们看到中国与新兴市场之间的社会经济概貌更为接近,因此完全可以把中国的创新商业模式复制到海外,把源自中国的创新基因快速在全球推广,在促进中国企业海外拓展的同时,也促进其他新兴市场的创新产业发展;另一方面,我们也看到中国经济社会的快速发展和消费者多元化需求的变化,因此我们与国际品牌合作,把先进的产品和模式引入中国,丰富中国的产业生态。

价 值

在我看来，全球领域的研究发现和商业资源整合，在某种程度上恰恰非常符合价值投资的应有之义，其出发点仍然是在深谙行业发展规律、熟悉本地化区域市场特征和理解全球产业链重塑进程的基础上，优化资源配置、推动价值创造。

## 中国创新商业模式的全球拓展

随着互联网与移动互联网在全球更广泛地区的普及和更深度的应用，正如十几年前互联网在中国刚刚兴起时一样，许多新兴国家的消费者市场存在巨大的、尚未开发的潜力，这就给中国商业模式"出海"提供了很好的投资机会。

以布局东南亚的社交应用平台 SEA 为例，投资这家当前市值近 500 亿美元的互联网巨头，高瓴的出发点就在于从它的身上看到了似曾相识的成长和成熟轨迹，即中国互联网巨头的成长和成熟轨迹。同时，拥有超过 6 亿人口的东南亚地区，无论从经济、文化还是交通等视角看，都是与中国最相像的海外新兴市场之一，我们由此判断 SEA 仍然具有巨大的发展潜力。

SEA 的前身是 2009 年创立于新加坡的 Garena，它在创立之初就打造了集视频、聊天、玩游戏于一体的社交应用平台。此后，Garena 不断学习腾讯的商业模式，在社交和游戏领域持续发力，并逐步试水数字支付（Airpay）、电商（Shopee）等互联网业务，成为一个融汇了中外互联网巨头优势的超级物种。2017

年，Garena 正式更名为 SEA，它旗下的游戏、电商和数字支付三大业务板块均在东南亚市场处于领头羊位置。这是中国创新商业模式得以在海外实践发展得很好的案例。

再以投资在线旅游公司为例，高瓴对这个行业有着自己的理解。在每个国家、每个市场，都有大量的商旅预订需求，而一些商业模式、供应链流程已经在中国得到了充分的验证，并且积累了大量的线上和线下资源。一旦把中国的创新经验复制到其他新兴市场，就能够在当地创造出许多"独角兽"。所以，在投资去哪儿网之后，我们对东南亚的市场进行了细致的研究，发现了印度尼西亚版的"去哪儿网"——Traveloka。Traveloka 成立于 2012 年，最初只有机票查询和比价功能，为了提升产品功能，创始人费里·尤纳迪（Ferry Unardi）专程跑到中国来寻找灵感。为此，我们积极促成去哪儿网与 Traveloka 的战略合作，帮助 Traveloka "抄作业"，以在旅游和航空服务等业务上快速发展。目前，Traveloka 已经在东南亚的 6 个国家开展了业务，主要服务于印度尼西亚、泰国和越南等市场。

在共享出行领域，我们在东南亚市场发现并投资了当地最大的打车应用公司 Grab Taxi。投资完成以后，我们积极推动滴滴出行与其展开战略合作，协同利用彼此的技术、当地市场知识与商业资源，使国际旅客可以通过既有软件无缝接入当地出行网络。此次战略合作不仅提升了 Grab Taxi 的商业和技术实力，使其占据更大的本地市场份额，也扩大了滴滴出行的全球版图，促

价 值

进全球出行产业的多元化发展。

在外卖领域，正是看到中国外卖市场的快速发展，我们投资了韩国版"美团"，即以用户数量来看堪称韩国最大的外卖公司的 Woowa Bros，帮助其开发自动机器人以及在海外市场进行扩张。其实在韩国，外卖文化已经深深融入当地消费者的日常生活。韩国餐厅密度大，人口密度大，外卖客户群体广，而且由于可以使用摩托车进行配送，所以外卖配送速度更快，配送区域更灵活。这些特点为韩国外卖企业提供了很好的商业运营条件。所以，我们希望 Woowa Bros 能够通过向中国外卖企业学习，实现更快的发展。事实上，在我们的穿针引线下，Woowa Bros 管理团队访华期间向美团取经，两家企业很快找到了共同语言，通过参观交流建立了良好的相互学习机制。

此外，我们还投资了国内二手车交易平台优信拍与印度汽车信息网站 CarDekho，CarDekho 经营着一系列在线门户网站，在印度销售新车、二手车和摩托车，还向东南亚扩张，在马来西亚、菲律宾和印度尼西亚均运营着门户网站。我们还投资了在孟加拉国、斯里兰卡和加纳等地经营的在线分类信息门户网站 Saltside，Saltside 与 58 同城非常类似，本地居民可以在网站上发布物品出售广告、招聘广告以及许多本地化的服务广告，网站浏览者与卖家直接联系，在线下完成交易。

中国商业模式的"出海"，中国企业的"出海"，可能会

第 9 章 价值投资的实践探索

成为很长远的趋势,这个趋势的发展需要资本、资源、人才、知识的多方助力。而且,中国企业"走出去",一定要放开思想,放下包袱,真正地融入当地的企业和市场环境中,和当地的环境结合,不要惧怕世界巨头企业,不要怕跟当地企业合作。我想把这个模式一直推广下去,让中国企业更快、更好地实现海外化发展,同时也让更多的海外企业学习中国。

## 海外商业实践的中国化重构

基于对中国消费市场和产业升级的理解,我们积极引入了众多海外品牌和成功企业,希望不仅是"走出去",还能"引进来",把全球的商业实践和管理体系带到中国,去推动中国产业格局的变化和发展,促进中国本土企业更长远、更稳健地参与全球竞争。

2015 年初,为满足国内患者对医疗品质的更高要求,提高医疗效率,改善患者体验,我们与全美综合排名第一的梅奥诊所共同成立了惠每医疗集团,把梅奥诊所先进的医疗技术、管理经验和培训体系引进中国。作为有着 150 年历史的医学研究中心,梅奥诊所在糖尿病和内分泌专科、胃肠科、妇科、肾脏科、神经专科和老年病学 6 个专科都排名全美第一,获得了"医学最高法院"的美誉,素有"医学麦加"之称。而梅奥诊所最为突出的,则是它"矢志不渝探寻准确病因,更早提出治疗方案"的医学追求,它也因此被誉为"美国最高质量、最有效率但又低成本的医

价 值

疗体系的楷模"。作为一家非营利机构,梅奥诊所的成功秘诀一直是人们迫切探求的。在我们看来,其真正的秘诀在于"医者治院"理念下的整合医疗实践模式。2017年以来,高瓴和梅奥诊所连续共同举办"梅奥诊所中国医院管理峰会",围绕"患者需求至上"的理念,搭建国内外医疗生态的交流平台,最大化聚集全球医疗健康领域的服务方、支付方、产品提供方,探讨突破创新疗法、医疗机构管理经验、服务理念以及各种前沿话题。我们希望,在交流中能够产生更多符合中国疾病图谱的本地化综合医疗解决方案,提升我国医疗的信息化决策和管理水平。

2017年,我们把"星巴克的祖师爷"——皮爷咖啡(Peet's Coffee)引入中国,第一家旗舰店就开在上海的东湖路。皮爷咖啡是美国精品咖啡品牌,总部位于加州。可以说,星巴克是皮爷咖啡的门徒,皮特老爷子曾向星巴克的三位创始人传授了烘焙、店面布置等经验,早期还供应咖啡豆。为了更好地符合中国消费者的习惯,皮爷咖啡在产品和运营端都做了本地化调整,探索深度烘焙的中国口味。但是由于消费市场变化太快,在和运营人员交流时,我们更多的是探讨如何提升咖啡的品质、口感及服务要求,而不是如何追求速度、规模和盈利,好品牌要慢慢做。

2018年,位列全美前十大精酿酒厂的巨石精酿(Stone Brewing)也在上海愚园路开设了在亚洲的第一家旗舰店,这同样得益于高瓴的助力。在精酿啤酒圈,巨石精酿堪称"爱马仕"级别的存在,其创始人是两位重金属音乐的狂热发烧友。对于精酿啤酒爱好者来说,精酿啤酒与工业啤酒不一样的地方是,每款精酿啤酒都有自己的灵魂,精酿啤酒的历史也比工业啤酒长很多。我们希望能够把更多有着独特文化和故事的消费品牌带到中国消费市场,丰富消费者的体验。

不仅是精品咖啡和精酿啤酒,2019 年,高瓴还收购了苏格兰罗曼湖集团(Loch Lomond Group),这也是来自中国的资本第一次收购英国拥有数百年历史的传统威士忌酿酒企业。罗曼湖集团旗下的资产包括邓巴顿郡的罗曼湖酒厂(Loch Lomond Distillery)、坎贝尔镇的格兰帝酒厂(Glen Scotia Distillery)、苏格兰一家瓶装厂格伦·卡特里内(Glen Catrine)以及小磨坊酒厂(Littlemill Distillery)遗留的酒。如果从时间上来算,小磨坊酒厂最早在 1772 年就开始蒸馏威士忌,是行业中历史最悠久的公司之一,也是苏格兰最古老的威士忌蒸馏厂。正是看到中国威士忌消费量和进口量的快速增长,我们决定推动罗曼湖集团设立中国总部,并充分运用电商、移动互联网、新零售等销售模式,拓展亚洲市场。

在运动健康领域,我们也发现了许多好玩的趋势,并陆续向国内引入众多圈内潮牌,包括 Burton 单板、On 跑鞋等。2020 年 4 月,"雪圈王者"——单板滑雪品牌 Burton 在中国的合资公司成立,将与高瓴共同运营中国业务。说起 Burton,有很多的品牌故事有待讲述,某种意义上,是 Burton 塑造了单板滑雪这项运动,赋予其"挑战极限,追求速度、自由和冒险"的精神气质,

价　值

这非常符合年轻人追求的生活方式。特别是随着中国冰雪运动的发展，越来越多的年轻人开始加入"雪圈"，为这个产业带来了很强的增长潜力。

在"走出去"和"引进来"的过程中，我们能看到许多源自中国的创新，也能看到许多海外的商业模式或品牌在被引入中国后对中国的行业发展产生的巨大推动力。商业进程的交融、商业资源的整合，以及相互的验证和借鉴，能在更大的环境中帮助不同的物种更好地演进。我相信，在未来我们还有更多好的尝试。

从商业物种的创新，到产业的快速迭代，从早期投资、成长期投资到并购投资，从海外模式的中国实践到中国模式的海外拓展，价值投资正在经历更多发展和变化。这其中的核心没有变，就是是否在为产业发展和社会进步创造长期价值，是否在坚持长期主义，是否在做时间的朋友。

## 第 9 章　价值投资的实践探索

**我对投资的思考**

- 价值投资者只有在长远问题上想清楚，在行业塑造、价值创造的维度上想清楚，才能经得起时间的考验。

- 一个商业物种的产生起源于它所处的时代和环境，其积累的生产能力、供应链效率和品牌价值，是对那个年代最完美的诠释，堪称经典，而经典的价值不可能瞬间土崩瓦解，也不会凭空消失。

- 科技不是科技企业的专利，传统制造业加上科技，将从产业端改造整个商业系统，适应不断进化的商业环境。

- 并购投资的出发点并不是追求投资规模或者单纯的投资收益，更关键的，是在原有商业模式创新进入阶段性瓶颈的情况下，判断科技赋能能否成为驱动产业升级的新价值所在，能否通过科技创新对现有商业模式进行精细化打磨，通过引入新的资源改善被并购公司的长远状况。

- 真正的"重仓中国"，就是要帮助中国制造业更好更快地实现转型升级，真正地在产业中提升数字化、科技化、信息化水平，帮助中国制造业占据价值链的最高端。

# 第 10 章

## 永远追求丰富而有益的人生

教育是对人生
最重要、最明智的投资。

## 第 10 章　永远追求丰富而有益的人生

从投资人的角度来说，很多风险投资是需要退出的，但培养人才是永远不需要退出的投资。通过这些年的实践，我深刻意识到，**教育是对人生最重要、最明智的投资**。我希望用创新的方式倡导普惠教育，以此在社会转型的过程中承担责任、创造价值。

从有益于社会的角度来说，如果有更多的人实现有益于社会的梦想，就一定能够推动社会的进步。在投资方面，我喜欢"想干大事"的企业家，在教育方面，我喜欢与具有伟大格局观的企业家共同发现人才、培养人才。我最大的乐趣就是帮助杰出的人发挥自己的天赋和价值，去实现梦想。就好比价值投资可以分为两个阶段一样，教育也是如此，第一阶段是发现价值，第二阶段是创造价值。这里的创造价值其实就是一个不断地动态地打造自己的过程，要善于发现自身的天赋和价值，构建并利用自己的独特性去创造价值，在对人生的"价值投资"中塑造自身的成就。

价 值

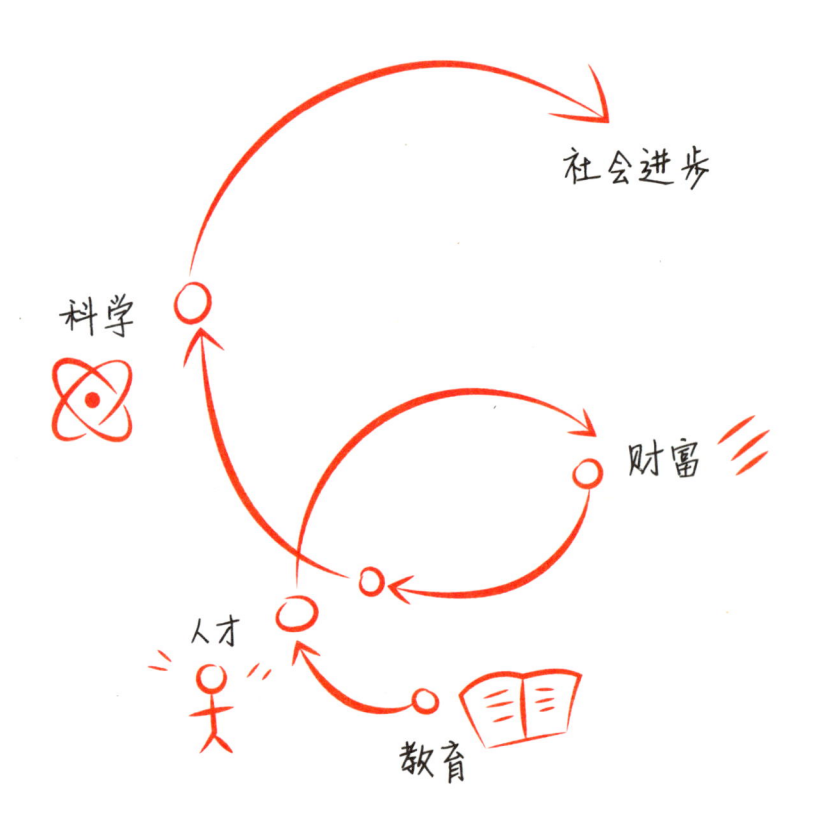

科学

社会进步

财富

人才

教育

教育是永不退出的投资

## 第10章 永远追求丰富而有益的人生

高瓴所坚持的投资哲学在很多方面同样适用于教育和人生选择。第一是"守正用奇",就是要在坚守"正道"的基础上激发创新;第二是"弱水三千,但取一瓢",就是一个人要在有限的天赋里做好自己最擅长的那部分;第三是"桃李不言,下自成蹊",就是指只要好好做自己的事,成功自会找上门来。

还比如高瓴坚持的理性的好奇、诚实、独立以及同理心,这不仅适用于投资,也适用于教育。始终保持好奇心对年轻人来说非常重要,世界上永恒不变的只有变化本身,变化催生创新,所以我们应着眼于变化。只有始终保持着好奇心,不断地迎接、拥抱创新,才能创造善意的价值,形成让蛋糕更大、开放共赢的局面。真正的诚实,是既不要欺骗别人,也不要欺骗自己。虽然有时候,也许有人不靠诚实也能成功,但这种成功不但不持久,还有可能会"搬起石头砸到自己的脚"。在知识和智力上的独立也是非常重要的,能否形成独立的思辨能力实际上是决定年轻人能坚持走多远的基石。如果一个人同时拥有理性的好奇心、诚实的品质、思考的独立性,再加上一些同理心,并且有长期奋斗的心态,那么能否获得成功就只剩下运气和大数法则的问题。或者说,一遍一遍地做让你有激情的事,并且乐在其中,那么成功只是时间问题。

再比如动态护城河理念,强大的学习能力和对事物的敏锐洞察力,是一个人能力的护城河。所以一个人要学会坚守自己的理想,珍惜自己短期内没有被外界看破的窗口机会,把护城河架构好,形成持续学习和创新的能力。

价 值

所以，对投资的思考，也在帮助我延伸对教育、人才和人生选择的深层次思考，经历得更多之后，我最大的变化是理解了这个世界与社会的复杂性与多样性。在无数种推动社会进步的要素之中，教育、科学和人才不仅仅是创造价值的基础力量，还是塑造并推动整个社会进步的长期力量。所以，我时常鼓励年轻人，一定要从自己的内心出发，做真正对社会有益的事，比如去做科学家、做医生，或者亲自去创业，但不管从事何种职业，都要把创造价值，而不是积累个人的财富或者其他无益于社会的事情作为最重要的目标。

## 长期主义的人才观

在投资中，最宝贵的资源是时间；在投资机构中，最宝贵的资源是人才。市场上通常把投资人简单分为三种类型：资源型、社交型、研究型，而高瓴更重视的是最后一种，有研究特质的人。这一人才标准，不仅限于选拔投资经理，还是对高瓴所有岗位的一个基本要求。

第 10 章　永远追求丰富而有益的人生

## 花大量时间在员工培养上

好的研究型人才三分靠天赋，七分靠训练。天赋是一个人的基本盘，意味着是否足够聪明，是否足够想赢，是否有探究事物本源的好奇心。我们相信，经过多轮人才招聘的检验，进入公司的新人，都是具备强大自驱能力和学习能力的璞玉，公司要做的是，通过磨炼、培养和文化的熏陶，让他们学到正面的经验，少走不必要的弯路，尽早迈向更大的舞台。所以，我们会竭尽所能为新人创造发展的空间、学习的条件，允许新员工有成长的过程，花大量时间在员工培养上。

员工培养的过程，其实是引导员工与公司文化、组织机制相互匹配和融合的过程。高瓴一直把自己看作永远在路上的"创业者"，我们要随时拥抱变化，学习全新的事物，进入崭新的领域。所以，在高瓴，无论是新员工还是老同事，都有很多机会去跳出舒适区，接触自己未曾涉猎过的领域，去做自己并不熟悉的事情。就像高瓴在持续创业的过程中不断发展一样，每个高瓴人也是在一次次突破自我边界的时候，理性的好奇、自我学习的能力得到最大的激发，从而收获最快的成长。

当然，这种成长的过程也不是一蹴而就的，其间难免有失败和挫折。我们会为员工提供充分的容错空间。另外，我们也会创造条件，让员工分享得失，一起帮助其分析和复盘，积累成长值。更重要的是，通过这样的过程，我们要让员工明白，不是所

价 值

有人一开始都能做到90分、100分，我们更看重潜质、价值观、驱动力。

较好的员工成长环境还得益于足够扁平的组织机制。扁平的组织机制能够保证更多有价值的想法随时被听到，即使是一个新人的观点也能得到足够的尊重，会有人关心，会得到反馈。我们强调"多汇报、少请示"，鼓励包括新人在内的员工不怕露怯，勇敢表达。哪怕是"微判断"，也要及时提出来，不要奢望一次汇报解决问题。我们也要求团队领导者对员工的想法迅速给出反馈，反复消化，不断迭代。

这个对新人来说尤其关键，尤其是经历过其他层级化组织的新人，会被这种及时的反馈所鼓舞。在新人看来，有业内成熟干练、积累深厚的一群人在听他们提出的策略，在帮他们分析、验证、纠正和提高。这种文化，会迅速释放新人的表达欲望。因为大家知道，勇敢表达，就是在争取难得的学习和被帮助的机会。

员工的成长有两方面：一方面是素质和业务上的提高，另一方面是与公司形成情感上的连接和默契。在团队内部，我们也会努力营造一个更好地倾听反馈和给予关怀的氛围，让新员工知道，公司能看到他们的努力，理解他们。我们力争做到，对员工提出方向性的引导更多，而具体的要求和标准更少。要引导员工往正确的方向上走，但不能特别要求事情做好的标准是什么。有标准，每个人都可能拿标准去比较，而一味的比较并不利于员工的长期发展。我们更希望，每个高瓴人会在公司组织文化的熏陶和引导下，找到适合自己的"好标准"。总之，条条大路通罗马，每个人都有自身的成长路径。还是那句话，**对于有潜质、价值观一致的员工，我们奉行长期主义，不着急，慢慢来，给予其充足的成长时间。**

## 一定可以"走得更远"

一般来说，高瓴的员工依靠自我驱动的学习热情，加上公司文化、运行机制、业务实践的打磨，能够积累非常丰富的经验和能力。

选择做时间的朋友，对高瓴来说，是一种人才培养机制，对每一位高瓴人来说，也是一种对自我成长的期许。做时间的朋友，需要极强的自我约束力和发自内心的责任感。在多数人都醉心于"即时满足"的世界里时，懂得"延迟满足"道理的人，已经先胜一筹了。毛主席在《七律·和柳亚子先生》一诗中写道"风物长宜放眼量"，就是让我们从远处、大处着眼，要看未来，看全局。这常常是高瓴给创业者的建议，其实也同样适用于每一位高瓴人的工作和生活。坚持自己内心的选择，不骄不躁，持之以恒，时间终将会成为你的朋友。

我们也看重对人才考核的连续性，保证高瓴人能以更长远的眼光看待投资回报。在激励机制安排上，我们强调长期性，并不简单以短期回报倍数作为考核结果。

价　值

高瓴也希望为员工提供一个发现价值和创造价值的平台，通过公司全周期、全链条的投资生态，让每一位员工可以尽情挥洒激情，施展抱负，得到立体的、全方位的锻炼和提升，拥有不一样的格局、视野和丰富经验，最大限度地满足每个人的职业成就感。

当然，"梦想有多大，舞台就有多大"，让每个人能走得更远的，归根结底还是自我驱动力和自我学习能力，是对真理的热爱和追求，是持续解决社会痛点的使命感。只有这样，才能不断吸收、消化平台和实践提供的输入，不断提高自己思考的维度，与公司一起创造更大的价值的同时，实现个人价值的不断提升。

## 成长型的人才培养机制

历次产业变革，都是在新技术、新思维与社会经济产业的碰撞融合中完成动力转化、模式创新，并且带来数以万计的新产品、新物种的爆发的。能在这个时代脱颖而出的创业者，往往是能够多学科思考的鬼才和拥有多维视野的怪才。

而这个时代的投资人,仅有金融投资或者商业管理方面的知识是远远不够的,需要多学科的知识储备和洞察。

## 拥有多学科思维的多栖明星

我们通过跨时间、跨行业的研究,输出行业洞察,并寻找具有伟大格局观和创新精神的创业者,实际上跟创业者一样,是在新的技术趋势下,结合原有产业规律和现状,进行对新的技术应用、新的商业场景的洞察和设计。这样的设计,不是简单的物理上的,也不是简单的虚拟化的,它需要运用商业、技术、艺术等多维设计能力才能实现。这样的洞察和设计,有时候甚至是在新一代消费者的心理之上进行的。

比如在新的消费品牌领域,要做出前瞻性的洞察,仅仅具有理工科思维、商业思维是不够的,必须要有一定的文科生思维,甚至是艺术方面和心理学方面的思维。拥有多元的思维模型,才能敏锐把握最新的文化形态,精准描绘新一代用户画像,知道他们热衷什么、喜欢怎样表达、关心哪些事、会被怎样的内容吸引,也才能够理解不同的生意形态到底能在什么样的环境下胜出。

比如喜茶这个新兴的网红消费品牌,它的成长固然有理性的商业逻辑在,但它的崛起又是超越了单纯的商业计算的,依靠的是对消费者心理的精确把握与触达。所以,你会看到,除了对口味、服务、包装设计的精益求精之外,联名、跨界等营销玩法层

价 值

出不穷，这些是难以纯粹依靠算数得出来的。

著名作家汪曾祺说，一个人的口味要宽一点、杂一点，"南甜北咸东辣西酸"，都去尝尝。对食物如此，对文化也应该这样。实际上，这样宽一点的口味，用在对人才的要求上，也是完全适用的。我们要培养能学会玩、十八般武艺样样精通、拥有跨学科思维的"多栖明星"。

## 共创、共享的"知识大脑"

我们全力打造学习型组织，倡导团队内部的"传、帮、带"文化与跨团队的交流和分享，创造一切条件促成内部的相互学习。

在高瓴，新同学的培养大多要依靠工作中的耳濡目染与逐渐熏陶。周会、双周会、月会、专题分享、投资决策会对新同学来说都是非常好的学习机会。尤其是在投资决策会上，团队的项目经常会收到首席投资官的直接点评，让新同学尽早地理解高瓴的研究、思考方式，理解高瓴到底要做什么样的投资。

不仅如此，知识无边界。我们非常注重互相学习与个人认知的共享，注重每个人能否给团队分享传递有效的新认知与新发现。这是一个在组织内部不断对新人进行训练的过程。当然，个体都是有差异的，个人的理解肯定存在偏差。我们的组织文化、"传、帮、带"的机制，就是在努力缩小这种认知偏差，让高瓴

## 第 10 章 永远追求丰富而有益的人生

的方法论、价值观得到正确的表达和传承。

当然,这种"传、帮、带"不是为了消灭个性——那与我们倡导的独立思考的文化是相悖的。我们是要在个体的独立性、组织的不断创新迭代,与业务的稳定向上、精神理念的传承之间,找到一个恰当的平衡点。

跨团队分享机制,最典型的体现就是高瓴的年会。通常,大家对年会印象最深的,除了公司领导继往开来的总结展望,可能就是晚宴上的表演、抽奖以及各种在吃喝玩乐中的放松和释放。在高瓴,这些环节当然也必不可少,但对于一个学习型组织来说,仅有这些显然远远不够。我们的年会周,又被称为"学习周"。每年年会前的那几天,每一个高瓴人都会收到一份"选修课"大餐——基本上每个团队都会派出一名"老师",拿出"干货"满满的知识与经验,和其他部门的成员进行交流。

这样的学习分享,会一直贯穿年会周的始终。每个高瓴人都会非常重视这样学习交流的机会,因为,被选为"老师"的人一定有着外界难以看到的不传秘籍,加上精心的准备、现场不设限的深入交流,最后呈现的绝对是一场场年度智识的饕餮盛宴。当然,"师资力量"不仅来自公司内部,我们也会博采众长,邀请外部的企业家、学者以及各行各业的"大拿"过来,做各种形式的交流。如果觉得这些交流还不够深入,每年的年会周,我们还有一个专门设立的一对一交流环节,形式上就像一次 8 分钟约会

价　值

的相亲大会一样。高瓴人可以提前通过系统尽快下手去选定三个自己"心仪已久"的同事，也可以"佛系"一些，等待命运匹配的惊喜。总之，新鲜的不仅是形式，更是坐在对面的同事带来的全新的知识，交流时间虽然短暂，但一对一的形式保证了交流的深入和高效。

实际上，这样充分交流、无私分享的内部机制，还有更深层次的意义。我们不断深入各种行业，收集各种信息，研究各类公司，最后不仅完成信息转化为知识、知识成为洞见、洞见指导实践的过程，也有机会将所有的知识、洞见，在行业、环境的空间维度，以及时代、技术、商业变革的时间维度上连接起来，形成更大的知识图谱。

而这个"制图"过程，是投资团队、投后管理团队及中后台支持团队的每一名员工都参与的。每个部门都有自己的方法论，有自己的知识体系，大家合在一起，才是一张完整看待世界的知识图谱，一个公司的"知识大脑"。而内部的学习分享机制，就是这一"知识大脑"神经元的连接方式之一。这一机制，让每一名员工都有机会去共享一个超级知识库，又同时参与了它的迭代建设。

## 在时间中彼此合作、学习和收获

投资可能是世界上最具有魅力的工作之一。我们把各种各样的聪明人聚集在一起，大家一起做研究，一起得出判断，去

## 第 10 章 永远追求丰富而有益的人生

押注价值标的,参与价值创造,在时间的评判中去收获、学习、成长。

而投资机构可能又是世界上最难管理的组织。一群天生骄傲的聪明人如何相互配合?一群"各怀绝技"的高手又如何密切协作?既然投资不是"智商为160的人一定能击败智商为130的人"的游戏,投资机构如何做好团队的内部协作?

在这个方面,高瓴是幸运的,因为我们从一开始就是一家研究驱动的投资机构。"学院派"是我们最鲜明的标签。俗话说"文无第一,武无第二",也许一群学者型投资人聚集在一起,自然而然就形成了共同探讨、相互学习、互相启发的学术氛围。同时,长期主义的基因在机制上保证了我们可以在喧嚣的市场中保持定力,为研究安放"一张安静的书桌"。而价值创造的理念,又让我们在市场的潮起潮落中保持了一份心灵的宁静,对内对外都不争不抢,不断去实现自己的"诗和远方"。

当然,团队协作文化的形成,还在于我们在多次穿越周期之后,对市场本身有了深深的敬畏。我们永远无法真正掌握真理,只能不断靠近它。这是一种面对真理的谦卑,它承认了个体认知的局限性,从而驱动自己向包括团队伙伴在内的任何有益方向不断吸收学习。

此外,作为一个创业者,我们随时准备拥抱变化、迎接外部

价　值

挑战，这样的状态决定了，我们的组织内部要越简单越好，才能同心协力、快速反应。

从某种意义上来说，面对瞬息万变、不断发展的外部和市场环境，我们要在巨大的压力下，随时做出抉择判断，这真的不亚于进行一场高强度的对抗赛，而你的身边人就是你唯一可以信赖的队友，大家只有背靠背站在一起，互相依靠，互相支撑，才能汇聚更多的智慧和力量。

而且，团队协作还让我们在内部形成了很好的复盘和纠错机制。习惯于单打独斗的人，大多数时候很难形成自我反省的心态，因为，自己是最容易说服自己，甚至骗自己的；而在团队之中，大家相互交流，相互提醒，甚至相互挑战，既鼓励大家独立判断，又发挥了平台纠错机制，不仅促使我们团队不断反省、复盘，减少出错的概率，争取提高长期胜率，更有助于个人在其中不断学习，快速成长。

很多优秀的人愿意加入高瓴，也许就是因为这里有一个终身学习的环境，一个可以相互协作、相互启发的组织文化。这样的文化，让我们在彼此协作、相互学习中越来越坚信，选择与谁同行比要去的远方更重要。

第 10 章 永远追求丰富而有益的人生

# 教育和人才是永不退出的投资

为善最乐,是不求人知。高瓴坚持"桃李不言,下自成蹊"的投资哲学,就是此意。在更宏大的世界观里,价值投资可以发挥更大的作用,可以做创新资本与赋能资本,但首先应该做"良善资本",通过在教育、科学、扶贫等公益领域的投入,让更多人、更基础的力量以更包容的方式塑造未来。

## 教育,最重要、最明智的投资

我对教育和人才培养的理解有三个层面:第一,对于教育,首先应该培养学生拓展什么样的能力?我想到的答案是创造性思维能力和对交叉学科的学习能力。第二,对于科技创新,应该培养怎样的人引领产业未来发展?答案是具备人文精神的科学家、工程师。第三,对于更长远的未来,怎样培养一些人做最基础的科学研究,做理论创新和原发创新?答案是通过设立研究型大学。

正因如此,我始终对教育和人才培养心心念念,希望帮助更多年轻人追求知识上的丰富、能力上的完善和价值观上的正直。2010 年开始,我在中学母校驻马店高中,以自己读书时所在的 107 班的名义设立了"107 奖学金",持续资助优秀的学弟

## 价　值

学妹们圆梦大学，培养探索精神和独立人格。2011年，我在大学母校中国人民大学捐建了高礼研究院，出发点就是看到好的教育平台可以塑造一个人的气质与格局，与杰出商界领袖直接对话，则可以提升一个人的境界与视野。我们应当考虑的是，如何与高质量的人花足够多的时间，做一些高质量的事情。2017年6月，我再次向中国人民大学捐赠了3亿元人民币，用于长期支持创新型交叉学科的探索和发展，鼓励年轻人在纷繁复杂、选择众多的世界里多学善思，以创造式、思辨式思维，做出真正有益于国家和社会发展的选择。同年，作为创始捐赠人，我捐赠支持创立中国第一所聚焦基础性前沿科学的创新型研究大学——西湖大学，希望协助施一公师兄整合社会资源和募集社会资金，引进好的教育思想和理念，以支持学校更好地发展。

说起西湖大学，这是中国第一所靠社会各界捐赠而创办的现代大学。截至2019年底，共有44位创始捐赠人和超过1万名来自世界各地各个社会群体的人士为这所大学捐赠，其中包括学生、工程师、医生、普通工人、公务员、艺术家、教师、农民和外来务工人员、华人华侨等。

对于创办西湖大学，我们共同的思考是如何运用社会的力量和国家的支持，创办一所致力于高等教育和学术研究的新型研究型大学。特别是在看到许多有理想、有情怀的世界级科学家投入国家的教学科研和人才培养事业中时，这些相互交织的

第 10 章 永远追求丰富而有益的人生

力量给了我们很大的鼓舞。西湖大学的创立也不仅仅是为了培养一些科学家以形成重大的科研突破，更关键的是，它在探索人才培养、科学研究、大学管理的创新机制，去引领全社会形成尊重科学、尊重基础科学的氛围。这种社会意义和长远价值是无比巨大的，对中国甚至世界的创新发展都会产生不可估量的影响。

**教育是一个很讲究情感关怀和激励的领域，越是处于一个"机器横行"的人工智能时代，我们就越是呼唤人性中独特的同理心和情感互动等真正有温度的东西**。科技的创新终将引领教育的创新，人工智能给教育带来了挑战，但这些挑战也给人类提供了一个更大的重新创造历史的机会。所以，人文主义和精英意识应结合起来，精英们不能孤芳自赏，"躲进小楼成一统"①，而应当与社会发展同步，在与社会的情感关怀和互动中实现自身价值。

有一种说法是："一个社会的今天，靠经济；一个社会的明天，靠科技；而一个社会的未来，靠教育。"我不仅仅将自己定位为一名教育事业捐助者，更看作一名创新教育模式的践行者。对于企业家而言，捐款是相对容易的事情，更重要的是要花费精力和时间，结合中国国情和发展趋势，脚踏实地地探讨和引进最

---

① 引自鲁迅的《自嘲》一诗，全句为"躲进小楼成一统，管他春夏与秋冬"，意为坚守自己的志向和立场永不改变，不管环境如何变化。——编者注

价 值

好的教育思想和资源。中国的教育制度有很多可取之处,比如通过长期的训练和多重考核,培养学生形成极高的韧性,这些品质对学生将来的个人发展,无论是创业还是做投资,都是非常重要的。在这个基础上,可以引进一些新的教育思想和资源,培养能够跨行业、跨界、跨专业自由思考的人才。

我们不能只建一座桥,而要建很多座不一样的桥,甚至要有摆渡船,来帮助大家以各种方式到达教育和自我认知、自我丰富的彼岸。比如,我们可以探讨和拓展教育多样性,包括精英教育、普惠教育、职业教育等多种多样的形式,支持教育的供给侧改革。为此,我仍在不断进行在其他领域的教育探索和投入,希望在未来用更多的创新方式支持教育,让投资、教育与社会相互促进,以此来支持社会的转型进程。

### 科学精神,是推动社会进步的基础力量

我相信人类社会的基本法则是相互依存,我心中最柔软的地方就是希望能够更好地与人们产生关联,更好地建立人与人之间的联结,回归友善和温暖。我一直认为,**未来的构建需要无尽的想象力和踏实的执行力,这两种力量汇聚在一起就是创新,而创新的核心正是人才**。我希望通过投资和公益把创业者、企业家、科学家连接起来,把坚持价值投资的投资人连接起来,把商业头脑和科学知识连接起来,把商业文明和人文精神连接起来。新的产业时代根本上还是需要依靠科学技术来驱动,需要真正的科学

### 第 10 章 永远追求丰富而有益的人生

上的创新,尤其是基础科学、"硬"科学上的创新。因此,在这样的环境下,人才也需要多方面的知识储备,仅有商业管理或是金融经济方面的知识是不够的。未来,我们需要培养既有商业头脑又有科学技能的跨界型人才,我们需要既有商业头脑又有人文精神的科学家,也需要具有科学知识并尊重科学的创业者、企业家,能够和科学家一起去工作。这是市场所提出的需求,也是社会所提出的需求。在我看来,未来的入口是科学和教育,有一条解决今天很多现实问题的根本路径,那就是兼具人文精神的科技创新,尤其是基础科学的创新。

为此,在 2015 年,我与一众科学家、企业家、投资人共同发起设立了"未来论坛",希望借助这个平台,能够邀请不同领域的专家、学者进行前瞻性、启发性和思辨性的探讨与交流,打通产、学、研和投资之间的壁垒,寻找未来的新标准、新可能。在未来论坛成立大会上,我向理事会提出设立未来科学大奖的倡议,希望能够用这个奖项鼓励和吸引更多年轻人从事科学、专注于科学,为他们打开新的一扇窗,鼓励他们用科学发明的成果去给人类社会做贡献,而不仅仅是想当明星或者金融家。

中国的创新如果只靠商业模式的创新,总有一天会走到头。再往后,国家竞争力的提升就需要把基础科学打得更扎实。所以,无论是倡议设立未来科学大奖,还是支持西湖大学,本质上都是要帮助科学家做一些长远来看有意义的事。因此,作为一家坚持长期主义的投资机构,我们有责任帮助孵化、连接并转化基

价　值

础研究和原始创新的成果，帮助更多投资人理解和掌握价值投资理念背后的精神，将科技进步、创业创新和价值投资连接起来，成为推动社会进步的基础力量。

所以，如何理解财富的意义，对于一名投资人而言格外重要，甚至能够影响很多重要的投资决策。在我看来，财富的意义远不止于物质和金钱，而是代表着沉甸甸的道义和责任。人们的财富既然来自社会，那么人们就尤其需要善用这些财富去服务和回馈社会。从小处讲，这是知识与财富的良性循环，从大处讲，这是为了让个人价值与造福人类的终极目标相一致，让教育、人才、财富、公益和社会之间形成更大更好的循环。

教育和人才，可能是最长远的投资主题，永远不需要退出。当教育驱动人才和社会蓬勃发展、不断创造价值的时候，在更宏大的格局观里，投资人能够发现更多有意义的事情，这也是最大化创造价值的超长期主义。

## 第 10 章　永远追求丰富而有益的人生

**我对投资的思考**

- 对于有潜质、价值观一致的员工，我们奉行长期主义，不着急，慢慢来，给予其充足的成长时间。

- 教育是一个很讲究情感关怀和激励的领域，越是处于一个"机器横行"的人工智能时代，我们就越是呼唤人性中独特的同理心和情感互动等真正有温度的东西。

- 未来的构建需要无尽的想象力和踏实的执行力，这两种力量汇聚在一起就是创新，而创新的核心正是人才。

# 后 记

## 做时间的朋友

人的一生，可以选择很多种生活方式。中国古代传统思想讲求"穷则独善其身，达则兼济天下"。在我看来，如果穷、达之间仍然可以创造价值的话，一定更有意义。与成功相比，不断成长的历程更令人难忘。人们在社会中接受历练、选择挑战、不断摸索，就像科学家在自然科学领域探索一样，发现价值和创造价值都意义非凡。

我愿做古典传统的延续者和中国哲学的践行者，做价值投资理念的探索者，做充满现代主义理想的创新者，做坚持乐观主义的投资人，但最想做的，是一个有激情、为他人提供帮

价　值

助、温暖而善良的人。

我时常对一些根本性问题进行反思，比如在现代经济社会中，资本究竟应该扮演怎样的社会力量？进入 21 世纪，越来越多的人开始反思资本的属性，在人、社会、自然和资本之间，应该做出怎样的平衡？如果说米尔顿·弗里德曼（Milton Friedman）式的"金融资本主义"定义了长久以来的商业价值观，即企业有且只有一个社会责任——利用其资源从事旨在（为股东）提高利润的活动，那么我们是否应该用更长远的视角思考究竟是否存在更好的商业范式，以通过保持恰当的利润水平，实现更长期、更持续、更健康的社会发展呢？

对资本力量的反思能够帮助我们不被资本所控制。资本最重要的功能之一是通过资本配置对社会上的资产进行定价，而一旦这个定价发生扭曲，许多经济问题会随之产生。**如果通过投资实现的资本配置不能促进人、社会和自然的和谐发展，而是将社会推入一种荒蛮、冷漠、充满浪费的旋涡，人们无法获得伴随经济发展而应得的权利，企业失去了赖以生存的社会环境，那这样的资本有何意义呢？**假如真如德国哲学家马克斯·韦伯（Max Weber）[①] 所说，现代社会的工具理性随着现代

---

[①] 马克斯·韦伯是德国著名社会学家、政治学家、经济学家、哲学家，被公认为古典社会学理论和公共行政学最重要的创始人之一，被后世称为"组织理论之父"。——编者注

化、官僚化的过程，变得超过了价值理性，那么我们是否真的会被器物和财富所奴役？

在中国特有的历史、社会和经济环境下发展的价值投资，继承了西方现代金融投资的基础理论，又融合了许多东方哲学思考的文化内涵。真正的价值投资应该摒弃通过精确计算的功利方法来实现所谓成功的方式。无论处于怎样的金融周期、经济有没有泡沫，价值投资者都应该依靠企业的内生增长获得投资收益，不能依靠风险偏好或者估值倍增。提供解决方案的资本，应该从资本型的投资转向运营型的赋能。**真正的良善资本，应当考虑短期和长期、局部和整体、个别和一般、随机和规律的关系，用更加理性的视角思考整体价值，专注于普惠意义的创新**。在所有的价值维度中，不仅仅存在金融资本（股东利益），还存在人力资本（劳动者利益）、社会资本（社会公众利益）和自然资本（自然生态资源）等多种角度的考量。**一条可行的新法则，应该致力于整体的繁荣发展，不应该以牺牲一些人而有利于他人作为结果，不能是零和游戏。最好的资本配置，应该是坚持长期主义，为有利于社会普遍利益的创新承担风险，以实现社会福祉的整体进步。**

在我看来，人生不仅要受到世俗规则的规范，这称作伦理约束，更要向自己的内心反问：什么是最应当遵循的道德准则？就像许多哲学家提出人类对自然不仅要以科学的态度探索其奥秘、性质以及定律，还要秉持道德准则来解构人与外界的关系一样，人们在用第一性原理探究世界、理解科技进步和商业演进的

## 价　值

同时，更为关键的是要理解人文精神，这是理解历史、现在和未来的基础能力。在这个存在许多困惑、焦虑和不确定性的年代，难道人们不应该多加思考什么是真正的价值理性，从而在精神的温暖、情感的炽热中回到尊严和良知茂盛的时代，并重新充满勇气和希望吗？在主张乐观主义的年代，我们相信真理、科学，相信人文、正义。我们要做经得起时间检验的事，有些企业坚决不投，有些钱坚决不赚，这是内心的戒律，也是最高的受托人责任。**回归人文关怀，是我们在价值投资实践中所必须遵循的最高准则。**

我也常常思考个人与时代的关系。与原始社会的幸存者往往依赖于强健的体魄，封建社会的佼佼者往往仰仗家世、血缘，偶尔才有人通过努力考取功名不同，生于现代社会的我们遇到了最好的时代，可以通过接受教育、学习知识和探索创新改变自己的命运。我是教育改变命运的典型。河南的人口基数大，人们努力追求更美好的生活，这恰恰是中国的一个缩影。在这个缩影中，我通过接受良好的教育考入好的大学，在国内好的企业工作，又去美国留学实践，进而选择投资事业。正因如此，感恩是我永远的心灵归宿。有很多人比我们聪明、勤奋，只是他们生活中没有这样或那样的机遇，或者现实容不得他们误打误撞。所以，**任何处境下都不能高己卑人。有的时候，遭受过苦难，才能理解别人的难处。**苏格拉底说过，未经审视的人生不值得过。

后记 做时间的朋友

我意识到，许多伟大创业者通过更有效率的组织模式为社会创造好的产品和服务、好的生活体验，而好的商业本身就是治愈世界的力量。与此同时，社会当中仍然有许多问题无法通过商业力量来弥合。这个时候，公益作为另外一种力量，起到了不可或缺的作用，帮助政府和社会解决应该得到解决的问题。正如陶渊明所写，"纵浪大化中，不喜亦不惧。应尽便须尽，无复独多虑"，价值投资完全可以既做商业投资，又在更广阔的领域承担起责任，在教育、科学、扶贫等方面做捐赠，支持、赞助社会企业[1]，创造更多更重要的价值。

思考至此，我清晰地发现，在长期主义的范畴中，做公益和做价值投资殊途同归。任何财富都是时代所赐，因此要善用这些财富，其中的关键是"运用之妙，存乎一心"，保持内心的平衡与平静，打通"任督二脉"，最终重剑无锋。我们所做的投资，不见得是赚钱最快的方式，也不见得是赚钱最多的路径，但这是让我们获得心灵宁静的道路。获得心灵宁静以后，奇迹就会因此而生，我们就能不断创造价值，回馈社会。这不仅是为了实现个人的初心，也是知识与财富相互促进的良性循环的开端。

所以，这里所写的，源于我对多年实践的思考。这些难忘的

---

[1] 社会企业是指旨在解决社会问题、增进公众福利，而非追求自身利益最大化的企业。社会企业的投资人在收回投资之后不再参与分红，而会将盈余再投资于有助于企业或社区发展的领域。——编者注

## 价 值

经历，是这个时代和我遇到的每一个人共同赋予我的恩赐。我想把这本书献给我的家人，尤其是我的妻子与我的孩子们，与他们一起滑雪、冲浪，不断学习和成长，他们的支持和陪伴让我永远充满勇气。我也特别感激和我一起与高瓴不断成长的 Michael、Tracy、Luke 和许多同事们，他们每个人都是我最真挚的朋友。我要特别感谢在百忙之中为本书撰写推荐语的良师益友们，每次的攀谈讨论都令我获益匪浅。最后，希望将来孩子们读到这本书的时候，能够明白我们为什么选择长期主义之路，为什么永远探求真理，为什么长期支持教育、人才和科学，为什么坚持不断创造价值。

"尚未佩妥剑，转眼便江湖。愿历尽千帆，归来仍少年。"从事投资多年以后，我越发觉得大道至简，无论是面对创业者、消费者还是出资人，我所坚持的都从未改变：追求真理，追求价值创造。天地不言，四时行焉；时光不语，真心明鉴。古人说："人生天地间，忽如远行客。"我们希望在长期主义的实践历程中，寻万物流转，觅进退有章，做时间的朋友，回归内心的从容。

附录

# 我的演讲和文章

在内心深处,我一直希望与人们更好地连接,把对投资的理解、人生的感悟以及许多温暖的东西与人分享。我也希望能有更多的年轻人通过教育、实践和创新,不断追求真理,推动中国在基础科学、基础创新上的进步,成为具有商业头脑、人文关怀和科学精神的创业者、创新者。

这里有我在内部会议、大学、未来论坛等场合发表的演讲和文章,希望能够和大家一起探讨教育、人才与未来。

价 值

# 将绽放进行到底

非常感谢这么多企业家、这么多朋友从世界各地专程而来，包括来自美国纽约、硅谷，欧洲各地以及中国各地的投资人，大家欢聚一堂，一起分享今天的大会主题——绽放。

我觉得谈"绽放"这个主题在当下尤为重要，因为最近大家都在谈资本的寒冬。当创新遇到悲观情绪的时候，我们能做的就是重新审视自己：我们当初为何心潮澎湃？为何放弃很多而做了这样的选择？这个过程究竟是在创造什么价值？勿忘初心，方得始终。

今天是高瓴成立 10 周年，我想通过一个小小的案例来回顾高瓴这 10 年。10 年前我创业的时候，我们募得的第一笔资金只有 2000 万美元。今天，我们一些最早期的投资人也在这里，包括耶鲁捐赠基金的大卫·史文森。那时候我一个人带了四五个人一起创业。他们有一个共同点，就是没有一个人做过投资，但我们都有一个想法，就是要自己搞明白正确的投资应该是怎样的、应该怎么做，而不是拷贝流行的做法。所以说，**勿忘初心的第一点，就是要回到事物的本质，去真正地思考什么是正确的、应该做的事情。**

高瓴自己的长期投资理念到底是什么？

很简单，就是找一群靠谱的人，一起做点有意思的事。今天在座的企业家也是我们一直在找的靠谱的人。大家一起做有意思的事情，就是不断去创造价值。

做投资有很多种方法，有的人相信零和游戏，有的人认为自己总能比别人更擅长在中国这样的资本市场中博弈。高瓴要做正和游戏，大家一起把蛋糕做大，做能够传播正能量的事情，这是我们的初衷，也是我们每一步都在坚守的理念和信仰。

怎么做到这一点呢？

我们非常强调深入研究，并把我们的研究成果分享给我们投资的企业。昨天我们做了一整天的内部分享。我们认为这个世界永恒不变的只有变化本身，变化催生创新，所以我们投资于变化，而不是投资于垄断所赚取的超额利润。我们认为从基因角度来看，垄断不能形成创新。**只有不断地迎接、拥抱创新，才能形成一种善意的价值创造，形成让蛋糕更大的、开放共赢的局面。**

价　值

我们投资于伟大格局观。拥有伟大格局观的企业家的愿景远不同于简单地赚取短期利润。**一个卖商品的企业家不能光想着"我的生意是卖商品",应该想"我的生意是创造幸福",而创造幸福的方式之一是卖商品。**

我们要充分发挥高瓴在投资形式上的灵活性。我记得在高瓴第一期基金设立的时候,我们就选择了做常青基金。常青基金到底是一个怎样的模式呢？就是我们跟出资人之间的投资契约规定,任何事情只要合理、有意义,我们都可以做。这可能是世界上最简单的一种模式——出资人给你开了一张空白支票,"你可以干任何你认为合理、有意义的事情"。但我认为这也是最大的挑战,需要你在无数诱惑下更加专注,扪心自问什么是最有意义的事情。今天高瓴秉承"守正用奇"的理念,做正确的事情,但是不拘泥于一级市场、二级市场,或者早期投资、风险投资、私募股权投资、企业并购、私有化等某种或某几种形式,而是根据实际需要灵活投资。

我们不断问自己,什么是我们觉得合理、有意义的事情。**我们要做有意义的事情,同时也要避免为了做事而做事**,这也是高瓴的一个投资原则。我们不会像天女散花一样做很多投资,我们要把最好的精力、最好的资源,集中投资给我们最信任的企业家。

我希望能够把高瓴这种"我们不急着做任何事,我们做的事

附录 我的演讲和文章

情一定要有意义"的模式长期发展下去。为什么今天我们站在这里，用 10 年经验来跟大家分享，和大家一起探讨？因为我相信我们生活在一个伟大的时代，一个激动人心的时代。我们要怎么对这个时代表达感恩？答案是相信中国，重仓人才。**重仓人才，就是我们要帮助人才形成正能量、能量圈，绽放自己，温暖别人，这是对未来最好的投资。**

最后我想讲的是，大家都会遇到很多的挑战和困难，现在有很多人说资本寒冬来了，我想跟每一个人说，只要我们勿忘初心，苦练内功，重新回到事情的本质上，就不会害怕寒冬。当你做好准备的时候，你就会发现一件神奇的事情降临，那就是幸福来敲门了。当幸福来敲门的时候，我们一定要在家。让我们一起绽放，让我们一起等待幸福来敲门。

2015 年 11 月 17 日，在高瓴举办的中国企业家峰会暨高瓴成立 10 周年庆典上的演讲。

价 值

# 选择做时间的朋友

非常荣幸能够作为校友代表参加今年的毕业典礼。今天还是母校 80 周年大庆的日子，看到台下这么多年轻的面孔，我特别开心！

今年毕业的师弟师妹好多都是"90 后"吧，其实我也是个"90 后"，我是 1990 年考入人大的。1994 年毕业后，我去美国留学和工作，2005 年回国创业成立了高瓴，公司的名字就来自"高屋建瓴"四个字。所以高瓴还是个"00 后"。说起高瓴，不见得大家都熟悉。但是如果问在座的大家，有没有用过微信、骑过摩拜，是否用滴滴打过车、在京东上"剁过手"，我估计答案是肯定的。京东是咱们 1992 级的校友刘强东创立的。

刚才提到的这些企业，都有高瓴的投资。套用现在流行的话说，它们都是高瓴的 CP[①]。高瓴管理的基金规模已从 2005 年最初的 2000 万美元扩张到现在的 300 亿美元，高瓴从创办到成为

---

[①] 网络流行语，英文单词 Couple 的简写，此处意为"亲密伙伴"。——编者注

附录 我的演讲和文章

亚洲最大的私募股权管理基金之一,用了 12 年,然而我觉得,高瓴的起点应该从我 1994 年从人大毕业时算起,因为没有人大就没有今天的我,更不会有今天的高瓴。回想这 23 年的经历,我感慨万千,确实有满肚子的话想跟大家说。但我思考之后,决定今天跟大家谈谈选择的问题。

跟大家分享一个小故事。当年我在美国耶鲁大学读研究生期间曾去波士顿的一家咨询公司面试。面试官让大家分析整个大波士顿区域需要多少加油站。别人都在做数据分析论证时,我向面试官提了一连串问题:为什么要有加油站?所有的车辆都需要加油吗?可能是我"怼"面试官太狠,结果他现场就把我"KO"(淘汰)了。后来这样"一轮游"的面试我还参加了不少。就在所有的门似乎都要关闭的时候,我在耶鲁投资办公室找到了一份实习生工作,在那里我找到了自己事业的坐标系,从此选择进入投资行业。

现在回想起来,我如果按照面试官的要求建模型做论证,今天可能还在华尔街做咨询或投行。当然这也不错。但我选择的是诚实面对自己的内心,坦诚表达自己的想法,选择不走"寻常路"。就像罗伯特·弗罗斯特(Robert Frost)在他最著名的诗《未选择的路》(The road not taken)里说的:"我选择了一条与众不同的道路,而这对我此生意义非凡。"(I took the one less traveled by, and that has made all the difference.)

人生其实就是由一个又一个选择组成的,每一个路口选择的

### 价　值

方向，决定了你带着什么样的心情上路，以及最终看到什么样的风景。亲爱的师弟师妹们，衷心恭喜你们 4 年前就做了一个极其明智的选择，加入人大，成为"中国好校友"的一员。离开学校的日子越久，我相信你们越能感觉到这个词的力量。

在人生的道路上，选择与谁同行，比要去的远方更重要。今年毕业的同学，你们现在就好好看看身边的人吧。他们或许是你的老师、好友，或许是你的挚爱，或许你们之间交集并不多，甚至互不相识，或许你们以后会经常见面，或许从此天各一方、再会无期，但无论任何时候，无论你们身在何方，人大永远会是将你们紧密联系在一起的一条纽带。我很幸运，通过这条纽带认识了很多靠谱的人，和他们一起做了很多有意思的事情。

珍惜你身边的人，因为你不知道什么时候会说再见。而你们一块儿走过的知行路，看过的教二草坪，一起犯过的傻，一块儿流过的泪，都将成为你人生最宝贵的财富之一。

此外，我希望大家选择做时间的朋友。作为投资人，我自己的感触是，用长远的眼光看问题、做选择，时间自然会成为你的朋友。2011 年我在人大捐建高礼研究院，在那里我经常对大家说，这个世界不变的只有变化本身。毛主席在《七律·和柳亚子先生》一诗中写到"风物长宜放眼量"，就是让我们从远处、大处着眼，看未来、看全局。我常常给创业者建议，要学朱元璋"高筑墙，广积粮，缓称王"。这个战略在创业中有效，也同样适

附录 我的演讲和文章

用于你我的生活。

做时间的朋友,需要极强的自我约束力和发自内心的责任感。在多数人都醉心于"即时满足"的世界里时,懂得"延迟满足"道理的人,已经先胜一筹了。我称之为选择延期享受成功。

希望大家都能坚持自己内心的选择,**不骄不躁,好故事都来自有挑战的生活;持之以恒,时间终将成为你的朋友**。在这里与同学们共勉。

除了要做好选择外,作为人大的校友,我觉得还有一点很重要,那就是我们不仅要掌握科学思辨的能力,还要心中长存人文精神的火种。当今时代,伴随基因技术、机器人和人工智能技术的发展,科技爆炸、奇点临近,人类将进入新纪元,我们的生活也会迎来巨大的挑战。而大家在人大的学习生活,恰恰赋予了我们广博的视野和人文情怀,这将帮助我们处变不惊,面对纷繁复杂的世界,不断去追问问题的本质。我本科是学国际金融的,没有学过编程也没有技术背景,但是我后来照样投资了一批科技企业,它们现在在各自领域内引领世界潮流。我感谢咱们人大的人文教育,相信同学们也会从中获益无穷。

作为投资人,我常说起我的三个投资哲学:"守正用奇""弱水三千,但取一瓢""桃李不言,下自成蹊"。虽然现代金融投资的工具和方法大多源于西方,但要使用好这些工具,我还是更推

## 价 值

崇我们优秀的中国哲学思想和传统民族文化。我们要有充分的文化自信,要珍惜人大给我们的人文土壤,好好汲取营养。过去未去,未来已来。我希望我们人大学子,以后不管进入哪个行业、从事什么工作,都能保持乐观和激情,用人文的情怀去雕琢自己,美化身边。赠人玫瑰,手有余香。

今天毕业典礼之后,我将与学校签署捐赠协议,捐赠 3 亿元人民币,用以支持创新型交叉学科的探索和发展,这也是我送给母校 80 周年校庆的一份心意。

愿你出走半生,归来仍是少年。

从今天开始,你们会被师弟师妹们称为"校友";从今天开始,人大的时光就将变成我心中一处温暖的存在,这处存在有着一个共同的名字——母校。在这里衷心祝福大家,用舍我其谁的魄力去勇敢拥抱变化,用第一性原理去不断探究世界的价值原点,用人文精神去点亮心中的灯塔。Think big, think long!

2017 年 6 月 23 日,在中国人民大学 2017 届毕业典礼上的演讲。

附录 我的演讲和文章

# 有一条解决当今很多现实问题的根本途径

大家早上好！我是未来论坛理事会轮值主席张磊。

我之前看到过一个数据：在深圳，平均每天会创造出60多项国际专利。也就是说，在我们开会的同时，可能就有几十项专利正在源源不断地产生。深圳就像一个不断裂变、进化的生物体，通过惊人的、高频度的创新，以及支流密布的产业网络，参与着经济产业形态的即时刷新，参与着亿万人生活场景的改造升级。希望生于改革、成于开放的深圳，既有掌控自主创新节奏的底气，也能继续融入世界，保持开放式创新的勇气。未来论坛技术峰会落地深圳，本身就是对深圳这座城市进行国际开放和技术创新的支持。

我也坚信，科技进步，尤其是基础科学的进步，是解决今天许多现实问题的根本途径。科幻大师艾萨克·阿西莫夫（Issac Asimov）曾经提出一个"电梯效应"的预言：如果让1850年的人看到100年后曼哈顿的摩天大楼，他们会提出一系列有关大

价 值

楼生活的焦虑，因为他们认为楼太高，上下楼很难，所以关于大家怎么去生存，会萌生各种各样的问题。但实际上，电梯的出现，让许多问题都不再是问题。"In science we believe."（我们的信仰是科学。）我们必须要有所相信，而我们最相信的是什么？是科学。**基础科学创新，就是引领社会发展的"电梯"，是文明进步的灯塔**。最终，我们还是要回到共同推动人类进步这个方向上来。2015 年，我们和很多在座的理事一起发起创立了未来论坛，这正是源于大家支持基础科学创新的共同愿望，希望用科学改变未来，用民间资本带动社会力量促进科学和社会发展。今天，未来论坛在各位未来科学大奖捐赠人、理事和科学委员会专家们的努力和支持下，已经凝聚了一大批全球极有影响力的顶尖科学家，正越来越成为中国极具影响力的、以支持基础科学和科学家创新为宗旨的跨界交流和传播平台之一。

当未来已来，未来论坛将努力扮演好三重角色。

首先，我们要做民间资本激励科学突破的"推动人"。在 2015 年初未来论坛成立大会上，我就向理事会提出了设立"未来科学大奖"的倡议。2016 年，未来科学大奖正式宣布成立。在这个过程中，未来科学大奖正式推出了"生命科学奖""物质科学奖""数学与计算机科学奖"三项大奖。目前共有 12 位捐赠人分别支持这三大奖项，有 12 位科学家获奖。通过未来科学大奖，我们希望聚集起志同道合的长期资本，以持续的投入，去支持基础科学领域的寂寞前行者。虽然我是"延迟满足"的坚定支持者，但我希望在这些科学家身上，奖励和支持能够来得早一点，帮助他们在探索未知的道路上攻坚克难，激励他们不断创造新的辉煌，同时又能带领更多的年轻人投身于基础科学的研究和创新。未来论坛即将设立未来科学大奖的博物馆。

其次，我们要做科学界和产业界的"对接人"。基础创新要摒弃急功近利的实用主义，但也并不是"躲进小楼成一统"，仅仅依靠实验室的单兵突进，而是越来越需要从基础理论突破到应用科技再到产业落地的协同反应。早上跟彼得·舒尔茨（Peter Schultz）和周以真教授[1]两位科学家交流，谈到美国基础科学最大特点就是跨学科和跨界的交流与融合，我深受启发：如何让基础科学的各个学科之间实现跨界交流？如何让基础科学突破与产业创新之间产生协同创新的化学反应，甚至是裂变效应？我们需要怎样的催化机制？今天，马大为老师也来到了我们的现场，他是未来科学大奖 2018 年物质科学奖的获奖人，是我们这个星球上最懂催化剂的人之一，也许能给我们一些融合创新方面的建议。自创办至今，未来论坛举办了 23 场促进产、学、研对接与发展的小型研讨会，我们称之为"闭门耕"；6 场针对前沿科技交流的座谈会，我们叫作"未来·局"；以及多场推动科技创新

---

[1] 彼得·舒尔茨是美国 Scripps 研究所总裁，是化学及合成生物研究领域的先驱，致力于以非营利的方式促进转化研究，试图解决产业与学界不匹配、不对称的问题，在基础研究与药物研发之间搭起一座桥梁。周以真是哥伦比亚大学计算机系教授，哥伦比亚大学数据科学研究所 Avanessians 主任，计算机科学研究和教育领域的开创性人物。——编者注

## 价 值

与产业融合的城市峰会,包括今天的未来论坛深圳技术峰会。通过构筑多层次的对接渠道和平台,未来论坛想做激发产、学、研三者发生化学反应的"催化剂"。

最后,我们还要做面向公众的科学"传播人"。未来论坛的任务之一就是以有激情和好玩的方式,吸引更多年轻人把兴趣投向科学。我们最早设计了"请科学家走红毯"的形式,让科学家成为年轻人崇拜的偶像。未来论坛创办以来,已经成功举办了近50场"理解未来"科学讲座,超过120位科学家参与。2018年未来科学大奖颁奖典礼暨$F^2$科学峰会的直播观看人数超过750万人,微信和微博阅读量超过2.5亿,逐步成为全民性科学盛会,而不仅仅是象牙塔的内部研究会。除此之外,未来论坛还联合北京大学、清华大学、中国科学院等国家顶尖院校、科研院所,举办了12场获奖者学术报告会,并多次为青少年提供与获奖人面对面交流的机会,启迪青少年的科学思想。今天,深圳大学、南方科技大学的同学们也来到了我们中间,欢迎你们,你们是未来的希望!

其实这也正是未来论坛创立的意义:让科学家得到尊重,让科学精神得到弘扬,让对科学的坚持得到奖励,让科学和产业找到交点,让社会变得更美好。

附录 我的演讲和文章

"Science is fun, science is cool."[①] 希望通过我们的努力,能为有想法的年轻人开一扇窗,激励他们投身科技创新,不断推动人类文明进步。刚才彼得和周以真教授还提到,回想他们自己的成长,最有创造力的年代是他们还没有拿到终身教职、没有得到各种奖项的时候,是不受约束的年轻时代。我们希望更多的年轻力量能够发挥他们的想象力,开一扇"脑洞的天窗"。

"Science is wonder, science is future." 我们希望为企业家、投资人开一扇窗,让企业家精神与科学精神交相辉映,以跨界互动、融合创新去创造未来。

"Science is light, science is sunshine." 我们更希望为所有人开一扇窗,使更多人可以感受当代科学殿堂的恢宏,让科学之光普照每一个角落。

2019 年 5 月 25 日,在未来论坛深圳技术峰会上的演讲。

---

① 此处的三句英文是递进关系,其整体含义为"科学很有趣,科学也很酷;科学是奇迹,科学也是未来;科学带来光,科学让阳光普照"。——编者注

价 值

# 用"科技+"做正和游戏

欢迎来参加高瓴CTO（首席技术官）峰会的同学们！大家可能很好奇我们为什么要办这个CTO峰会。首先，谈一谈我们办CTO峰会的初心。我们发现很多时候，做技术的一方，不管是采购方，还是提供方，并不一定全面了解对方的需求。我们希望创造一个比较友好的环境，大家能在这里真诚地分享。我们做了很多的"speed dating one on one"，像快速撮合伴侣的婚姻介绍所一样，把大家撮合在一起，让彼此之间做一下交流。

高瓴投了很多互联网企业，其中"to C"（面向终端客户提供产品和服务）的创业公司也投了很多。那么"to B"（面向企业提供产品和服务）和"to C"的公司之间的最大区别是什么？我一直在想这个问题。以前我讲，"to C"的生意本质是连接，比如百度、谷歌连接人与信息，腾讯连接人与人，阿里、京东连接人与商品，美团连接人与服务，都是在技术和人之间做连接，"to B"的公司则连接了另外一面。"to C"的公司最大的特点就是"赢家通吃"，搜索领域做得最大的是谷歌，人与人连接方面

附录 我的演讲和文章

做得最好的是微信,竞争者很难双赢,这样就很容易造成在每一个领域里都是"你死我活"的局面。而我认为"to B"和"to C"的公司最大的区别在于,"to B"端是正和游戏,不是零和游戏,不是"你死我活","to B"的公司更多的是大家一起拓展边界、培育市场,一起把蛋糕做大。

今天我们在这里聚会,无论是技术赋能的提供商也好,还是技术赋能的采购方也好,在座的有一半是CTO、CIO(首席信息官)以及各个行业的技术领袖,大家实际上是在用"科技+"来做正和游戏,所以我们要创造一个平台,让玩正和游戏的人一起把蛋糕做大。为什么?因为大家要一起培育"科技"这个市场,一起去孵化适合"科技+"的人才,这样我们才有机会长远地发展。

其次,谈一谈为什么是高瓴在做这件事。任何一个科技大厂都可以自己做这件事,那么投资机构与科技大厂做这件事的区别是什么呢?区别在于高瓴是中立的,我们是一个投资机构,不管是做技术的采购方,还是做技术的提供方,我们希望帮助大家取得共赢。只有中立的平台,才有机会把技术双方都聚集在一起。

投资机构这么多,为什么是高瓴来做?因为高瓴是覆盖全产业链、全生命周期的投资机构,我们从风险投资(VC)、私募股权投资(PE)到二级市场全都涉猎。目前,高瓴在中国管理

### 价 值

着 4000 多亿元的资金,投资了 800 多家公司。我们投资的传统行业企业有一个共同特点,就是都在各自的行业里做到了技术领先、科技领先,否则高瓴不会投。这些传统行业企业,不管是卖鞋的百丽、卖空调的格力、做眼科诊疗的爱尔,还是给猫狗看病的、中国最大的猫狗医院瑞鹏,都是科技赋能、技术驱动,在用技术的手段,更好地打造一个敏捷性的组织。

高瓴的特点是什么呢?第一,我们是超长期投资人,主张做时间的朋友;第二,我们是全产业链投资;第三,我们是全天候投资,不管明天是冬天还是夏天,即使是再寒冷的经济寒冬、技术寒冬,我们都坚持做长期投资。这些是高瓴的特点。

所以我们把大家聚在一起,希望大家能互相交流,关起门来,在这样的气氛里真诚地去讲"我在做什么""我的挑战是什么""我的需求是什么",以及"希望大家能一起来做什么"。因为只有这样,我们一起做的才是一个正和游戏,是抱着共同把蛋糕做大的心态,这就是我们做"to B"生意的人、做科技人的骄傲,"让我们共同创造一个更美好的世界,更重要的是,我们不必自相残杀"(Let us work together to make our world a better place, and more importantly, we don't have to kill each other)。最好的情况是,我们和所有的竞争对手一起去打造这个生态,我们希望没有两个产品是一模一样的,即使是一模一样的,大家也可以一起培育这个市场。现在还有 95% 的企业没有使用科技,不

附录 我的演讲和文章

用"科技+",我们共同的目标是把更好的技术带到一些没有使用科技,或者是科技落后的企业里面去,用"科技+"去赋能它。

我刚才和一位去年我们刚刚投资的、特别喜欢的新锐创业者在一起交流,他有澎湃的激情,希望全世界都能很快、很好地使用他的技术,他特别希望与人分享。我今天要与他分享两个建议,分别借助好市多和药明康德的案例。

首先,我要讲好市多的案例。2009年,好市多希望我做它的独立董事,我跟创始人一起参加了好几次董事会,每次都交流得非常好。好市多创始人给我讲的就是,零售这个生意太大了,但最重要的是先做减法,即想办法把它最想要的那些客户带进来,而不是让所有人都来享受它的产品。刚开始做的时候,好市多就在想如何减少客户、如何聚焦它真正要服务的客户。那时好市多一半的客户是企业、餐厅、酒店客户,他们进去以后一车一车地采购,好市多的创始人就说"我受不了,客户服务也不好,一堆人在那等结账,我得做减法"。所以说在刚开始的时候,好市多的创始人就努力用最好的科技做减法。想来想去,他决定干脆"在门口收钱",让客户先交65美元的会员费才能进门。当然,我并不是让大家回去以后对所有的客户都赶紧涨价,我的意思是,你要聚焦。初创公司要思考,谁是我的核心客户、什么是我的核心产业,虽然你的产品是全中国、全世界、全人类都能用的,但是你要聚焦。做减法比做加法更难。

### 价　值

其次，我要用药明康德的案例讲如何用科技的手段来重振产业链。药明康德是我投了十几年的一家企业，前前后后投了许多轮次。其实我对制药一点都不懂，但是我懂得要跟对最好的人，我们的核心就是投人。当时最打动我的就是创始人以及他的理念。人从来不是虚无存在的，他背后一定有一个理念。今天大家想想，20年前的半导体行业是怎么来的？那时候所有的半导体公司全是集成元件制造商（Integrated Device Manufacturing, IDM），每一家公司都是以英特尔为基础，自己从研究、开发、设计、测试再到制造全都做。今天台积电起来了，各种设计公司起来了，所有的事情都变成大家分层来做，每一层都做得非常好。今天的制药行业就像二三十年前的半导体行业，这是我的看法。10年前我开始有这样一个观点，即全球最大的行业是医疗行业，美国的医疗行业已经占全美GDP的23%，医疗行业里最大的是制药产业，其次是医疗服务产业，其中有市值达几千亿美元的公司。药明康德所做的事情，就是把整个制药产业，用科技的手段重新切分，把整个产业进行重组。以前的辉瑞、礼来等公司都是"集成元件制造商"，都是"英特尔"，自己养很多研发人员，搞很多实验室，自己设计、开发、制造、销售、管理品牌。

但是创新越来越快，人们对科学的理解越来越深。最初人类被"创造"时，就已经被"编码"了很多的东西，可能到50多岁会得心脏病，到六七十岁会开始得癌症，如果没有被癌症杀死，那么到八十几岁可能会得阿尔茨海默病……生命在被设计每

附录 我的演讲和文章

一条路径的时候,都留下了一些痕迹,就看人们是否找得到。随着科技的发展,我们在逐渐破解生命的密码,并且破解的速度越来越快。我们很早就已经把整个心脑血管循环领域研究透了。现在,在三期以前发现的癌症中,有 2/3 以上可以转化为慢性病,即使已经发生转移的,也有 1/3 能被治愈。因为我们发现了分子靶向,用新的方式去治疗癌症。我们对阿尔茨海默病还没有完全攻破,但是我们对帕金森病越来越了解,对肠道菌群的问题也越来越了解。

实际上,药明康德就在用科技的手段做产业的重组。它把所有科学家解放出来,不用再在一个跨国公司里做一群人中的一个。药明康德如今自己管理 2 万多名科学家,比任何一家公司的科学家之和都多,然后把科学家、实验室、实验人员全都外包出去。如果你有了药物研发的想法,可以自己先画一张图,放在药明康德的 App 里试一下是否靠谱,然后就直接找高瓴要投资,这是在重新构造整个行业,让我非常惊喜。今天药明康德这家市值 2000 多亿元的公司,销售收入的 50% 以上已经来自小公司,而非大厂了。药明康德在成立最初的一二十年里,都只是给大厂做研发外包、生产外包的,但现在有 50% 以上的小公司通过借力风险投资、通过科技人员做出创新,改变了整个行业。这些小公司具有最大的创新活力,比大厂的效率更高。

今天,有很多高科技企业的 CTO、制药公司的 CTO 在这里,大家各司其职,更专业地去改变各自的领域,我讲以上两个例子

## 价 值

是想表达两个观点：第一，聚焦，不管是聚焦产品本身，还是聚焦客户或产业，都是在聚焦；第二，大家做正和游戏，一起去把这个蛋糕做大，一起去培育这个市场。

最后，谈一谈我们到底需要什么样的人才。新时代CTO应具有四个特质。

第一，真正地理解趋势。这个很简单，做到这个不难，经常参加高瓴的峰会就可以了。

第二个比较难，即真正理解和做到拥有同理心。同理心不只是理解你的客户，还包括理解你的竞争对手、理解你的员工、理解行业生态中的所有人，甚至还要理解你客户的客户，我觉得这是最难的。

我8岁的儿子告诉我，他看了一幅漫画，这幅漫画讲到了同理心（Empathy）和同情心（Sympathy）的区别：你看见一个人掉到井下面，你在上面喊人救他，那叫同情心，是对他人关心，为别人的遭遇感到心里难受；如果你立即跳到井里，那叫同理心。真正让自己跳到"井"里的人不多，新时代的CTO对客户、对客户的客户、对竞争对手、对员工，都要有同理心。

第三，对这个世界保持好奇，对围绕这个生态的所有东西，甚至超出这个行业的东西保持好奇。我之前在未来论坛上讲，"人类生而好奇",如果说我们生来就有一个特质的话,那就是好奇。

第四,做全面的通才。因为科技不断在变,你自己也要变,变得更加全面。总是在进化的人,未来才有机会。

理解趋势,拥有同理心,保持好奇,做全面的通才,这就是新时代 CTO 的四个特质,谢谢大家!

2019 年 11 月 23 日,在高瓴 2019 年度 CTO 峰会上的演讲。

价 值

# 数字化转型时要让企业家坐在主驾驶位上

很高兴能在这里见到很多企业家和各行业、各领域的朋友。虽然大家来自不同的国家和地区、不同的行业,有着不同的背景,但我们今天论坛的主题"产业数字化"已经成为大家共同关心的话题。我们都已意识到"数字化转型"已经成为所有企业的必答题。因为,在以数据、算法驱动的未来,将不再有科技企业和传统企业之分,只有一种企业,就是数字企业。

这些年来,高瓴与各种行业背景的企业一起,在科技创新、数字化转型方面做了很多实践与探索。可以说,我们遇到过很多坑,迈过了很多坎,更积累了很多有益的经验。

今天,站在投资人的角度,我想分享其中最重要的一条经验,就是尊重。我认为,这也是产业数字化的关键词。

首先,要尊重企业家精神,尊重企业和企业家在产业变革中的主体地位。产业数字化,本质上是要完成企业运作方式的数字化转型，是对企业的数字化重塑。但是企业家精神作为企业发展的核心源动力，它所代表的勇于创新、坚韧执着和伟大格局观是无可替代的。所以，在过去的十几年中，高瓴一直强调和坚持"让企业家坐在主驾驶位上"。实际上，这也是我们与企业家携手进行数字化探索中始终坚守的第一原则。

高瓴的投资布局，无论是在互联网和生物医药等新兴产业，还是在消费和生产制造等实体经济领域，形式虽然不一样，但万变不离其宗，本质都是通过基础研究，找到最好的商业模式和最好的企业家，给他们配置长期资本，通过科技赋能和持续创新，帮助企业家和创业者绽放，不断创造价值。如果企业是一艘扬帆远航的巨轮，那么高瓴作为投资方、资本方希望扮演好"大副"的角色，与企业家和创业者们同舟共济、坚定同行，做时间的朋友，一起不断地创造长期价值。

其次，要做好产业数字化，还要尊重行业规律，重视通过科技创新发挥企业的核心竞争力。我们认为，任何行业规律，都是长期演进的结果，不是一家科技企业通过简单的创造性破坏就能够实现的，而一家企业的核心竞争力，是企业长期在市场中打拼积累的立身之本。因此，企业的数字化进程，要以第一性原理，深入洞察行业规律，明确企业的核心竞争力，然后通过科技与业务的融合创新，让人工智能、大数据和云计算等前沿技术，帮助企业的核心竞争力得到绽放，最终实现新维度上的强者更强。

## 价 值

当然，我们也逐步认识到，数字化不是一场狂飙突进的运动，不应该妄想毕其功于一役、一次性解决所有问题。在我们用 531 亿港元的估值战略收购百丽国际之前，我们也曾憧憬，要为企业加互联网、加人工智能、加精益制造……恨不得一股脑地把我们的十八般武艺都嫁接给企业。后来我们意识到，企业数字化战略欲速则不达，要根据企业特点，抓住当下重点，局部突破，小步快跑，不断地打小胜仗，不断累积企业从上到下的信心，最终才能积跬步至千里，积小胜为大胜。

很高兴向大家汇报：在高瓴投资百丽国际将近 3 年以后，百丽旗下的运动业务已经取得辉煌的成绩，并在香港重新分拆上市，现在市值已经远远超过当时我们收购时的全部市值。这个成绩说明，我们正在逐步探索出一条企业数字化转型的路径图：抓住行业特点，用科技赋能，小步快跑，取得最终的胜利。

最后，我想说，产业数字化要以人为本，最终要落到对企业员工的尊重上。中国亿万产业工人，无数平凡的劳动者，与企业家一样，都是中国经济奇迹的创造者，他们的创新和创造力，是我们几十年经济发展中积累的最宝贵的财富。今天，以数字化为代表的产业变革，对企业来说，是发展新动能的开始；对每一名企业员工来说，则是新工具、新思维、新文化的重装上阵。产业变革的进程，不仅应该是高效的，而且要有包容性、有温度，要重视基础教育和技能教育的跟进，让包括企业员工在内的更多普通人搭上产业数字化和科技发展的快车,让他们通过学习新工具,驾驭新未来,让奇迹创造者再创奇迹!

2019年10月21日,在第六届世界互联网大会产业数字化论坛上的演讲。

价  值

# 人工智能是对话未来的语言

2017年,我和高瓴公益基金会做出向母校中国人民大学捐款3亿元的决定,用于支持学校创新型交叉学科的探索和发展。为了让捐赠发挥更大的价值,母校的各级领导以创新务实的精神,经过严谨的论证和耐心细致的筹备,支持创办成立高瓴人工智能学院。

教育是永远不需要退出的投资,能在这个过程中参与母校的"双一流"建设,对我本人来说,意义非凡。更重要的是,如果说人工智能引领的技术革命是一辆渐行渐近的列车,我认为,与之相关的交叉学科研究,将为这辆列车的铿锵行进,铺上关键的,同时也是不可或缺的一段铁轨。在这个方面,人大作为国内人文社科及跨学科研究的高地,可谓当仁不让。

今天,创新已经进入2.0阶段,原发创新此起彼伏,并且向智慧零售、生物医药、精密制造、新一代网络技术等广泛的领域渗透。这种多点开花的创新局面,必然形成星火燎原的技术革命之势。当人工智能遇见零售,大数据加算法将会帮助零售企业深刻洞察消费者的需求，真正实现从消费端到生产端的柔性化生产；当人工智能邂逅医学，人类将以速度更快、成本更低、准确性更高的方式研发新的药物，个性化医疗将成为可能。人工智能将成为对话未来的语言，它会以全领域、深结合的融合创新，深刻改变各个行业的面貌。从这个意义来说，高瓴人工智能学院的成立，也是正当其时。

今天到场的还有许多科技企业代表，你们对正在发生的跨界融合，恐怕有着更切身的体会。一场以智能化、数字化为标志的产业互联网大潮正在到来。我认为，这次深刻的产业调整和升级将随着人工智能等产业的发展演进为一场以行业为"底数"、科技为"指数"的"幂次方"革命。人工智能的算法，以尊重、洞察和还原不同产业规律为基础，全面开启与各行各业的连接，将产生无限放大的可能性，形成持续的创新。今天，沟通产、学、研，打通行业结界的高瓴人工智能学院，完全有机会成为科技企业与实体企业的连接器、激发双方化学反应的催化剂以及培养行业急需的跨界人才的孵化器。

今天，新的智能"内燃机"开始轰然作响，因此，新的智能"公路"的铺设与规则的建立，也必然要提上日程。在这个过程中，以人为本的价值立场、人文主义的精神旗帜，就成为人工智能发展的根本性路标。康德说："这个世界上唯有两样东西能让我们的心灵感到深深的震撼，一是我们头上灿烂的星空，一是我们内心崇高的道德法则。"人工智能作为一场计算能力的革命，就像前两次科技革命中的蒸汽和电一样，是一种可以驱动所有行

**价　值**

业的新动能，拥有与各个产业、领域对话的可能。在这场人工智能与未来的对话中，我们要相信科技的力量，更要相信人类的力量，相信人类有足够的智慧和能力，在拥抱技术变革的同时，去做创造性思索，以第一性原理去提出建设性问题，以人类最可贵的理性和乐观，去创造美好的未来。

自从1994年毕业离开母校，我一路走来，每一步的发展都从教育中获益良多。坚信教育的力量、坚持对教育的投入、坚守公益的精神，是我和高瓴公益基金会秉持的初衷。所以，对我来说，教育不仅是永远不需要退出的投资，也是最具幸福感的投资。高瓴人工智能学院的成立，将有机会让更多的人分享伟大时代的创新成果。希望通过我们的共同努力，人工智能将成为最有温度的变革力量。

最后，让我们共同期盼，未来的高瓴人工智能学院：

在教育之上，更关注多维的思考；
在效率之上，更关注普惠和公平；
在技术之上，更关注心灵的丰盈；
在拥抱变化时，守护好人类的尊严、权利、文化的永恒价值；
在持续创新中，一起迎来高扬科学与人文精神的美丽新世界。

2019年4月22日，在中国人民大学高瓴人工智能学院成立大会上的演讲。

附录 我的演讲和文章

# 这是一门需要用一生去研习的必修课

我是未来论坛理事会的轮值主席张磊。欢迎大家出席未来科学大奖的颁奖典礼,特别要欢迎来自北京 10 多所学校的中学生朋友。我估计,很多同学是放弃了周末的课外班来到这里的。我跟同学们保证,也请家长们放心,你们一定不会后悔。科学,是最好的"课外班";而科学所代表的理性、好奇、求真精神,则是需要我们每个人终其一生去研习的必修课。

如果说,科学发展带来的知识和信息密度,决定了人类文明的程度,那么,此时此地,我们颁奖典礼的现场,可能是"文明"程度的一处极致展现。今天,这里汇聚了近百位顶尖的科学家,也有众多来自科研院所、高校的青年才俊,更有 4 位未来科学大奖的新晋得主,他们是:密码学家王小云女士,实验高能物理学家王贻芳先生、陆锦标先生,以及生物化学家邵峰先生。这几位,都在当今科学界"最卓越的大脑"之列。高瓴的一位同事说,看了他们的故事,感觉自己是来这个世界凑数的。请允许我在这里,再次介绍一下他们创造的奇迹。

## 价　值

王贻芳先生和陆锦标先生，通过最小的物质结构去探索宇宙的起源和秘密，"仰观宇宙之无穷，俯究万物之运动"。

王小云女士，用和宇宙对话的语言——数学，去破解一个又一个顶级密码，以无穷之数问万物之象。

邵峰先生，研究另一个神奇的宇宙——人体自身，观测细菌和受体之间随时发生的"星球大战"，"一物从来有一身，一身自有一乾坤"。

他们分属不同的领域，却又同样站在了探索宇宙、认知自我的边界上。天文学家、科幻作家卡尔·萨根（Carl Sagan）说："你我皆为星辰之子，每一个细胞，都书写着整个宇宙的历史，当你凝视自己，也望见了宇宙的轮廓。"推动人类文明前进的，从来都是我们人类与生俱来的对真理、对未知世界的好奇心和求知欲。

为什么要研究基本粒子？因为希格斯粒子就在那里。

为什么要探寻人体炎症反应？因为受体蛋白就在那里。

为什么要研究数学？因为妈妈从小就告诉我们，学好数理化，走遍天下都不怕——开个玩笑。因为以数学为代表的基础科学，代表的是我们对最终极的宇宙真理和自我极限的探索。

所以，向未知世界开疆拓土，不断重构我们认知体系的科学家，就是这个时代的英雄和先知。而我们，都是科学的追随者和信徒，感受理性精神，沐浴科学之光。这次大奖周，我们集结了历届获奖者与国际知名艺术家，共同创作了"物演——科学观与艺术观"主题展览。我们不仅要倡导科学、感受艺术，还要让"科学和艺术在山顶重逢"。当科学回归本质，我们就有机会以第一性原理去发现科学之美，领悟科学之美，像文艺复兴时期一样——艺术激发科学进步，科学让艺术大放异彩。杨振宁先生今天也在座。他曾说过，科学之美是"无我"的美，艺术之美是"有我"的美。未来论坛就是希望在两者之间搭建桥梁，在认识世界与自我中，窥见天地大美。

美国诗人爱默生告诉我们，"人们总是爱异想天开，这就是科学的种子"（Men love to wonder, and that is the seed of science）。我们创办未来论坛的初衷，就是希望撒下异想天开的种子，让大家更好地享受科学的乐趣。Science is fun, science is cool（科学很有趣，科学也很酷）！

2019年11月，在2019年未来论坛上的演讲。

价　值

# 论一个投资人的自我修养

巴菲特说，投资并非一个"智商为 160 的人一定能击败智商为 130 的人"的游戏。巴菲特提出了论题，却没有给出答案。但在张磊与邱国鹭的思想激荡中，你将了解，在投资这项世界上极具魅力的活动中，如何把各种各样的高智商的人聚合在一起，同时保证大家相互学习、一起去做判断、一起去做决策，并通过时间来验证、复盘、持续成长，最终不断创造价值。

## 投资人最重要的特质是理性的诚实

**邱国鹭：** 今天很高兴能够有机会跟张总进行对话，大卫·史文森先生提出了优秀的投资人需要具备 6 种特质：好奇心、自信心、谦逊、敬业、判断力和热忱。张总，在您漫长的投资生涯中，您觉得一个优秀的投资人最重要的特质是什么？

**张磊：** 史文森说投资是世界上最具魅力的活动之一。我觉得这句话蛮有意思的，投资是非常有魅力的，因为它把各种各样的聪明人聚合在一起,大家一起去做决策,一起去做各异的判断,最后在不同的时间维度上丈量不同决策的对错,并从中学习。从这一点上就能看出投资人最重要的特质是什么。

在招聘年轻人的时候,我们最初都会按图索骥,试图对标所有的东西,包括理性的好奇、诚实与独立等。但其实很多品质是简历上看不出来的。为什么呢?有的人的简历看起来非常光鲜,在每一次竞争中都拿第一名,不管做什么都能做到最好,但他不一定适合做投资。他可能会说他非常想做投资,当我们问到原因时,他往往能给出很多很好的理由。但归根结底是因为,他认为他们班里最聪明的那些人都去做投资了,所以他也要做投资,因为他自认比其他聪明人还要更聪明一点,学习成绩还要更好一点。我觉得像这样就是错误地理解了投资这个行业。刚才邱总问**投资人最重要的特质是什么?我觉得最重要的是能否做到理性的诚实,是能否诚实地面对自己,客观地衡量自己**。在你总怕错过一趟班车、总怕错过一个人的时候,你的诚实实际上就打了一个折扣。

能否诚实地面对自己,是作为投资人的第一重考验,这不仅对于年轻的学生来说是考验,而且对于在事业上非常成功的人来说更是巨大的考验。如果听到同事的称赞就扬扬得意、沾沾自喜,那么接下来你就离失败不远了;如果所有人都和你说你真正地掌握了真理,并且你真的这样相信了,那么你也离失败不远了。**评判一个投资人首先要看他能否诚实地、客观地面对自己,尤其是诚实地面对自己的失败**。有人跟我说,"我只是对我的出

价 值

资人吹吹牛,要不然大家都不投资我了"。但如果你在讲了一百遍以后,真的相信了自己吹的牛,那就麻烦了。我们还是要相对诚实地面对自己,诚实地面对所有人,这样生活才会变得更简单。邱总,我也问你一个问题,你见到过很多聪明的投资人,你觉得聪明的投资人容易犯什么错误?

**邱国鹭**:我觉得聪明的投资人很容易犯的错误首先是过度自信,高估了自己的聪明程度;其次是有时候他会低估市场的"傻"。也许他知道一个投资标的只值 100 亿元,他觉得市场再"傻",顶多也只能将估值搞到 200 亿元、300 亿元,结果这个投资标的的市值可能最终会达到 500 亿元、800 亿元。聪明的投资人经常会低估市场犯"傻"的时间跟维度。我们见过很多成功的投资人,他们的独立思考能力往往特别强,但他们在独立思考的时候又容易陷入"一根筋",有时候会低估了市场与他们的预想相偏离的时间长度。

**张磊**:邱总,这是不是你成立高毅资产的初衷?因为高毅的每个基金经理都是最聪明的人,最聪明的人聚合在一起就能够互相弥补不足,帮助对方看到其看不到的盲点,所以也能互相拆台、提提醒,你成立高毅资产是不是出于这个原因?

**邱国鹭**:这在很大程度上构成了我们的初衷。因为投资本身是一件很孤独的事情,有时候一旦我们形成了一个见解、看法,就总觉得自己特别有道理。但就像你说的,"我们不可能拥有真理,我们只能无限接近它"。那这时你就需要一个能做到"理性的诚实"的人和你一起对同一件事情从不同的角度去争论,去辩论,去讨论,真理总是越辩越明的。**智识是一种在辩论中,让参与的每一方都受益的奇妙东西,所以我们一直想把高毅做成一个投资人的俱乐部,大家能够互相切磋,这是我们的初衷。**

**张磊**:史文森有一个观点非常有意思,他说做投资你得有自信心,因为不管你是买方还是卖方,你都是在赌别人是错的;同时你又要很谦逊,因为有时候别人是对的,这是个平衡问题。我想问,你怎么看这个问题?你什么时候知道自己是对的、别人是错的?或者说你什么时候知道自己是错的、别人是对的?投资人怎么去培养这种判断力?

**邱国鹭**:这就回到了您刚才提到的理性的诚实。投资人需要有自我纠偏的机制,因为"市场先生"经常跟我们想得不一样,当这种差异产生时,你会想说是市场在犯错误,还是承认自己所想的是跟事实不符的?对自我诚实,这个是很重要的,要能够用客观的心态去对待自己,对待价格的波动和市场的反馈。我不知道您在这方面是怎么想的。

**张磊**:我觉得理性的诚实很重要,客观的自我心态也很重要,但怎么在日常工作中培养这种客观的自我心态呢?据我观察,许多做投资的人很多时候是在单打独斗,我觉得会比较难以形成这样一种客观的自我心态。就像你说的,有时候自己说着说着就把自己说服了。自己是最好骗的。那怎么才能在相对具备团队合作条件的环境中,通过相互考验也好,相互挑战也好,去培养一种客观的自我心态呢?我也可以讲讲在高瓴我们是怎么做的。我们做一个决策要经过几层的讨论,在讨论的过程中让大家去提意见,甚至通过跨行业的交流去沟通不同的意见,同时我们会反思和讨论。但我不知道怎样能够更好地把它变成一个习惯,一个工作的习惯。

**邱国鹭:** 在高毅,我们主张共同研究,独立投资。高毅的几个基金经理,彼此之间并不知道对方的持仓跟交易,但是我们对于一家公司、一个行业,会各自从不同的角度提出自己的看法,我们在讨论之中总是会产生很多不同的意见,这之中的各种争论、讨论和辩论其实能够帮助我们更好地认识行业规律,认识公司的核心竞争力,在这个过程中每个人都能够得到提高,其核心在于不要固执己见。

如果市场情况和我们想的有很多偏差,我们总是先自省,分清哪些是事实(Facts),哪些只是论点(Opinions),**所有的论点都需要事实和数据的支持。没有事实和数据支持的论点是站不住脚的,还是需要经过客观论证的过程。**很多人一起讨论的时候别人就能很容易地指出你论据的不足、论证的不足,你就不会太固执己见。否则你就可能会自己骗自己,会过于主观,会在论据的权重或数据的解读上不够客观。投资人和企业家的思维方式是有所不同的,投资人更多地需要批判性思维,而企业家更多地需要同理心。如果几个优秀的投资人之间用批判性思维相互交流,就更容易发现彼此在论据上的不足或者论证上的不足,就不会去坚持一个错误的论点。

**张磊:**我觉得高毅这点做得非常好,大家共同研究,又独立决策,既发挥了大平台上大家互相纠错、互相反馈的机制优势,同时又能让大家拥有独立判断的自由。你刚刚讲得也很好,把事实和论点区分开,这是非常好的做法。我会再加一点——复盘的重要性。我们会经常带着团队回头看,复盘当初是怎么做的,过程中我们到底犯了哪些错误,这是很痛苦的过程,但是希望大家能在此过程中有所提升。

**邱国鹭:**是的,我们 2019 年第一次尝试做复盘,确实很有帮助。回顾之前的那些"坑"我们是怎么踩的,至少能吃一堑长一智,让"学费不白交",所以复盘确实重要。

## 拥有同理心,站在企业家的角度理解企业

**邱国鹭:**张总你既做投资,又做实业,既是高瓴的创始人,同时也参与经营很多像百丽国际这样的被投企业。你觉得一个优秀的投资人和一个优秀的企业家有什么相似之处,又有什么不同点?你在做投资和做企业的过程中肯定要同时做一些投资方面的决策和一些实业方面的决策,在这两个决策过程中你考虑的侧重点会有所不同,还是都遵循一样的流程、贯穿一样的理念?

价　值

**张磊**：高瓴有一句话：**我们是创业者，恰巧是投资人。**我们是投资人，但首先是创业者，是企业家，要站在企业家的角度想问题。这是一个很重要的出发点，这样你才有同理心，才能真正地理解企业。创业很艰难，永远在路上。**我觉得高瓴本质上是个创业集团，就像电影《冈仁波齐》表达的一样，永远在路上，"每一步都算数"。投资就是永远在路上的过程。**不管是好的企业家，还是好的投资人，我觉得本质上是一样的、是相通的，两者都拥有对卓越的追求、对创造价值的认可，对长期打造一个伟大的组织都抱有非常强的信念，这是很难得的。

当然我认为企业家所面对的环境更加复杂，咱们作为投资人，面对的环境相对简单得多，咱们的企业文化也比较简单，比如像高瓴文化，就是理性的好奇、诚实与独立，同时倡导团队文化，如此简单就可以概括了。但作为企业家面对的环境要更复杂，比如说企业家要管理十几万名一线员工，如果他在各个方面、每件小事上都要做细致彻底的辩论，那最后可能什么事都做不成了，所以说在执行层面还是得依据具体情况有所区分的。当然，当你做到一定程度以后，你会发现**最伟大的企业家都具备一些投资人的特质，比如说他们会十分懂得怎么做资产配置，怎么分配时间，因为资产配置中最重要的资产是你的时间，这可能也是你最大的瓶颈。**同时好的企业家也会反过来去重新思考他的投资回报率（ROI），这个投资回报率不单指资本的回报，也指时间的回报。这些都是一个好的企业家和一个好的投资人所共通的东西。

**邱国鹭**：对，提到时间这个最宝贵的资源，像您管理这么大的投资机构，做了这么多一级和二级市场投资，从早期到晚期投了这么多企业，您怎么管理时间呢？日常的行程是什么样的呢？

**张磊**：在这个问题上，我们首先要区分疫情发生之前和疫情发生之后。疫情之前是一个状态，之前我总是忙忙碌碌，总是在路上；疫情发生之后是另一个状态。说句实在的，过去四五年高瓴的资产规模确实增长了很多，业绩也不错，但是我明显感觉工作的负担大幅度下降了，可能从以前超负荷的 120% 的工作饱和度，到现在 80%、90% 的工作饱和度，下降了大概 1/3，这是挺不错的。我可以讲讲我的日常，我现在每周都会跟我老婆和女儿跳 4 次拉丁舞。

**邱国鹭**：厉害了，厉害了。多才多艺。

**张磊**：没有，我本来是去给老婆和女儿当"衣架"的，我老婆为了鼓励女儿跳舞，自己去学了，我就给她们当衣架，结果却越跳越上瘾，现在每天跟她们一起抻筋，为我的第一个劈叉做准备。此外，夏天我会每周滑水、冲浪两次，冬天每年雪季去滑雪，这些都是我比较喜欢的运动。我也陪小儿子打壁球，这同样是我比较喜欢的。我小儿子在壁球、乒乓球方面已经有要超越我的架势了，我很紧张的。

**邱国鹭**：要加强训练。

价　值

**张磊：**对，加强训练。

## 高瓴的农耕文明：精耕细作，春播秋收

**张磊：**疫情期间，我静下心来读了很多书。为什么现在我的时间安排会比原来好很多？我觉得核心原因是我们打造了一个非常高效的组织，我们打造了非常强大的、高效的价值观和企业文化。今天的高瓴让我最为自豪的，不是我们的资产规模，不是我们的业绩，不是我们投的多少家公司上市了，或者我们拥有多少资产类别，都不是，**让我最为自豪的是看到高瓴的同学们的成长，包括他们的独立判断能力、自我驱动力以及他们之间的团队文化**，其中我最喜欢的是团队文化。高瓴人，是非常受团队文化驱动的。市场上很多机构的内部同事之间都是互相踩脚，互相抢deal[①]的，但在高瓴，大家完全是由团队文化驱动起来的。这对我们的长期业绩是有好处的：第一，长期来看投资人能够获得心灵的宁静；第二，这种文化使大家很舒服。回到我们的初衷——和靠谱的人做有意思的事。在这个过程中我们不但能赚钱，而且赚的是让心灵宁静的钱，赚的是创造价值、给社会做贡献的钱，同时自己又做得很高兴，每天很舒服，能够"跳着拉丁舞去上班"。现在我觉得这个组织已经打造得足以让我有更多的时间去探索自己的兴趣了，这是让我很高兴的事情。

---

① deal，在这里指投资项目或交易。——编者注

**邱国鹭：**所以还是要快乐投资，愉悦生活。

**张磊：**不管是投资人也好，最好的企业家也好，做到一定程度都是孤独的。他可以很成功，但很多时候就没有人可以一起交流。像高毅这样，能够提供让大家既能做出独立判断，形成独立决策能力，同时又有系列性交流的平台，当然很好。像我们做私募股权投资、风险投资的时候，很重要的一点就是跟企业家一起交流，跟他讨论长期的发展，讨论他生意的本质是什么、遇到的问题是什么。当然，有很多投资人有不一样的做法。有的投资人就是狼群战略，出去到处跑，抢 deal 能力很强。高瓴表面上看可能相对懒一点，人聚合在一起，做事的风格有点像农耕文明，而不是狩猎文明——一大堆猎人出去抢 deal，或者一大帮狼群出去抢 deal。**高瓴抢 deal 的能力不够强，但是农耕文明有一个好处，就是能够静下来深耕。**

**邱国鹭：**精耕细作。

**张磊：**对，精耕细作了以后，真正能够春播秋收，播下种子就是播下希望，慢慢地，收获的季节到了，就会有很多注重创造长期价值的企业家主动找过来。我们的商业模式跟别的投资机构不太一样，我们的商业模式是把农耕文明做好，把自己的事情做好，真正能够创造价值，用这种方式把好的企业家吸引过来，这样我们才能够主动地进行一定的筛选。最好的企业会希望让高瓴来投，会希望跟高瓴一起走得更远，在这个过程中我们能创造更

价 值

多的价值。这是我们跟那些热衷于抢 deal 的机构的区别。当然两种方式都会带来成功，如果抢 deal 可以抢得很快，那么在企业快速成长的一段时期内，这家机构的成绩也会很好；但是我觉得如果你能多创造价值，那么你的路就能走得更远、更宽，你可干的事情也会更多。从某个角度来讲，高毅做二级市场跟高瓴做一级市场的理念实际上是相通的。

## 从发现价值进化到创造价值

**邱国鹭：**您刚才提到创造价值，也说到不断地疯狂地创造长期价值。我们说价值投资可以分成三个流派：第一个流派是像格雷厄姆，赚被低估标的的钱，赚"市场先生"的钱；第二个流派是像巴菲特，赚优质企业的钱，做时间的朋友，利用复利的价值不断增长；我们觉得高瓴是第三个流派，自身也参与企业的价值创造，参与价值的释放和增长，能够帮助企业在战略定位、科技转型、运营升级上创造更多的价值。这样做的难度和挑战是不是巨大的？我们有一种观点是，在投资的时候应该要守在自己的能力圈范围内，要有一个很清晰的边界。我们看高瓴过去 15 年的发展，其实是在不断地演进、演化、升级的。从二级市场投资到一级市场投资，从互联网到创新药，再到人工智能，你们很多时候都可以早于投资界，甚至在一定程度上早于产业界进行一些前瞻性的布局，那么你们是怎么拓展能力圈边界的？如果在这个过程中又要坚守自己的能力圈，这之中是怎样的矛盾关系呢？

附录 我的演讲和文章

**张磊**：我觉得这个问题很好，这是困扰很多投资人的一个问题。第一，我认为传统的价值投资永远都有它存在的空间和道理，但是这个世界是不断发展变化的，传统的价值投资存在的空间会被逐渐压缩。我们拿传统的深价值（deep value）举例，越深它就越会变成一个深洞，变成一个价值陷阱。

**邱国鹭**：价值陷阱我经常踩。

**张磊**：对，价值陷阱你踩下去以后，我马上给你梯子，我的梯子就是科技赋能，帮你爬出来。像百丽国际这种公司可能就是价值陷阱，但如果你通过科技改变它，它就能创造价值。所以说，关键在于你能不能发现价值，并且去创造价值。**我觉得对高瓴来说，最重要的就是发现价值和创造价值，并且对我们来说这两者是一个融合。**那怎样才能够走出自己的能力圈边界（comfort zone）呢？这是不容易的。这和一个人的成长过程是一样的道理，我最早是学文科的，学金融的，但现在我要学计算机，我们最近在研究各种各样的软件公司，怎么做编程、怎么用Python等。以前我都不知道怎么做这些，很多东西都得自己现学。这本身就是一个平衡。你的平衡在哪里？是守住自己的能力圈边界，还是不断地往前去创新？我的结论是，这是一个逐渐演变的（evolution）的过程。是，你有一个边界，但是你可以逐渐扩大你的边界。

怎么扩大呢？高瓴为什么2014年就知道投创新药？那时候

### 价 值

全世界都没有多少人投 PD-1/PD-L1①这种免疫疗法，在 2012 年、2013 年大家还不知道的时候，我就带着好几个企业家去波士顿，跟实验室里的科学家一起讨论新型的免疫疗法靶点。那时候，跟国外制药公司一起讨论非常有意思，我们学到很多，后来就坚定了投资的信念。那么怎么能够走出自己的能力圈边界呢？这就是很多很优秀的人愿意加入高瓴的原因，也是很多很优秀的人愿意加入高毅的原因，因为这里创造了一个终身学习的环境。**这个终身学习的环境倡导的是，与谁同行比要去的远方更重要。**在我们创造的这个环境中，每个人都有十八般武艺绝技中的一两项，大家聚在一起，每个人就又从身边人那里学到了很多。这样的组织、环境、企业文化和价值观培养出的人，是任何一个单打独斗的人都很难超越的。

如果一个环境里牛人很多，但牛人之间互相踩脚，很难互相学习，那么你在其中心情也不会很愉快。**牛人很多，大家又比较谦虚，愿意互相帮助，互相学习，不断拓展，这才是根本。**从某个角度来讲，高瓴的成功就得益于这种企业文化、价值观和实践。高毅作为一个崛起中的平台，在这么短的时间做成中国最大的私募资产管理机构之一，背后也是因为其创造的企业文化、价值观和倡导了终身学习的环境，而不是故步自封的环境。我觉得这些都是本质。

---

① PD-L1 的全称是 Programmed Cell Death 1 Ligand 1，细胞程序性死亡配体 1，是人类体内的一种蛋白质。——编者注

总的来讲，我们做了一件核心的事情，就是把牛人聚合在一起，创造了这样一个好的价值观、环境和企业文化给他们，让大家能够一起互相学习，一起拉着手往前走，不断拓展自己的能力圈边界。**但难就难在这儿，能不能创造这样的企业文化和环境？找聪明的人容易，但创造这种企业文化和环境、创造这种价值是不容易的。**我们创立高礼价值投资研究院，本质的原因就是我们想把高瓴和高毅的环境放在一个相对公开的讲堂上，创造一个类似的环境。虽然无法完全复制，但能建立一个对我们的价值观和企业文化的真实映射。

**邱国鹭**：希望创造一个追求真知灼见，能够致真知，通过研究和学习掌握行业和事物的内在发展规律的场所，这是我们希望做到的。

**张磊**：对。

**邱国鹭**：谈到能力圈，我们知道高瓴的能力圈确实比较广，从一级市场投资到二级市场投资，从投资到实业。很少有人能真的横跨一、二级市场投资，我们觉得这其中的思考方式很不一样。天使投资、风险投资甚至成长期投资所面向的公司的特性跟二级上市公司的特性是很不一样的，对企业家或者组织文化的判断角度也是很不一样的。这么大的能力圈，你在做一级市场投资跟二级市场投资的过程中，觉得彼此之间是互补的——你对一级市场的理解加深了你对二级市场的理解，还是觉得两者需要不同

价　值

的思维方式和判断框架？

**张磊：** 我觉得都有。最重要的还是要找到真正热爱这些的人，就像史文森讲的，"最重要的是热爱"（Above all, passion）。如果你只是为了做投资而做投资，那你不容易走得很远。要么你赚了很多钱之后早早退休了，要么你赚不了很多钱。那么这份热爱是怎么来的？还是要回到创造价值上。

我举一个我们的合伙人的例子，他在公司成立的第一年就加入了，本来做投资也做得很好，二级市场投资做过，一级市场投资也做过，但他就愿意花很多的时间到企业中去。他觉得"我以前做投资，做资产配置，把钱投给伟大的企业家，赚了很多钱。但我现在就愿意到企业去帮这个企业家，做他的助手"，用了两三年的时间，他帮助这个企业实现了腾飞。这些都能够使他成为一个更好的投资人。在他的带动下，我们的好几位同事，在投资上已经"露出尖尖角"了的非常有前景的职业生涯阶段，说他们也要到企业中去。他们去我们投资的企业，在实业中干了几年以后回来，又去做投资。当然现在还有很多人在企业里面。我们还有新兴领袖培养项目 ELP（Emerging Leader Program），每年从市场上找很多人，用投资理念培训他们，之后把他们放到企业中去。**我们通过各种各样的方式把实业和投资融合在一起，真正回到刚才所讲的创造价值的理念上面，这也帮助企业解决了一些实际问题，而不只是资本的问题。** 创造价值与对创造价值的追求和热爱是非常重要的驱动力，而不是简单地说我想把一级市场投资做好，或者我想把二级市场投资做好。

附录 我的演讲和文章

## 在喧嚣的市场中摆一张安静的书桌

**邱国鹭**：张总，我想问一下你创建高礼价值投资研究院的初衷是什么？我记得我们第一次提到这个，是在 2015 年的 5 月。那时候我们去美国参加巴菲特年会，我记得在曼哈顿中城，我们刚拜访完几位很知名的投资人，在车里你就提到说其实我们应该成立一个价值投资研究院，找一批优秀的学员，大家互相切磋，共同学习，共同进步。当时你的初衷是怎么样的？希望招一批什么样的人？怎样才能够打造一个终身学习社区呢？

**张磊**：关于这一点咱们一直有交流，现在回头来看我觉得有几件事咱们坚持做是做对了。回到咱们做事情的初衷，就像我成立高瓴的初衷是和"靠谱的人做有意思的事"一样，**我们做高礼价值投资研究院也是出于同样的理念，就是找一群靠谱的人，大家一起做有意思的事，只不过这个有意思的事是终身学习**。这就是高礼价值投资研究院跟现在市场上的各种私塾班、学院、EMBA 班的最大的区别，学员们来这儿的目的不是简单地做社交，搞关系（network）。咱们学院里面所有学员学习的主要方式之一就是做作业。邱总你指导过很多次作业，你给大家讲讲平均每次作业要做多长时间、干多少活，给大家一个概念。

**邱国鹭**：我们每个月都有案例分析作业，而且选取的案例都属于比较有结构性变化或者关键变化的、有"长长的坡""厚厚的雪"的那种关键行业。在很多的案例分析当中，学员会分小

价 值

组,要做 PPT 和 Presentation[①],很多学员都要做到截止日期前一天的后半夜两三点,最后才把作业交了,但他们确实会在做的过程中形成对案例的很好的第一手认识。**我们想要在一个喧嚣的市场中摆一张安静的书桌,让大家真正静下心来关注第一性原理,让大家知道一个行业的规律到底是什么,如果你是这家公司的 CEO 应该怎么做。**我们会共同探讨这种最本质、最原始的问题。

**张磊:**对,我觉得你讲得特别对,在喧嚣的市场中摆一张安静的书桌,这句话讲得太好了。这是一种坚持,这种坚持就是一个自我选择的过程。我们的录取率比哈佛大学、耶鲁大学的都低,很多朋友托朋友,说"我要进来,听听课就可以了"。听课实际上只占我们学员的不到三分之一的精力,三分之二以上是用于做作业和讨论,而且每次作业都是实战,不是说做一个简化版的假公司,让大家在里面搭搭模型。这个世界就是复杂的,对不起,我们绝对不会粉饰任何一个难的挑战,不会粉饰任何一个有挑战的作业。当然我们也不是想把大家给"累死",尽管我们的作业越来越多,难度越来越深,很多人都搞到凌晨几点。我们主要是通过这样的自我选择,把那些真正愿意"折磨自己"、真正热衷学习的人给筛选出来。如果有人出于搞关系的目的而来,那肯定就不适合了。

这其实关乎自我反思(Self-reflection),就是你能不能拿出

---

① 指公开的陈述和展示,一般以 PPT(幻灯片)为辅助工具。——编者注

这么长时间来做作业，而且要做出高质量的作业，因为你的作业是要拿来跟大家讨论的，别人都做，只有你不做，整个学习氛围就被破坏了，对你的声誉也不好。所以很多时候我都是不鼓励别人参加的，我会说："你不适合申请，做作业很烦的，你愿不愿意做？"对于喜欢研究的人来讲他一点都不觉得做作业烦，他会享受其中；对于不喜欢的人来讲，这就是折磨。

有很多人问，你们这样不是给高瓴和高毅培养了很多竞争对手吗？我们专门招了很多很年轻的人，长江后浪推前浪，这是最牛的"后浪"，而我们已经"死"在沙滩上了，或者说我们正在去往沙滩的路上。

**邱国鹭**：我们给很多竞争对手培养了投资经理和研究员。

**张磊**：对，而且这些人将来也可以去做更好的投资经理，我相信肯定有很多人会超过我们，这是必然的，而不只是一个可能性，后浪一定能够比我们学习更多的东西。在这点上他们比我们两个运气还好，能够比较早地有机会接触到一个小环境、小宇宙，和大家一起去系统性地学习，我们筛选出的这些人，都互相从对方身上得到了正能量。每个人都那么努力，有的学员把家里的先生或者夫人都带动起来了，来跟我们讨论问题，这叫"上阵夫妻兵"，这是很好的现象。我总强调的就是，**格局观的第一定位，是你能否为社会不断地疯狂地创造长期价值，如果高礼价值投资研究院最后能为社会不断地疯狂地创造长期价值，那么它一**

价　值

**定能让我们这些人也从中受益**。我们受益于伟大祖国的崛起，受益于越来越多人做价值投资的环境，也受益于每一个年轻的学员。我觉得咱们做的这些事情是一个正和游戏，是大家一起创造价值，一起把蛋糕做大，一起把路越走越宽，而且我们是很高兴地在做这件事。每年我都会组织我们的学员跟我去海上走一趟——出海。本来今年还安排了滑雪之旅，希望明年能成行。到时会为大家准备有"雪圈王者"之称的 Burton 的单板，期待明年的滑雪之行，白天看皑皑雪山，晚上"煮酒论投资"。非常期待。

## 投资人比的是品质与心性，企业家比的是品质与格局观

**邱国鹭**：高瓴是真正地把一级市场投资、二级市场投资结合得很好，把投资跟实业结合得很好，是提供解决方案的资本。这个能力圈的拓展是全方位的，不止于见解跟学识。下面我问你几个问题，这些问题都是从高礼价值投资研究院的学员中收集来的。其中有一个学员问："假如你能够'穿越'回 15 年以前，遇到当时刚刚创建高瓴的张磊，你可以跟他说一句话，你会说什么？"

**邱国鹭**：你会告诉他要在北京买房对吧？

**张磊**：太多话要说了。不是在北京买房的事。**我觉得最重要的一句，还是要精心选择自己的同事，选择合作伙伴，选择投资**

**人，把选择做好**。这些精心的选择，只要有一点点偏差，都有可能带来不一样的结果。其实高瓴的成功，很多时候是带有一点偶然性的，很多时候我在做选择时并没有真正地主观上把很多东西都想透。今天我回想起来，觉得自己应该更主观地、更清晰地按照这个逻辑走——把选择做好。用我跟学员们讲的话就是，"不要轻易地出卖自己"，不要谁给你点钱，给你点利益，就什么都干了，不断地去妥协，去违反自己的原则，只为了简单地跟别人比资金规模，或者其他一些表面的东西。我觉得要能够永远保持住心灵的宁静，至少也要在前三到五年保持住。

**邱国鹭：**我记得你说过一句流传甚广的话，叫作"看人就是在做最大的风控"。我记得美国导演史蒂文·斯皮尔伯格（Steven Spielberg）也说过这么一句类似的话，他说，"导演90%的工作其实就是选艺人"（90% of directing is casting），你把选艺人的事情做好了，90%导演的工作已经做完了。你在投资的过程中也选择了很多的创始人或者企业家，这是一个双向选择的过程。有个学员问了这样一个问题："在企业里能见到一个现象，很多人当二把手的时候能够做到120分，但是当一把手的时候却不一定能够做得好。你觉得如何选择一名一把手，他最重要的品质是什么？能够独当一面的创业者和企业家，他们最大的特质是什么，跟普通的管理层有什么本质上的区别？"

**张磊：**格局观。最大的本质上的区别就是格局观，就是看他有没有格局，看事情是不是长远，能不能从长远的视角衡量自

价 值

己。同时，格局观不光在于看事情是否长远，还在于能否看清事情的本质，能否看清人的本质，对组织是否有通透的理解，这些都反映出一个人的格局。**到最后，投资人比的是品质和心性，企业家比的是品质和格局观。**

**邱国鹭：**是的，有格局观的企业家其实是稀有动物，找到要好好珍惜。

**张磊：**对，稀有动物。当然也有很多人有格局，但没有执行力。

**邱国鹭：**这两者要相结合。还有一个学员提问："是认知影响了研究质量，还是研究的颗粒度粗细影响了认知的质量，从而影响了长期持有的决心？在高瓴的研究框架体系中是否包含像波特五力模型、PEST模型[①]、竞争格局分析这些传统分析方法和工具？你们的分析框架和工具跟其他公司相比有什么不同点和独到之处吗？"

**张磊：**我觉得没什么独到之处，大家用到的简单的工具都是一样的。你的每个微小的判断背后都反映出你是怎么看待这个世

---

① PEST 模型是帮助企业分析所处宏观环境的模型。所谓 PEST，即政治（Politics）、经济（Economy）、社会（Society）、技术（Technology）。——编者注

界的，反映出你的格局观、价值观、世界观，我想高瓴在这上面是比较坚持的。**要说我们很独特的地方，还是建立了一个自己的分析框架（framework）**，这个分析框架最早叫人与生意，我们想投资好人、好生意；后来进化到人、生意和环境，我们会将人与生意放到环境中去考量；最后我们的分析框架又拓展为人、生意、环境和组织，我们会进一步思考它是什么样的组织。我们的分析框架在逐渐地演变。但我想这些都不"本质"，我说的这些全都是常识，只不过我们把它总结出来，也愿意与大家共勉。

**邱国鹭：**其实真正把常识应用好，也需要很深的功力。

**张磊：**我觉得把常识运用好，最重要的不在于个人修行，而在于这家公司有没有好的企业文化和价值观。好的企业文化和价值观能够帮助常识战胜市场上的那些噪声。

## 打造教育与人才的正向循环

**邱国鹭：**由于时间关系，我问你最后一个问题，这个问题也来自高礼价值投资研究院的学员："张总，你在过去15年带领高瓴取得了巨大的成功，在未来也肯定会不断地勇攀高峰，那么你最希望世界怎么去看待和记住你自己和高瓴？你认为自己在未来最值得骄傲的事情会是什么？"

**张磊：**我希望大家最后记住我们是有趣的人，做的是有趣的

价  值

事情，是创造长期价值的事情。我希望我们最后被看作一个很好的老师（mentor），能够教育和带领更多人获得成功，能够让更多的人把自己最好的一面表达出来，那么高瓴就成功了。

**邱国鹭：**就像您说的，教育是永远不需要退出的投资，您不仅自己疯狂地创造长期价值，还希望能够培养一批人一起疯狂地创造长期价值。

**张磊：**我希望能够把我们收益的一部分回报社会。我们的目标是打造一个完整的、完好的循环，不管是中国人民大学、西湖大学、百年职校，我们投资的许多各种各样的机构都跟教育有关系，我希望打造一个教育与人才的许多正向循环。当教育能带给大家更多的希望，给大家提供更好的"一扇门"的时候，我们的社会就会有更好的未来，就会有更美好的明天。

**邱国鹭：**读书可以改变命运，教育可以改变人生。今天特别开心有机会跟张总对话。

**张磊：**感谢，希望再会，我们的下一次在雪山或大海上。

2020年6月21日，高礼价值投资研究院公开课实录。

附录 **我的演讲和文章**

# 以价值投资理念优化市场资源配置

我国经济发展正处于新旧动能转换的关键阶段,实体经济也面临向高质量发展转型升级的历史命题,迫切需要将私募股权投资(以下简称 PE 投资)放在优化整体市场资源配置、完善金融市场发展的战略高度,进一步推动产业结构调整和国家创新战略实施,切实服务实体经济,推动其高质量发展。本文也分享了高瓴积累的坚持长期结构性价值投资的实践经验。

实体经济是一国经济的立身之本,是财富创造的根本源泉,是国家强盛的重要支柱。实体经济不兴,资本市场就是无源之水、无本之木。

中国作为一个 13 多亿人口的发展中大国,从历史经验来看,相对完整的工农业经济体系,是我们长期健康发展的最重要基础。从未来发展来看,要紧紧抓住新一轮技术革命和产业变革的历史机遇,走上高质量发展之路,仍然要依靠坚实的实体经济基础。

**价 值**

PE 投资作为一项重要的金融创新和重要的融资手段,其创立的首要目的就是服务实体经济。今天,在新一轮技术和产业变革加速演进过程中,我国迫切需要通过 PE 投资进一步推动产业结构调整和国家创新战略实施,切实服务实体经济,推动其高质量发展。

## PE 投资应发挥优化市场资源配置的重要职能

我国 PE 投资行业经过多年发展,已经成为全球私募股权市场重要的组成部分。公开数据显示,截至 2018 年底,中国证券投资基金业协会已登记私募基金管理人 24 448 家,已备案私募基金 74 642 只,管理基金规模 12.71 万亿元,其中私募股权投资基金 7.71 万亿元,加上创业投资基金则超过 8.6 万亿元。然而,PE 投资在我国金融和实体经济中的重要战略性地位,仍然有待确立。我认为,从优化资源配置的角度,PE 投资在我国金融市场中应发挥以下重大作用。

第一,PE 投资应该成为主流的市场融资渠道。

通常来说,PE 投资总量占 GDP 比例,是衡量一个国家 PE 投资整体发展水平的一个重要指标。按照这一指标,近年来,中国 PE 行业经历了一个快速发展的时期,其投资总量占 GDP 比重不断增长。根据清科研究中心发布的数据,2017 年中国股权投资市场投资总量占我国 GDP 比重已经达到了创纪录的 1.5%。

但是，同期在美国市场，这一数字已经达到了 3.6%。可见，与 PE 投资发展更为完善的美国相比，我国股权投资市场的发展仍然任重而道远。

实际上，PE 投资已经成为全球发达经济体最重要的融资手段之一。以美国为例，其私募股权融资规模早已超过公开市场。但在我国，私募股权融资只是公开市场和银行信贷融资的补充角色。如果能将 PE 定位为市场主流的融资渠道，我国就可以突破多年来直接融资比例偏低、广大实体企业过于依赖银行信贷融资的困境，弥补金融有效供给不足，为金融支持实体经济发展开辟更加广阔的空间。

第二，PE 投资应该成为培育战略性新兴产业的重要力量。

改革开放走过 40 年，创新发展也进入 2.0 阶段。以生命科学、新能源、人工智能等前沿技术为代表的原发创新成为主流。在这一趋势下，加快培育对经济转型升级具有战略引领作用、本身又有巨大市场需求潜力的战略新兴产业，就成为实体经济整体振兴的重要组成部分。我认为，在这一进程中，政府要为新兴产业发展创造良好条件，发挥市场配置资源的基础作用，尤其要鼓励以 PE 投资为代表的资本力量与产业创新的积极融合。因为 PE 投资作为最活跃的市场力量，可以以更加灵活的机制，更加深入产业的专业研究，为各类"风口"或新兴产业做出更准确的风险定价，从而成为支持、培育新兴产业的基础性力量之一。在这个

**价　值**

方面，美国通过私募股权市场引导资金不断调整产业结构并推动新兴产业发展的经验尤其值得借鉴。

第三，PE 投资应该成为实体经济技术和管理升级的推动者。

PE 投资绝不仅仅是企业的一种融资渠道，其激活企业创新活力、促进科技创新成果转化、实现高技术产业化的强大作用，也逐渐得到社会认可。越来越多的 PE 投资机构开始探索不同领域的传统产业应用人工智能、大数据等先进技术，完成成本效率结构提升，实现信息化、数字化升级的现实路径，从而让技术变革和科技创新惠及更多的行业，让更广泛的人群可以分享技术进步的成果。从发达国家的经验来看，PE 投资不仅依靠灵活的机制建立起了强大的融资能力，更重要的是，其深入企业生命周期，积极地通过管理和技术赋能，成为推动企业成长、提升企业竞争力的重要力量。

第四，PE 投资应该成为我国金融市场的稳定器之一。

我国民间资本数额庞大，由于缺乏合适的投资渠道，长期盘桓于一些虚拟经济领域，不仅对实体经济的贡献有限，其游离、炒作的性质，也不利于国家宏观调控和金融市场的稳定。而 PE 投资的发展，有望成为民间资本的蓄水池，将游离于主流融资体系外的民间资本，系统性地引入 PE 投资"蓄水池"，对于助推实体经济发展，降低金融风险，都有巨大的价值。中国证券投资基金业协会数据显示，截至 2018 年 12 月底，私募股权投资基金和创业投资基金规模较 2017 年底增长 1.51 万亿元，同比增幅 21.3%，贡献了私募基金 2018 年全年规模增量的近 90%，成为私募规模增长的最大动力。这一趋势说明，PE 投资的"蓄水池"作用正在逐步显现，未来，其导流支持实体经济的作用也更加可期。

## 价值投资成为 PE 服务实体经济的重要组成部分

PE 要真正服务好实体经济，就必须秉持价值投资的理念，摒弃"赚快钱"的投机性心理，要通过深入研究，洞察不同行业具体企业的真实需求，并在此基础上，有针对性地去支持其最迫切、最有价值的创新实践，帮助企业增加效益，与企业一起创造长期价值。

接下来本文以高瓴积累的实践经验，介绍一些可供业界分享和探讨的理论和经验，介绍如何做具有独立投资视角的长期投资者，如何坚持长期结构性价值投资。

所谓长期结构性价值投资，是相对于周期性思维和机会主义而言的，核心是反套利、反投机、反零和游戏、反博弈思维。对服务实体经济来说，价值投资发挥作用的关键就是，在敏锐洞察技术和产业变革趋势的基础上，找到企业转型升级的可行路径，通过整合资源借助资本、人才、技术赋能，帮助企业形成可持

价　值

续、难模仿的动态护城河，完成企业核心生产、管理和供应链系统的优化迭代。

具体来说，在价值投资理念指导下，结合最新的技术和产业变革趋势，以及企业不同发展阶段的具体诉求，PE投资服务实体经济的实践，包括以下几个维度。

第一，长期支持原发性创新企业。

PE投资的关键在于有效认知风险，为风险定价。谁能掌握更全面的信息，谁的研究更深刻，谁就能赚到风险的溢价。以生物医药领域为例，近年来《我不是药神》等影视作品的火爆，让该领域受到了越来越多的关注。但实际上，原研药的研发因为资金投入大、回报周期长、成药比例低，长期以来存在一个巨大的"创新漏斗"，令很多投资企业"望而却步"。这时候我们就一直强调从第一性原理去思考，也即从本质上去研究行业，去获得对行业发展规律的深刻理解。对生物医药行业研究深、研究透，可以跳出单纯的风险维度，面向未来去发现这个领域的巨大潜力，从而去挖掘优秀生物医药企业中的"潜力股"。

例如，专注于研发分子靶向和免疫抗癌药物的百济神州，是国内第一批致力于原研药开发的企业之一，目前已经被视为中国创新药物研发企业的典范。高瓴从2014年的种子期（A轮）开始，参与和支持了百济神州的每一轮融资，是百济神州在中国唯一的全程投资人。

服务实体经济推动其创新升级的目标，决定了对于百济神州这样的创新企业，不仅要提供长期、全程的资金支持，还要能够参与到企业创新研究、快速发展的整个过程中，与企业一同成长。这就需要以 PE 投资为代表的资本力量，既要了解企业发展的瓶颈和诉求，又要有广泛的行业资源，甚至站在全球视野，进行更高层次的资源整合，在企业发展的关键阶段，给予及时有效的战略支持。

比如，近些年来，国际医药巨头们出于将研发的外部性向外扩散、分散风险的考虑，常常会采取并购、购买许可等方式，来适时引入优质的外部资源。行业巨头的开放式创新，就为其同拥有核心研发能力的行业新贵的合作提供了可能。但由于行业封闭式开发的惯性，以及同行之间的隔阂，要达成合作，常常需要一个中介。PE 投资就有望成为促进战略合作的媒介。高瓴推动了百济神州与美国制药巨头新基公司高达近 14 亿美元（当时约合 95 亿元人民币）的战略合作，就是一个典型案例。

第二，积极投入新一代核心技术，创新驱动产业升级。

数字化、智能化已经成为实体经济转型升级的重要方向。在数据化过程中，实体经济将实现虚拟世界和物理世界的紧密融合，并通过新的协同作用，创造出实体经济的新模式、新业态和

**价　值**

新价值链体系。但是，这一过程是要在各个产业、地区数字化程度参差不齐的前提下进行的。因此，这场产业变革的首要任务，就是要加大投入，加强信息技术基础设施建设，弥合不同产业、地区间的数字鸿沟。

传统产业原有基础设施的数字化改造，需要巨大的资本投入，并且不能很快带来投资收益，所以，除了依靠政府政策引导和公共投入，也需要鼓励包括 PE 投资在内的秉持长期主义投资理念的社会资本的参与，才能加快各个行业的数字化进程，为让更多行业受益于技术创新，让更多人享受产业变革的福利，打下坚实基础。

在这一领域，高瓴的实践中不仅投资了芯片、大数据等原发技术公司，还以技术驱动管理赋能的方式，参与了许多行业的数据化、智能化改造。例如，我们在实践中借助前沿技术，引入精益管理，对时尚零售集团百丽国际进行全供应链的升级，正是基于这样的方向。

百丽国际于 2007 年在中国香港挂牌上市。它不仅是全球最大的非运动鞋鞋类生产商之一，按销量排名，也是世界最大的运动鞋服零售商之一。但随着近年来消费科技、电子商务等新兴技术对传统零售行业的冲击，百丽国际遭遇了经营困难，最近几年利润开始下降。

附录 **我的演讲和文章**

可以说，百丽国际遇到的问题，在我国实体经济的历史发展中具有普遍性：最初依靠创业者敢想敢干的企业家精神，以及上下一心多年的努力奋斗，构筑了完整的生产、营销、供应体系，积累了厚实的用户基础，建立了强大的品牌影响力。但是这样系统化的、曾经包打天下的核心竞争力，在数字化时代却让企业越来越步履沉重。

实际上，以百丽国际为代表的大型实体经济企业，在多年的发展中，积累了最丰厚的数据资源。这样的资源积累，加上多年市场搏杀中练就的系统反应能力，是它们重塑辉煌的最重要基础。我一直认为，百丽国际这样的企业依靠强大的、管理完善的零售网络，2 万多家直营店，特别是 8 万多名一线零售员工，是最有希望在数字化时代打造 C2M 模式的企业。

而数据资源只有在企业的原有系统中运转起来，才能发挥其应有的作用，储存起来、沉睡的数据只有研究价值，却无法直接创造价值。因此，赋能百丽国际的重要方向之一，就是要激活其数据宝藏。

2017 年 7 月，高瓴在成为百丽国际的控股股东后，与百丽国际开启企业数字化转型：无论是构筑线上线下全渠道系统，还是利用科技创新重塑线下传统门店，借助数据化工具赋能百丽国际基层店员，都是在推动百丽国际信息化、激活数据宝藏方向上的探索。让百丽国际拥有更多维的数据沉淀和洞察能力，也给其

**价　值**

为消费者提供更好的服务、创造更大的价值带来了可能。

第三,作为实体经济与科技企业融合媒介,"哑铃理论"不断创造价值。

新一代产业变革的主要方向就是,实体经济实现技术系统升级,科技企业前沿创新找到落地场景。在这个过程中,如何推动实体产业与新技术融合,加快新旧发展动能接续转换,打造新产业、新业态,成为产业界和投资界必须共同面对的历史任务。

以 PE 为代表的资本力量,要在科技企业与实体经济的哑铃两端发挥融合创新的媒介作用,就需要在投资图谱中既包括科技企业又包括传统产业,才有机会通过深入研究,对两者都做出深入洞察,进而成为连接技术与需求、算法与场景的重要媒介,推动新技术与传统产业有效结合,帮助和支持传统企业进行跨地域、跨时间、跨行业的创新升级,加快科技成果的产业化进程,实现商业模式和管理创新,从而培育出新模式和新业态,来推动整个企业和行业的发展,推动实体经济的转型升级。

这里需要特别指出的是,对所有的实体行业来说,技术创新和产业升级不是"休克疗法",而是在飞行中换发动机,必须直接为业务带来增量,为行业创造价值。因此,PE 投资在直接资本赋能之外,要吸引、"说服"实体企业,一起进行对数字化解决方案的探索,必须让企业看到技术创新带来的实际效益提升。

> 附录 **我的演讲和文章**

比如，借助技术赋能，百丽国际旗下某品牌的前端店，通过试穿率等数据收集研究，创造出了一款销售过千万的楦型，就是技术赋能创造直接价值的有益探索。

秉持长期结构性价值投资理念，我们在实践中服务了消费与零售、科技创新、生命健康、企业服务等领域的一大批国内优秀企业，推动其实现创新式发展。未来，需要坚持从实体经济的真正需求出发，发挥好资本灵活、优化资源配置的作用，成为促进国内资本市场与实体经济共同繁荣的重要力量，为实体经济的振兴提供源源不断的支持。

关于价值投资助力实体经济的思考，原载于 2019 年 3 月《清华金融评论》。

价 值

# "科技创新2.0"助力构建经济新格局

经过数十年的改革开放,中国已经成为世界第二大经济体。近年来,从二十国集团工商峰会,到亚太经合组织领导人会议,再到世界经济论坛2017年年会,中国作为经济全球化的主要推动者,始终强调合作共赢,并推动经济全球化朝着普惠共赢的方向发展。

2017年10月召开的中国共产党第十九次全国代表大会强调"中国开放的大门不会关闭,只会越开越大",同时提出"加快建设创新型国家",明确"创新是引领发展的第一动力,是建设现代化经济体系的战略支撑"。这既是源于中国发展阶段的战略判断,也是中国对于坚持创新和全球化的承诺。

当前,全球经济格局正在发生深刻调整,创新革命在全球范围内兴起,而中国正在成为全球创新和科技发展的核心之一,世界主要国家都在寻找科技创新的突破口,并在竭力抢占新兴产业和前沿技术的战略制高点。不久前,我在参加乌镇举行的第四届

附录 **我的演讲和文章**

世界互联网大会和广州举行的《财富》全球论坛时,提到一个观点,即在新时代下,新科技应该更多地与传统产业融合,以包容性、有温度的创新,带动更多人搭乘科技快车,享受创新成果。

在当前经济全球化的背景下,我认为中国构建经济新格局所需要的创新不是简单地复制别人的经验,也不是简单地叠加各方面的要素,而是一种在创新的思路和创新的模式上具有原发创造力的创新。中国在过去的 10 年尤其是过去 5 年中,创新已经发生了非常大的变化,C2C 向 IFC 发展的时代已经来临。

如何理解 C2C 向 IFC 的这种转变?

在我看来,一方面,构建全球经济格局中发挥重要作用的创新要素不再是过去创新 1.0 时代里存在的简单取巧式的商业模式的创新,而应该是立足于硬科技、黑科技、原发科技的"科技创新 2.0"。当今是属于硬科技、黑科技的时代,因此立足于科技创新的竞争与合作才是大势所趋。另一方面,科技是可以赋能、改造传统企业的,真正的科技创新能够帮助传统企业转型,支持实体经济发展,同时兼具包容性和普惠性,从而能够让更多人参与到科技创新中来,并享受到科技带来的成果。简而言之,"科技创新 2.0",是真正来自基础科学和基础科技的创新,科技从原有的颠覆者被赋予再造重生的价值,将以全领域、深结合的创新来改变传统产业,是真正的黑科技、硬科技与传统产业融合,

价　值

实现长远价值创造、共同发展的创新，同时兼具温度、包容等特性，从而可以推动更多人搭乘科技快车，普惠大众。

高瓴从 2005 年创办伊始就有创新的基因，这十几年来，我对创新的内涵也在不断思考并产生新的理解。作为坚持长期价值投资的投资机构，我认为我们有责任用高科技的力量帮助传统产业通过科技驱动实现产业升级。过去一段时间，科技愈发进步的同时，也对实体经济和传统企业造成了巨大冲击，甚至有人担心人工智能、自动驾驶等技术的发展将使许多工厂以机器取代人力。我认为，实体经济是国家的根本，在创造就业岗位方面不可取代，而就业与劳动是人生而享有的权利，劳动带来的愉悦感和成就感不可剥夺。在"科技创新 2.0"的时代里，高科技应该是有温度的、普惠的，它不再是颠覆者的角色，而应该是社会和谐发展的调节器。

作为投资人，我们选择投资和支持百丽国际、美的、蓝月亮和江小白这样的传统企业，就是希望用高科技手段让更多的传统企业和更多的人有机会参与到社会创新中来，为社会创造更大的长期价值。比如我们今年牵头完成对女鞋巨头百丽国际的私有化，就是因为看到近年来百丽国际受到消费科技、电子商务等新兴事物的冲击，遭遇经营困难，利润开始下降。但是百丽国际这样一个拥有 2 万家门店、12 万员工的传统企业，不应该因高科技的发展而被剥夺掉发展的机会。

附录 **我的演讲和文章**

我认为百丽国际的 8 万多名一线店长和员工是最好的 UI/UE，这样的一家公司，我们有责任让它拥有长期资本的支持，并结合我们在数字化和公司运营方面的深厚经验，通过高科技手段帮助它和消费者产生更好的连接，使其有机会涅槃重生、再造辉煌。当然，这个过程极具挑战，但是能够帮助更广大的人群参与到社会创新当中，形成一个高科技赋能与价值创造的正循环，对我来说这就是非常有价值的事情，也是对我提倡的"科技创新 2.0"理念最好的诠释。

当今世界科技发展迎来爆发式跨越，许多领域，如人工智能、量子技术、基因编辑技术等正向着全新方向迈进，中国未来的发展是创新驱动的发展，是全面开放、互利共赢的发展。在此发展趋势下，我们应该有秉持文化自信的气度，有勇气、有智慧地把"科技创新 2.0"投入实践，通过推动实体经济和传统产业的创新和升级，创造更大的长期价值，真正造福社会。

关于科技创新的思考，原载于 2017 年 12 月 18 日《中国证券报》。

价 值

# 大学筹资核心在于广泛性和永续性

在人类社会的发展中，教育始终是最为重要的推动因素之一。大学作为引领社会发展的灯塔，正在塑造世界的未来。我对于教育和人才培养情有独钟，既是源于感恩之心，又是源于对教育价值的思考。

在今天的中国，许多人都是凭借教育改变了自身命运。同时，这个时代也让人们更加相信，只有更多胸怀理想、学贯中西的年轻人脱颖而出，才能够推动各个领域的重大创新。因此，2010年，我向母校中国人民大学和耶鲁大学做了捐赠，并于次年在人大捐建了高礼研究院；2017年，我再次向人大捐赠3亿元人民币，同年，作为创始捐赠人，我捐赠支持创立中国第一所聚焦基础性前沿科学的创新型研究大学——西湖大学，成为西湖大学创校校董，并担任西湖大学发展委员会主席，帮助西湖大学扩大对外交往、整合社会资源、募集社会资金以支持学校更好地发展。这些捐赠不仅仅是对学校长期发展的支持，也希望能够成为教育与社会相互促进的开端。

我们可以看到，中国的教育基金事业正在以更加多元化的方式，鼓励和引导更多校友和社会各界人士参与进来，为学校的科研、教学和社会服务凝心助力。与西方相比，中国的教育基金会更具包容性和探索性，捐赠人不仅可以捐赠资金，还可以引入更灵活的人才培养机制、教学科研方式和产学研合作模式，把西方大学多年来的实践成果迅速吸收转化，成为中国高等教育发展的助推器。这使得中国的高校基金会不仅仅为学校提供有力的财务支持，也在逐渐成为信息汇聚、校友交流、社会资源共享的创新型事业发展平台。

其实，大学捐赠并不是西方的原创，我国早在宋代就有"学田"制度，以官府和民众乡绅赐予和捐赠的田地收益作为办学经费，我们可视之为现代教育捐赠制度的雏形。无论东方还是西方，教育捐赠的核心均在于其广泛性和永续性。因此，探索更加专业化的教育基金募集机制，成为提高我国高校多元化筹资能力的关键路径。

在我看来，未来有两个方向值得探索。

其一是引入更多"另类指标"，如校友捐赠率、最早捐赠时点、学生捐赠率，提高教育捐赠的广泛性。衡量大学捐赠不仅要看单笔捐赠金额或捐赠规模，还应该看捐赠参与人数量或校友参与比例。设计更加便利的筹资方式，与学校教学科研活动结合起来，满足不同企业、不同校友及社会人士的捐赠需求，把受捐赠

价 值

的高校和捐赠人的基数做大。

其二是建立更加灵活的捐赠人服务模式，提高教育捐赠的持续性。可以设计更加完善的筹资体系，把校友识别、需求分析、沟通联络、感谢反馈、动态跟踪等一系列环节结合起来。关注在校学生、普通校友及其他潜在捐赠人的个人发展和全生命周期价值，建立与捐赠人的长期伙伴关系和动态维护机制，追求相同的价值观，从而形成有着内涵更加丰富和中国哲学底蕴更加深厚的捐赠文化。

作为一名投资人，我经常说"教育是永不退出的投资，是最具幸福感的投资"，就是因为，教育捐赠能够引导学校回归教育的本质，不仅仅要培养学生的知识和技能，还要培养学生独立思考、追求真理和不断创新的精神。正所谓"大学之道，在明明德，在亲民，在止于至善"。只要有这个精神在，就能够带动基础科学、商业实践和人文关怀等各领域的创新发展，催生出更加伟大的科学家、企业家、政治家，从而形成教育、人才和社会发展的正向循环。

关于大学筹资的思考，原载于 2019 年 12 月 10 日《光明日报》。

附录 **我的演讲和文章**

# 致敬雪山之魂

我至今仍然记得，在新西兰与"雪神"杰克·伯顿·卡彭特（Jake Burton Carpenter）偶遇的场景。自从爱上了滑雪这项运动，即使再忙，我都会抽空飞往处在冬天的半球，挑战当地最美的雪山。与我们一同滑雪的有许多世界冠军，但最让我兴奋的还是遇到杰克。他的不修边幅、桀骜不驯不仅成就了他的人生传奇，更塑造了单板滑雪这项勇敢者的运动。

1977年，杰克在佛蒙特州创立了滑雪公司Burton。他既像一位狂野不羁的牛仔，将单板滑雪这项"勇敢者的地下运动"带到了阳光下，又像一位目光远大的部落首领，引领单板滑雪运动进入世界级的舞台。设计滑雪产品，改良滑雪设备，推广滑雪运动，建立竞赛标准，创办举世瞩目的单板滑雪美国公开赛（Burton US Open），促成单板滑雪成为冬奥会竞赛项目，杰克做每一件事都飘逸洒脱。

我敬佩他将滑雪这项小众运动，变成了世界性的运动项目，

## 价　值

更欣赏他凭借一个偶然的灵感，做成了一家伟大的企业。我始终要感谢他，在我第一次拜访的时候，他专业、热情地指导我学习单板滑雪，他告诉我："只要踏上单板，你就能感受到忘我和自由。"

杰克曾说："无论单板如何变化，它的精神一直没有改变。踏上单板，与巍巍群山为伴，这实在是一项充满乐趣的运动。我想每个人都会爱上它，因为它如此纯粹。"杰克是现代单板滑雪运动的奠基人，没有杰克的非凡创造、不懈坚持和慷慨无私，单板滑雪运动难以像今天这样受人瞩目。虽然一直受到伤病和癌症的折磨，但他乐观、积极地接受治疗，不允许病痛干扰他热爱的事业和人生。

中国有句古诗"会当凌绝顶，一览众山小"，当我们对高峰充满好奇和兴奋，一起从山顶的雪道向下俯冲的时候，特别能感受到这种意境。所以在上次见到杰克时，我将一幅字——"会当凌绝顶"赠予杰克。"会当凌绝顶"，这既是体育家精神，也是创业家精神，更是他赋予这项运动的精神。

他从未停下脚步，一直将拓展中国市场的想法付诸实践。当他第一次来到中国时，他的眼睛里闪烁着兴奋的光芒，就像糖果店里的孩子一样快乐。他希望有更多的孩子能爱上这项运动，还计划将更多滑雪板赠送给北京的小学生们作为礼物。

附录 **我的演讲和文章**

　　世界上总有这样一种人，在他们微笑着挥手道别后，这个世界仍感觉他们从未离开。2019 年 11 月 21 日，我的挚友杰克·伯顿·卡彭特先生永远离开了我们。对我们来说，杰克·伯顿·卡彭特所代表的自由、创新和勇于献身的单板滑雪运动精神永存。

　　我想用 Burton 公司联席 CEO 约翰·莱西（John Lacy）缅怀杰克的话鼓舞所有热爱单板滑雪运动的人们："当我们致敬杰克的传奇人生时，最好的方式就是跟随杰克，永远在雪中滑翔！"

　　滑翔吧杰克，永远滑翔！

2019 年 11 月 21 日，撰文悼念现代单板滑雪运动的奠基人、Burton 公司创始人杰克·伯顿·卡彭特。

价 值

# "守正用奇",
# 论耶鲁捐赠基金的投资哲学

1999年,在耶鲁大学读书的我,从不放过任何一次勤工俭学的机会,从做本科生经济学助教到担任汉语陪聊,来者不拒。因一次偶然的机会,我去一座不起眼的维多利亚式老楼应聘耶鲁投资办公室的工作,不想竟有幸师从大卫·史文森先生,自此与投资结下了不解之缘。

我加入耶鲁投资办公室的时候,美国资本市场正如火如荼地上演着一场非理性繁荣的大戏。我的同学、朋友大多活跃于华尔街,从事衍生品投资等热门项目。而我的第一份工作任务,竟然是分析无人关注的森林(Timber)和其他实物资产(Real Assets)。然而,正是这貌似简单的实物资产给了我关于投资产品本质的启蒙:风险及内生收益。现在想来,虽然少了那些在资本市场中摸爬滚打练来的立竿见影的招招式式,我却独得了长期投资理念及风险管理的意识,并对投资的组织构架及资产配置有了更深刻的认识。

作为一个远自东方而来的年轻学子,我近距离地参悟西方机构投资教父大卫·史文森的投资实践,惊喜地发现史文森的投资哲学其实可以用老子的思想一语概括,那就是"以正治国,以奇用兵",或曰"守正用奇"。

先说"守正"。"正"首先体现在投资人的品格上。史文森先生在《机构投资的创新之路》一书中用大量的篇幅论述了受托人应该如何服务于受益人的需要,代理问题发生的根源、表现以及应对方法。在当今的资本市场上,价值链的分割和金融工具的滥用,导致信息极不对称,投资管理机构与最终受益人的利益严重背离,代理问题成为金融危机的罪魁祸首。相比之下,史文森无视外面的高薪诱惑,三十年如一日为耶鲁大学工作,体现了一个受托人"正"的境界。耶鲁捐赠基金在对外部经理的选择上,也把品格作为第一位的标准,这有力地保障了耶鲁捐赠基金的利益。史文森在书中以大量的反面案例对业界的代理问题进行了毫不留情的剖析和痛斥,令人印象深刻。他的疾恶如仇、直言不讳也着实令人敬佩。

"正"还体现在投资原则上。耶鲁捐赠基金投资模式的一个显著成就就是构建了一套完整的机构投资流程和不受市场情绪左右的严谨的投资原则,包括投资目的的设定、资金的进出、资产负债的配比、资产类别的划分及配置、投资品种和投资工具的选择、风险控制、基金经理的选择等。史文森所强调的基本概念是:追求风险调整后的长期、可持续的投资回报,投资收益由资

价 值

产配置驱动，采用严格的资产再平衡策略，以及避免择时操作。恪守这样的投资准则可以使投资人在瞬息万变、充满机会和陷阱的资本市场中，克服恐惧和贪婪，抓住投资的本质，获得合理的回报。对于"风险"这个在金融学中被谈到令人麻木的概念，大多数人的评判标准是看投资收益的波动方差，而我从入行第一天起就被要求看出数字背后的本质并忽略那些从"后视镜"中观测到的标准方差：到底是什么样的自上而下／自下而上的基本面在驱动收益的产生及波动？又有哪些因素会使预期的资本收益发生偏差？而这些基本面因素本质上有哪些相关性及联动性？从史文森那里我理解了，只有把本质的基本面风险看清楚，才有可能赢到投资收益实现的那一天。这就是所谓的"管理好风险，收益自然就有了"。

再谈"用奇"。在"守正"的基础上，史文森在具体资产类别及投资策略上绝对是"用奇"的典范。他本质上是一个怀疑"羊群效应"的人，喜欢并鼓励逆向思维，在形成每一个新投资策略时总是先去理解与传统市场不同的收益驱动因素及内生风险。历史上，美国大多数机构投资者会把资产集中于流通股投资和债券投资这样的传统资产类别。而史文森则认为，越是市场定价机制相对薄弱的资产类别，越有成功的机会。基于对市场的深刻理解，耶鲁捐赠基金先于绝大多数机构投资者进入私募股权市场，1973年开始投资杠杆收购业务，1976年开始投资风险投资基金，20世纪80年代创立绝对收益资产类别。另类投资为先觉者耶鲁捐赠基金带来了硕果累累的回报，也因此

附录 我的演讲和文章

越来越为机构投资者所重视。史文森在外部投资经理的选择上也不走寻常路。他欣赏那些有创新精神的基金经理，鼓励他们术业有专攻并逆势而为。他摒弃那些追求规模，明哲保身，"宁愿依循传统而失败，也不愿打破传统而成功"的投资机构。

今天，在耶鲁捐赠基金支持下创建的高瓴，在短短的四五年中发展到 35 亿美元的资产规模，成立以来年均复合收益率达到 56%，在亚洲各国及其他新兴市场国家多有建树。这是践行"守正用奇"投资理念后的结果。

目前国内出版的投资书籍，内容大多是教"股民"择时和选股。而对于一个机构投资者来说，重要的首先是资产及负债的配比分析，其次是资产配置和风险管理。据我们所知，机构投资中约 90% 的绝对收益来自资产配置，而指导机构投资的资产配置和风险管理的著述非常有限。2002 年，我和几位好友把大卫·史文森这本书的第一版介绍到中国，当时中国的机构投资方兴未艾，一些西方的投资理念在国内就连很多业内人士也闻所未闻，很多关键的专业词汇甚至没有对应的中文译法。今天中国的机构投资已经发展得生机勃勃，各种基金应运而生。在我们这个日新月异、充满机会的国家，每天都有无数投资建议扑面而来，各种投资学说在市面上盛行。在网络时代，人们可以接触到大量的投资信息，而在我看来那些质朴而有力、历经时间考验的投资理念却往往被芜杂所淹没，去芜存精、化繁为简的"守正"在今天尤为重要。

**价　值**

我非常感谢我多年的好友杨巧智，东方证券研究所的梁宇峰、张惠娜和我一起完成艰苦的翻译工作。我们非常荣幸能把大卫·史文森的这本书带给大家。

2010年，《机构投资的创新之路》译者序。

附录 **我的演讲和文章**

# 心灵宁静，"延迟满足"

天下武林，林林总总。名门正宗如少林武当，诚然名扬天下，而武林之大，但凡修得暗镖神剑者，亦可独步江湖。所以门派无尊贵，只有适合不适合。本序开宗明义：即使最成功的投资人，也要心胸坦荡，认识到自我局限，不可以名门正宗自居，须认识到获得真理是一个学无止境、永远追求的过程。

十八般武艺样样精通，仅出现在武侠传说中。对一个普通理性投资者来说，如何走出一条心灵宁静（peace of mind）、越走越宽的康庄大道，国鹭这本《投资中最简单的事》呈现了一个最直白、最真实、最给力的阐述。

我对国鹭的景仰，除了他追求真理的真性情以外，便是其极强的自我约束力和发自内心的受托人责任感。我记得看过一份研究报告，发现成功与智商等关系都不大，但与儿时就展现的自我控制力有极大的关系。实验中几个小朋友每人分得一个糖果，并被告知如果现在不吃，等到几个小时后大人回来，可以拿到更多

价　值

的糖果。结果有的忍不住，就先吃了眼前的一个，后来再也没有糖果吃。而能够忍住眼前诱惑，等到最后的，则得到了几倍的收获。跟踪研究发现，那些儿时就展现出自我约束力的小朋友后期成功的可能性更高。在多数人都醉心于"即时满足"的世界里时，懂得"延迟满足"道理的人，已先胜一筹了。

"我宁愿丢掉客户，也不愿丢掉客户的钱。"这种极致的受托人理念不是每个投资人都有勇气践行的，但是路遥知马力，坚持下去，必会得到出资人的长期支持和信赖。正如国鹭所言："理性只会迟到，但不会缺席。"

高瓴的成立初衷就是选择一群有意思的人做一些有意思的事。我们所坚持的"守正用奇"在书中得到了最好的印证：坚持价值投资的理念，但同时对主流观点保持质疑和求证的精神；清醒地认识到能力圈的边界，但同时不断地挑战自我，去开拓新的未知世界。所以我们提出了"投资团队的好奇、独立、诚实"。在热点纷呈的中国一、二级资本市场，如果没有定力，不能保持智力上的独立与诚实，很难不随波逐流。同时，如果不始终保持和发掘好奇心，很难在这么高强度的工作中保持青春与活力。

投资这个游戏的第一条规则就是得能够玩下去。再好的投资理念都要放到实践中去验证。长期投资、逆向投资最大的敌人是价值陷阱。即使再伟大的投资人，犯错误都是必然的。能否把犯错误的代价控制在一定风险范围内，是甄选一个成熟投资人需要考虑的关键因素。"君子不立危墙之下。"虽然各种投资方法都有可能产生好的投资回报，但其中隐含的风险是大不相同的。大多数情况下，国鹭书中所阐述的价值投资和逆向投资理念都是减少风险（derisk）的好方法。

最后，还是要有个好心境、好家庭、好身体。投资这项事业进行到最后，反映的是你个人的真实性情和价值观。健康的环境和心情是长期修行的结果。成功诚然需要运气和际遇的配合，但能否幸福地去做投资，则掌握在你自己手里。

如果有机会的话，这本书希望孩子们也来读。

2014 年 8 月，《投资中最简单的事》推荐序。

价 值

# 叙事：理解过去与未来

在传统经济学的研究范式中，有两个最基本的假设：理性人假设和完全信息假设。经济学家习惯用量化分析的方式，把许多易感知、易追踪、易整理的定量指标作为经济研究的重要参数。然而，耶鲁大学经济学教授罗伯特·希勒（Robert Shiller）在《叙事经济学》(Narrative Economics) 一书中，独辟蹊径地将"叙事"引入经济学领域，将过去依赖于抽象建模和数理统计的经济学还原到有温度、有感知的生活切片或历史场景中，人们的言谈、议题和故事，成为解构经济现象的重要维度。比研究成果更为难得的是，这位2013年诺贝尔经济学奖获得者特有的跨学科思维、开放式思考以及具有人文关怀意义的道德精神，尤为令人敬仰。

"叙事"一词的含义不止于故事或者讲述，归根结底，叙事是历史、文化、时代精神以及个体选择相结合的载体，甚至是一种集体共情。某种程度上，它是在解释或说明一个社会、一个时期的重要公共信念，而信念一旦形成，将潜移默化或者直接影响每个人的经济行为。正是这些特性，使叙事传播成为一个非常重要的经济变化机制和关键预测变量。诸如对市场下跌的恐慌、对未来经济增长的信心、对技术替代的批判以及投资的情绪波动等，这些长期的、变化的叙事载体，无论是对消费者、企业家、投资人，还是对决策者，都将产生非常重要的影响。上述叙事经济学的核心要旨，以参与者而不是旁观者的视角，将时代中的重要事件作为背景，将人们复杂变化的信念作为研究核心，将事实背后的深层社会心理因素、情感因素，纳入可感知的范畴。理解了叙事，就有可能理解普遍的价值认同，从而获得真正理解经济运行机制的能力。

第一，叙事是理解时代与环境变化的重要门径，而洞察变化是经济活动非常重要的分析维度。在商业实践中，环境是一个关键变量，寻找环境中的关键时点和关键变化，是重大决策的前提。而关键时点和关键变化，很大程度上来源于重大叙事，因为叙事永远是针对当下的，不仅是不断沉淀和更迭的新价值主张，包含了时代特质、观念潮流、思想变革，还可以影响和塑造人们的共同信念。尤其是随着信息时代、智能时代的发展，环境尤其是舆论传播环境，正在成为决定商业成败的关键所在。口碑传播、社群传播正在成为新零售的推广模式，传统品牌和新品牌厂商正在用各种有趣的方式抢占人们的心智，流行事件发生时的快速商业决策正在成为打造企业影响力的重要手段。一旦理解了时代中的关键叙事，就能够判断一种商业模式的底层价值观是否符合消费者的精神诉求，是否具有真正的可持续性，是否真正在创造价值。

价 值

第二，叙事将枯燥的信息还原到系统中，理解信息传播的原因比理解信息的真相更为关键。罗伯特·希勒在书中说道，人们并非简单地喜欢好记的或者漂亮的话，而是喜欢深层次的故事。深层次的故事之所以能够广泛传播，一定是触动了人们最原始的情感本能，而不一定是故事简单的真相。商业世界无法像科学实验那样，在纯粹理想的空间中，甚至通过设置对照组来验证决策是否正确。我们需要做的是，把决策放在动态环境中，借助"传播"来测试，筛选出符合商业规律的行动策略。我们永远无法预测，只能不断试错。这种思维模式就是第一性原理，不局限于理论上的推想，而是在真实的系统中定义问题，通过对现实环境的动态观察，挖掘真正重要的原理，把问题研究深、研究透。

第三，叙事是建立同理心的桥梁，而同理心在未来愈加重要。一直以来，人文科学的意义在于寻找共同的价值观基础，而叙事的要义在于构建并提炼人们的精神指引。对于企业家而言，理解叙事的核心在于具备同理心。好比产品经理不仅要从功用主义考虑产品的功能属性，还要从美学意义考虑产品的设计、交互和体验；好比医生对病人不仅仅是治愈，还要宽慰；好比人工智能科学家，不仅要从效率和安全上思考技术的革新，还要以有温度的方式思考劳动者的长远价值。一旦企业家掌握了影响商业波动的集体情绪密码，就能够把产品的价值回归到客户真正需要的价值区间。同样，同理心能够帮助投资人，在更大的格局上获得与未来对话的可能。这种深层次的信念，来源于叙事经济学的源起，用贴近人生经历的本质来指导思维与决策。

**附录 我的演讲和文章**

《叙事经济学》的阅读体验，是一场不折不扣的知识融通与精神共鸣之旅，它对经济学的反思、对商业世界的追问以及对金融投资领域的关切，让人们感受到炽热的人文精神。像罗伯特·希勒教授打破经济学的一般假设，运用不同的学科模型，在更宽泛的研究空间里寻求叙事之于经济的启示一样，我们在价值投资的旅途中，也在不断反思。究竟什么是企业真正的护城河？究竟什么是真正创造价值的企业家精神？究竟怎样的投资能够穿越周期、不论"天气"？这一切都来源于对价值本质的理解。无论是传统产业的升级，还是新兴产业的崛起，最终创造的价值都是为了人们更美好的生活。我们希望企业家追求的伟大格局观，核心就是拥有在变化的时代中构筑宏大叙事的能力，这是一种超长期主义。我们也希望为投资赋予更多人文关怀上的意义，做提供解决方案的资本和良善资本，通过长期投资、赋能投资为社会创造更多的普惠价值。

感谢罗伯特·希勒教授，这是一本理解过去和未来的书，相信每个人都能从叙事经济学中找到理解这个时代的答案。

2020 年 4 月，《叙事经济学》推荐序。

扫码进入"高瓴时光机",
品味创业者们的心路历程和人生经验,
希望能为在瞬息万变的环境中前行的你,
带来共鸣与思考。

扫码进入高瓴创投公众号,
寻找来自未来的你,
一起做时间的朋友。

如何践行长期主义,做出正确的价值判断?
扫码下载"湛庐阅读"App,
获取高清阅读地图。

# 未来，属于终身学习者

我这辈子遇到的聪明人（来自各行各业的聪明人）没有不每天阅读的——没有，一个都没有。巴菲特读书之多，我读书之多，可能会让你感到吃惊。孩子们都笑话我。他们觉得我是一本长了两条腿的书。

——查理·芒格

互联网改变了信息连接的方式；指数型技术在迅速颠覆着现有的商业世界；人工智能已经开始抢占人类的工作岗位……

未来，到底需要什么样的人才？

改变命运唯一的策略是你要变成终身学习者。未来世界将不再需要单一的技能型人才，而是需要具备完善的知识结构、极强逻辑思考力和高感知力的复合型人才。优秀的人往往通过阅读建立足够强大的抽象思维能力，获得异于众人的思考和整合能力。未来，将属于终身学习者！而阅读必定和终身学习形影不离。

很多人读书，追求的是干货，寻求的是立刻行之有效的解决方案。其实这是一种留在舒适区的阅读方法。在这个充满不确定性的年代，答案不会简单地出现在书里，因为生活根本就没有标准确切的答案，你也不能期望过去的经验能解决未来的问题。

而真正的阅读，应该在书中与智者同行思考，借他们的视角看到世界的多元性，提出比答案更重要的好问题，在不确定的时代中领先起跑。

## 湛庐阅读App：与最聪明的人共同进化

有人常常把成本支出的焦点放在书价上，把读完一本书当作阅读的终结。其实不然。

---

时间是读者付出的最大阅读成本

怎么读是读者面临的最大阅读障碍

"读书破万卷"不仅仅在"万"，更重要的是在"破"！

---

现在，我们构建了全新的"湛庐阅读"App。它将成为你"破万卷"的新居所。在这里：

- 不用考虑读什么，你可以便捷找到纸书、电子书、有声书和各种声音产品；
- 你可以学会怎么读，你将发现集泛读、通读、精读于一体的阅读解决方案；
- 你会与作者、译者、专家、推荐人和阅读教练相遇，他们是优质思想的发源地；
- 你会与优秀的读者和终身学习者为伍，他们对阅读和学习有着持久的热情和源源不绝的内驱力。

下载湛庐阅读App，
坚持亲自阅读，
有声书、电子书、阅读服务，
一站获得。

# 本书阅读资料包

给你便捷、高效、全面的阅读体验

## 本书参考资料　　　　　　　　　　　　　　　湛庐独家策划

- ✓ **参考文献**
  为了环保、节约纸张，部分图书的参考文献以电子版方式提供

- ✓ **主题书单**
  编辑精心推荐的延伸阅读书单，助你开启主题式阅读

- ✓ **图片资料**
  提供部分图片的高清彩色原版大图，方便保存和分享

## 相关阅读服务　　　　　　　　　　　　　　　终身学习者必备

- ✓ **电子书**
  便捷、高效，方便检索，易于携带，随时更新

- ✓ **有声书**
  保护视力，随时随地，有温度、有情感地听本书

- ✓ **精读班**
  2~4周，最懂这本书的人带你读完、读懂、读透这本好书

- ✓ **课　程**
  课程权威专家给你开书单，带你快速浏览一个领域的知识概貌

- ✓ **讲　书**
  30分钟，大咖给你讲本书，让你挑书不费劲

**湛庐编辑为你独家呈现**
助你更好获得书里和书外的思想和智慧，请扫码查收！

（阅读资料包的内容因书而异，最终以湛庐阅读App页面为准）

# 湛庐阅读 App

## 思想者的声音图书馆

### 倡导亲自阅读

不逐高效，提倡大家亲自阅读，通过独立思考领悟一本书的妙趣，把思想变为己有。

### 阅读体验一站满足

不只是提供纸质书、电子书、有声书，更为读者打造了满足泛读、通读、精读需求的全方位阅读服务产品 —— 讲书、课程、精读班等。

### 以阅读之名汇聪明人之力

第一类是作者，他们是思想的发源地；第二类是译者、专家、推荐人和教练，他们是思想的代言人和诠释者；第三类是读者和学习者，他们对阅读和学习有着持久的热情和源源不绝的内驱力。

# 以一本书为核心

## 遇见书里书外，更大的世界

**有声书**
随时随地，有温度、有感情地听本书

**精读**
2~4周，带你读完、读懂、读透一本好书

**讲书**
30分钟
大咖给你讲本书
让你挑书不费劲

**课程**
权威专家带你快速浏览一个领域的知识概貌

**纸质书**
湛庐纸书一站购买
还有读者专享福利

**电子书**
最新最全的湛庐电子书
随时随地亲自阅读

**延伸阅读**
编辑精心制作的内容拓展
测试、视频、注释、参考文献
只为优化你的体验

**专题**
主题式阅读书单
让你与更多好书相遇

| | |
|---|---|
| 出品 | 湛庐文化<br>Cheers Publishing |
| 总裁 | 陈晓晖 |
| 出品人 | 韩焱 |
| 商业图书事业部总编辑 | 董寰 |
| 特约策划 | 吴悦琳 |
| 特约编辑 | 陆林颖 |
| 版式设计 | 湛庐文化 |
| 封面设计 | 湛庐文化 |
| 插图设计 | 臧贤凯　章剑 |
| 采购热线 | 010 5667 6359 |
| 传真 | 010 5667 6359 |
| 投稿方式 | service@cheerspublishing.com |

关注湛庐文化 ①
获取更多阅读资讯、湛庐动态。

扫描二维码或查找
cheerspublishing

关注湛庐阅读 □
领福利、找优惠、查新书。

扫描二维码或查找
lukehui1230

## 图书在版编目（CIP）数据

价值 / 张磊著. -- 杭州：浙江教育出版社，2020.9（2023.9重印）
ISBN 978-7-5722-0188-2

Ⅰ.①价… Ⅱ.①张… Ⅲ.①投资－研究 Ⅳ.①F830.59

中国版本图书馆CIP数据核字(2020)第063717号

上架指导：创业 / 投资 / 管理

版权所有，侵权必究

法律顾问　北京市盈科律师事务所　崔爽律师

# 价值
JIAZHI

张磊　著

责任编辑：刘晋苏
美术编辑：韩　波
封面设计：湛庐CHEERS
责任校对：傅　越
责任印务：陈　沁

出版发行：浙江教育出版社（杭州市天目山路40号　电话：0571-85170300-80928）
印　　刷：唐山富达印务有限公司
开　　本：880mm×1230mm 1/32　　插　页：16
印　　张：15.5　　　　　　　　　　字　数：410千字
版　　次：2020年9月第1版　　　　 印　次：2023年9月第12次印刷
书　　号：ISBN 978-7-5722-0188-2　 定　价：118.00元

如发现印装质量问题，影响阅读，请致电 010-56676359 联系调换。

▼ 以下按姓氏笔画排序

## 刁志中
**广联达董事长**

张磊先生在价值投资的实践中,不仅坚守着投资的长期主义之路,而且深刻理解实体企业发展的跌宕起伏,主张拥抱变化、拥抱科技、拥抱创新!在企业数字化转型的征途中,张磊先生总是能够给予关键助力和长期支持,这种与企业家共同创造价值的理念,体现了一种非凡的格局观。《价值》告诉每一位做企业的人、每一位创业者:坚持长期主义,就一定能够不断创造价值!

## 马化腾
**腾讯公司董事会主席兼首席执行官**

读完《价值》,我意识到每一位企业家都是投资人,每一位好的投资人也都是企业家。唯有伟大格局观者才能行稳致远,才能真正在"用户为本,科技向善"的理念下创造卓越价值。

## 王卫
## 顺丰控股创始人、董事长兼总经理

一个人成功一次，也许是偶然，但是若能长期成功，那肯定有其独到之处，可能从思维到行为都跟别人不太一样。我认识的张磊有两点令我印象深刻。

第一是喜欢冒险。有一次我去滑雪，刚好碰见他，我都是在寻常的雪道上滑，而他则喜欢去挑战那些更难的雪道。这源于我和他完全不一样的性格，当然，不同的性格也让我们达成了完全不一样的成就和事业。

第二是肚量大。以前的我有些年少气盛，不知不觉会得罪人，其中就曾冲撞过他。但是在后来的一些交往中，他非但没对我产生什么看法，反而对我还很热情。这种气度和胸怀是很让我佩服的，相信也是让他在事业上能够不断取得成功的重要原因之一。

现在张磊出书了，我觉得很有必要读一读，通过学习他的思维精华，进而帮助自己成长。当然，并不是每个人知道了别人的优点后都能够学得会，但是我们首先还是要"知道"，再谈"做不做得到"的问题。我会认真地把这本书读完。因为工作繁忙，这一辈子我能读完的书可能不会太多，但是这本书应该是其中的一本！

## 王晓东
北京生命科学研究所所长，百济神州共同创始人，
美国国家科学院院士，中国科学院外籍院士

手不释卷地读完了张磊先生的《价值》这本书。过去虽然看过他的文章和讲演稿，对他的一些金句，如"做时间的朋友""守正用奇""弱水三千，但取一瓢"耳熟能详，但读完《价值》这本书，我对这些思想的来源和内涵有了系统的了解。书中张磊先生对自己的人生观、价值观、世界观以及使其形成的人生经历与受教育经历也有翔实描述。我尤其发现，高瓴做投资和我们做科学研究在思想方法上有很多相似之处，所以这本《价值》不仅可以给投资和创业的人带来很多启发和领悟，而且对社会很多行业的从业人员，包括科学研究人员都会深有裨益。

## 方洪波
**美的集团董事长兼总裁**

我与张磊相知多年，今天他已成为市场知名的价值投资笃信者、维护者与践行者，我们也常常有关于价值发现与价值坚守的话题交流。对价值本源的探索不仅需要思考、实践和人生历程中认知的不断丰富，更需要抵御质疑，不变初心，真心做时间的朋友的勇气和诚实。张磊在《价值》一书中有许多关于个人经历的真实感悟与成长反思，相信书中所总结的

关于价值投资的思考、投资的理念与方法，可以让追求价值投资的读者产生共鸣。这是一部对于价值投资做出深度思考的佳作。

## 巴曙松
### 香港交易所集团首席中国经济学家

任何有价值的金融活动，都可以理解为通过优化金融资源的配置来创造价值的过程。这个优化的过程，往往并不会一蹴而就，而是需要根据外部环境和内部条件的变化而不断地进行动态调整。就投资领域而言，这个优化过程对外来说，包括深入理解真实的生产生活场景，不仅仅满足于发现价值，还需要积极通过提供解决方案来创造价值，这就是张磊在书中所说的成长为"良善资本"的过程；对内来说，这也是一个构建自己的知识体系和逻辑框架，不断进行自我挑战、自我反思的过程。无论是对外还是对内，这都是一个不断成长和演进的过程。如果出色的投资业绩是一棵大树，那么，这个不断成长的过程才是真正支持其成为大树的丰富而庞大的根系。张磊在这本书中，系统梳理了自己在寻求价值投资过程中的成长历程，从中我们可以看到他在不同环境下的成长轨迹与不断探索的根系。这是一份饶有趣味并颇有价值的阅读体验。

左晖

**贝壳找房董事长**

这不仅仅是一本投资者的宝典，更是创业者的路书。价值投资就是坚持长期主义，坚持反捷径、反投机，张磊和高瓴不仅仅信奉这些哲学，更被发现价值和创造价值所深度激励。

冯仑

**万通集团创始人，御风集团董事长**

张磊是颇为传奇的投资家，《价值》一书记录了他在坚持价值投资时的"内观"和"外观"，即如何价值投资自己和如何价值投资企业，以及如何拥抱变革，追求丰富而有益的人生。读过之后，我被这本书的内容深度感染，也被它真诚和干净的文字所折服。我预感《价值》将成为投资人、企业家和创业者必须阅读的经典。

庄辰超

**斑马资本联合创始人及合伙人**

和张磊先生结识很早，他是少有的那种能够在时代的进化中、商业的进化中，用长期主义拥抱变化，为企业家提供真心实意的帮助，与企业家一起创造价值的投资人。在《价值》中他做出的毫无保留的分享，值得我们每一位"永远在路上"的创业者学习。

## 刘伟
### 中国人民大学校长

张磊校友的《价值》，恰好诠释了年轻人自我价值投资的真义：无论从事何种职业、有何成就，只要坚持追求真理，保持理性的好奇、诚实和独立，不断创造价值，就能够在更大的格局上实现人生的意义，这也是教育和人才培养的本意。

## 刘芹
### 晨兴资本创始合伙人

与磊相识相交多年，初始原是由于投资同行互相吸引，时常面对面促膝长谈，也相互带领团队拜访对方，交流投资心得与方法论。

随着交往加深，我感受到磊身上浓浓的企业家气质与济世情怀。他的投资理念与方法论脱胎于价值投资，但不拘泥于经典路径，在当下科技创新勃发的大变革时代，既具有全球化的格局和视野，也汲取了中国传统文化的营养。他紧紧扣住中国经济大发展的节奏，浓墨重涂、大开大合地践行自己的投资理念。

相信很多朋友好奇：高瓴如何在跨领域、跨阶段的投资上做到了能力迁移？本书将为你展示，一个顶级投资基金的成功，绝不是依靠资金规模与过往投资成绩，而是依靠基金创始人对于自身理念信仰的坚守，与由此发展的整套方法论。阅读此书，相信你会与我一样，读到共鸣之处，拍案叫绝，结合那些感触强烈的自身经历，细细咀嚼，收获良多！

## 刘强东
### 京东创始人

做投资做得好，关键在于格局和境界。做企业做得好，关键在于创新和果敢。在张磊和高瓴的支持下，当年的京东敢于不挣钱、不追求短期利润，并且不断努力打造自己的动态护城河，重仓科技创新，重仓用户体验，才成为改变人们生活方式的重要平台。这种坚持恰恰诠释了长期主义的价值，京东也将始终在长期主义之路上不断创新，追求卓越！

### 李开复
**创新工场董事长兼首席执行官**

这是一本"价值投资"的宝藏书，不仅有哲学思考、方法论，也有大量的实操经验。除此之外，我更看到了张磊身为一位杰出创业家、投资家的人生底色：独立思考，终身学习，敢于挑战，拒绝投机，保持好奇与诚实，坚守初心与长期主义，做时间的朋友。人生际遇无法复制，珍贵品质却可以学习。期待大家能从《价值》一书中汲取养分，创造价值，成就自己。

### 李革
**药明康德董事长兼首席执行官**

读完《价值》，我看到了中国乃至全球最出色的投资人追逐梦想的实践历程。投资最好的企业，一起持续不断地创造价值，改善人们的生活并改变世界，我有幸见证和参与其中。这是属于这一代人的共同创业的故事，跟时间做朋友，重视科学与教育，尤令我振奋和深受鼓舞。

### 李彦宏
**百度创始人、董事长兼首席执行官**

将超长期投资作为信念和信仰,这是作为投资家的张磊让我非常欣赏的地方。《价值》一书将这一投资理念表现得淋漓尽致。在上一轮产业变革中,张磊坚持长期价值投资,以犀利独到的眼光发现那些懂得"延迟满足"、具有伟大格局观的企业家,与他们一起创造价值,创造商业奇迹,将"投资"这件高风险、高不确定性的事情变成一项"功到必成"的事业。今天,人工智能正在掀起新一轮产业革命浪潮,这是巨大的机会,但更需要投资家和创业家的耐心与坚持。读懂张磊的《价值》,"做时间的朋友",做事做人方可从容。

### 李勇
**猿辅导创始人兼首席执行官**

张磊先生不仅掌握了巴菲特式的基于"不变的东西"的价值投资,而且通过创办高瓴,发展了基于变化的价值投资,使高瓴成为成功的全生命周期价值投资超级新物种。从《价值》中可看到,这也是对时代的最佳回应。

### 李斌
**蔚来创始人、董事长兼首席执行官**

蔚来的成立，源于重新拥有一个清朗天空的愿景，以及成为一家用户企业的决心。2014 年，我跟张磊谈到创办一家智能电动汽车公司的想法，得到了他的认同和支持，高瓴也因此成为蔚来的创始投资人。在经历了过去几年创业中的极限挑战之后，我更能体会到张磊在《价值》一书中所分享的思想：坚持长期主义之路，保持乐观主义心态，用大的视角思考长远的问题，就一定能够帮助创业者完成价值创造的初心与使命。

### 邱国鹭
**高毅资产董事长**

过去 15 年，高瓴选择做具有伟大格局观的企业家的超长期伙伴，走出了一条"重仓中国"、与时俱进的价值投资之路。《价值》一书揭示了高瓴的基金管理规模从 2000 万美元增长到 5000 亿人民币的背后原动力：张磊独具一格的投资哲学与方法论，特别是他对人、生意、环境和组织的本质分析，对动态护城河的深刻理解，以及投资于变化的前瞻性产业洞察力，都突破和发展了经典价值投资理念，使之更适合于快速变化的现代中国。这本书值得每个投资人深思和细读。

张轩松

**永辉超市创始人兼董事长**

品鉴《价值》,有机会分享智者的经验和智慧,实乃幸事。我会将这本书放在床头反复阅读,与时间相伴,做自己的朋友!

张勇

**海底捞国际控股有限公司董事长**

通过不断地发现、创造,投资人用智慧与判断,把资本转化为具有持续社会意义的价值,背后主导价值实现的核心力量其实是价值观。这本书之所以引人入胜,不仅在于张磊如何实实在在地讲投资,更在于他从价值观的维度和深度对投资进行的洞见与追求。这种坚守价值观的定力,应该会激发更多的创业家、投资人从《价值》一书中同声相应、同气相求。

张懿宸

**中信资本控股有限公司董事长兼首席执行官**

当"价值"二字被广泛谈论时,真正守正出奇的践行者却变得凤毛麟角。张磊先生用400多页的篇幅推心置腹地重现了自己的心路历程,抽丝剥茧地分析了他的投资价值观和哲学，我读到了很多不矜不伐的无私分享和对读者默默无闻的真诚付出。我赞叹他重新定义的护城河不再是古典意象中如长城般静静拱卫边界的屏障，而是动态的护城河，是以创新与创造力主动向未来出击的势能，这让我想起在无边的海洋上乘风破浪寻找和发现新大陆的舰队。我想正是这样的理念，成就了高瓴过去 15 年在中国水大鱼大的历史波澜中跌宕起伏的传奇，和属于未来的更高远目标。

### 陆奇
**奇绩创坛创始人兼CEO**

技术驱动的创业、创新在不断加速，我们对创业、创新和价值创造的理解也需要不断更新。创业者的创造力、执行力、对市场的判断力以及建立强劲企业文化的能力，这些要素对于成功的创业公司而言缺一不可。《价值》不仅讲述了投资的核心理念，也从创业、创新的角度做出了深刻的思考——坚持长期主义和价值创造，是未来创业者必须坚守的重要原则。

## 陈东升
**泰康保险集团创始人、董事长兼首席执行官**

一个人之所以成功，他的出生地在哪儿、他上什么大学，都不是特别重要，重要的是在青少年时代，他心底烙印的是怎样的人生目标和理想！用一生的付出去践行自己的梦想，那么他一定会走向胜利的彼岸！张磊儿时形成于内心的"三把火"构成了他价值投资的核心底色，才让他比别人走得更远更成功！持续坚守价值观和战略是人们走向成功的唯一通行证！

## 陈邦
**爱尔眼科董事长**

作为创业者，我深知在时代的浪潮中保持发展创新，打造拥有长期生命力的企业非常不易。爱尔与高瓴渊源颇深，我与张磊也相交多年，对他在《价值》里展现出的躬耕产业研究、深思企业创新深有体会。正如书里所言，流水不争先，争的是滔滔不绝，企业要在时代的框架中、在国家发展的大势中，谋进取，谋创新。要有伟大格局观，践行长期主义，真正做到从发现价值到创造价值。成功没有偶然，希望大家能从书中有所学、有所悟，更有所成长。

## 郁亮
**万科集团董事会主席**

坚持着"做时间的朋友"的长期主义,张磊和高瓴在市场实践中引入了国际金融领域的优秀经验,又创造性地将其与中国传统文化和当代社会经济结合,提出了"守正用奇""弱水三千,但取一瓢""桃李不言,下自成蹊"等充满东方智慧的投资理念。随着过去 20 年中国经济的快速发展,张磊和高瓴在一次次成功案例中证明了其卓越的价值洞察力,并引领着无数创业者和优秀企业践行长期主义发展理念,成为中国企业界的一面旗帜。如果要追问当代独角兽企业光鲜背后的商业哲学,这本书提供了一份独到而精彩的答案。推荐所有读者一起分享阅读。

## 罗秋平
**蓝月亮国际集团有限公司执行董事兼行政总裁**

"真正的护城河:持续不断疯狂创造价值的企业家精神,才是永远不会消失的护城河。"

追寻企业家精神,尊重企业家精神,释放企业家精神,是张磊先生的投资秘籍。围绕客户价值进行持续的疯狂的创新,是企业家精神的核心。

在我看来，张磊先生的投资特点与其说是"价值投资"，更像是"投资于价值"（推动企业创造价值）。张磊先生找到了一条资本创造价值的路径——把钱交给有持续创新精神的企业家，放手让他们去持续地创造价值。如何找到这样的企业家呢？张磊先生的秘诀是：研究顾客，不研究企业，反向看过来；先找市场，先当顾客，再找企业，再找企业家。通过了解企业家的梦想、情怀和格局，看准了人，就一块"金砖"扔过去，与企业家一起持续不断创造价值，把企业家变成无忧无虑的"老顽童"，让他们安心创新。

在发现客户价值上，张磊先生也很有特点，肯花大成本让专业人员进行广泛、深入的调查研究，确保看得全、看得准。更难得的是，他本人会亲自去体验拟投资企业的产品与服务。这样感受到的价值，就是活生生的、有血有肉的、具象的价值，而不是抽象的概念。这样的价值，是顾客价值。价值，只有建立在顾客的基石上，才是真正的价值，否则就是空中楼阁、海市蜃楼，投资难免踏空。好产品一定是优秀企业家创造出来的，通过产品看人品，很准！张磊先生致力于找到天生就是来完成这个使命的人，然后给钱、给信任、给予足够的时间，让企业家可以放眼长远，不断地为顾客创新、创造，使投资者、企业家、客户一起成为时间的朋友。

## 季琦
**华住酒店集团创始人兼董事长**

张磊先生是一位非常有格局的投资人，不仅有远见，还有智慧。他深谙在创新经济的快速发展以及传统经济的转型升级过程中，资本应该发挥怎样的作用。他秉承长期发展的理念与被投企业共同成长，这种投资哲学非常令人佩服。张磊是我们这些坚持价值创造的企业家最喜欢的投资人和好伙伴！我认为：读过《价值》的人，都会被坚持价值创造的长期主义所影响！


## 周其仁
**北京大学博雅讲坛教授**

本书呈现了投资决策的思维过程。那是一连串"决策性判断"，其认知基础不仅依赖广博的公共知识，即在公开信息基础上凭公共运算就能得出的公共判断，而且更依赖决策者的个体知识，即基于个人理解、联想、领悟而得出的独到判断。在信息技术神乎其技的时代，求知的重点越来越指向个体知识。这是我阅读本书的主要收获。

施一公
中国科学院院士，西湖大学校长

"做投资"与"做学问"的共通之处，在于对探寻真理的执着，沉浸其中，享受与时间做朋友的过程，通过不断地求知和探索，发现价值、创造价值。这是一项充满美好乐趣的挑战，让人乐此不疲。在这个瞬息万变的时代中，教育与人才是永不过时的投资，是永不褪色的事业，是通往人类最恒久意义的价值追求。这本书不仅是关于投资的思考，也是关于人生的体悟，伟大的格局观、理性的自我修养、丰富而有益的生命状态，都在这本书中一一呈现。


秦朔
**中国商业文明研究中心发起人，秦朔朋友圈发起人**

如果世界上有一位价值投资的杰出实践者，与一位不断探索商业创新思维的思考者，双剑合璧，共绘一卷博大精深的商业与投资图谱，我想其所成者就是《价值》这本书了。奇妙的是，这两者是一个人，即高瓴的创始人张磊先生。实践赋予思考以活生生的力量，思考赋予实践以更绵长的灵魂。《价值》是深度了解中国商业创新与真正的投资逻辑所不可不读的一本书。

钱颖一

**清华大学经济管理学院教授，西湖大学校董会主席**

基于创建高瓴 15 年的经历，张磊感悟出这样一个道理：价值投资不是一种投资策略，而是一种价值观。这种价值观要求投资人有超强的同理心，就是能够真正站在对方的处境来感受和判断。这种价值观让他对价值投资有了深入思考：价值投资就要创造价值，做投资人亦要做创业者。这是《价值》这本书的价值所在。

徐小平

**真格基金创始合伙人**

在《价值》这本书中，你能读到张磊对投资、工作和人生不断求知、思考、实践的诚恳记录与总结。如果你愿意相信价值、相信长期主义，它将带给你收获与启迪。然而，这本书并非答案之书——正如书中所说，投资不存在万能定律，不能机械套用条文，而应理解其背后的精神内核——它是通往长期主义之路的一扇门。

梅志明

**普洛斯联合创始人兼首席执行官**

《价值》一书指导我们怎么保持理性的好奇、诚实与独立,去寻找价值投资的真理。张磊先生对新事物有童心一般的热情,又以哲学家和科学家一般的诚实和理性去反复思考事情的本质。张磊说投资要投有大局观的人,他教我们怎么工作生活两不误,他始终在寻找谁是长期主义之路上的同行者。

曹德旺

**福耀集团董事长**

《价值》值得一读。10多年前初见张磊,其坦诚谦逊的风格令我难忘与欣喜,其对行业的深研也令我感到恰遇知己。细读此书,我发现这就是他处世立德的根本思想、带兵创业的基础教材。中国人处世讲究立德、立功、立言,立言可谓处世中的最高境界。众生,特别是创业中的年轻人完全可以一读此书,以拓展视野,有助成长。

## 龚宇
**爱奇艺创始人兼首席执行官**

认识张磊差不多 20 年了。他领导的高瓴 3 年前投资了我创立的爱奇艺，并在两年前爱奇艺上市之后重仓追投。投资前后的小故事很多，简单地说，都反映了张磊的典型特点，也就是他所说的价值投资——有高度地去思考，产生长期价值。张磊注重方向，思考有高度，但他就不管细节了吗？不是，他有团队，是理性分析型的团队，与他相得益彰，组合完美。他看准了就出手，而且出手就是大的。也许就像张磊书中反复强调的，他做的是"价值投资"。张磊依靠智慧和勤奋，用十几年时间创立了一个优秀的企业——高瓴，同时也支持很多创业者、企业家造就了自己的伟大企业：百度、腾讯、京东、蓝月亮、江小白、去哪儿网、滴滴、美团等。谁都明白，人要思考重要的问题，做有意义的事情，但是张磊的思维方式和行为标准往往都更有效率——时间只能花在长期产生价值的事情上。在《价值》一书中，张磊用讲故事的形式和逻辑，阐述了自己的工作思考、投资理念乃至个人的价值观。一切都原汁原味，请读者细细品读。


## 董明珠
**格力电器董事长**

高瓴投资格力十几年了，所以我很早就认识张磊。他是一位不一样的投资人，既能够投资高科技企业，还能够帮助传统企业做科技赋能。更令人感佩的，是他坚持"重仓中国"、重仓中国制造、重仓中国创新，坚持深耕实体经济、拥抱产业变革的决心和精神气。中国制造一定能够凭借科技创新实现新的飞跃。这本《价值》是他的思考与总结，更藏有未来实体经济和产业创新的启示，值得细读！

## 雷军
**小米科技创始人、董事长兼首席执行官**

我认识张磊先生 10 多年，他是国内顶级投资人。这本书让我深入了解了他的创业故事和投资理念，特别有启发。

## 虞锋
**云锋基金联合创始人兼主席**

这本书讲的不仅是如何投资，更是一个创业者的心路历程和思考沉淀。一次激动人心的创业，会随着时间的推移展现出持续不断的创新力和创造力，会让创业者以更长远的眼光和更大的格局考虑商业的发展进化。张磊的成就再次印证，只有秉持创业者的心态，才能做好投资人。

▼ 以下按英文首字母排序

## 安迪·戈尔登　Andy Golden
**普林斯顿捐赠基金首席投资官**

我与张磊成为朋友已有 15 年了，对此我很高兴，也很荣幸。我从他那里学到了很多东西。这本书承载了张磊的部分智慧。通过这本书，更多的人会欣赏和学习到他的智慧。我很高兴可以见证他的智慧随时间逐渐增长的过程。

张磊创造性地将"品质"定义为"时间的朋友"。他追求的人生旅程是与靠谱的人一同度过有意义的时光。这是一个有价值、有智慧的目标。他也勉励他人追求相似的旅程，这是值得珍惜和听取的忠告。

张磊经常谈论"在不同的点之间建立连接"的重要性——他能够从不同数据点之间的联系中获得独特的洞见，这项技能与他对时间的理解有关。

这本书可能无法完全呈现张磊最令人惊叹的品质。尽管他总是放眼于远大的图景，并且不断追求改进，但他同时也始终保持务实的精神并专注于眼前。这就是为什么他既是一个优质的朋友，也能成为"时间的朋友"。

## 大卫·史文森　David Swensen
**耶鲁捐赠基金首席投资官**

20多年前，张磊是我在耶鲁管理学院的学生。他凭借自己的才智、热情和孜孜不倦学习钻研的态度脱颖而出。后来，作为耶鲁投资办公室的实习生，他的勤奋和职业素养给每一个人都留下了深刻的印象。在一家投资管理公司短暂工作后，他决定辞职创办属于自己的投资机构。因此，当考虑为其创办的高瓴提供种子资金时，我很容易就做出了肯定的决定。

在随后的15年中，张磊证明了自己是世界上最伟大的投资人之一。他从二级市场的证券投资组合开始做起，随后逐渐扩大了自己的业务范围，不断涉足私募股权投资领域，从初创公司到成熟公司全面覆盖。高瓴在所有投资活动中都获得了出色的回报，不仅如此，张磊和他的同事还会参与被投公司的管理工作，助其建立更好的管理团队，进而改善消费者、合作方、员工和股东的生活。

拥有卓越的投资业绩自然是很好的，但是如果忽略了受托人责任，那么单纯凭借投资组合管理而获得的成功便毫无意义。张磊在坚守受托人责任的基础上建立了高瓴，将利益相关者的利益放在首位，将高瓴团队的私人利益放在第二位。张磊深知道德责任极为重要。

1999年，我是老师，张磊是学生。2020年，张磊是老师，我是学生。

### 袁征　Eric Yuan
#### Zoom 创始人兼首席执行官

《价值》是本好书！几年前和张磊初次见面时我就发现他与众不同。张磊看问题的角度很深、很广。他的投资哲学是看投资的对象是否能够持续地为社会创造价值，是否为世界变得更美好而做出自己独特的贡献。对于创业者来说，张磊不仅是和你一起打拼、充分信任你的投资人，更是一个鞭策你不断学习、做更好的自己的良师益友。对于任何一个立足全球的企业家来说，张磊对东西方文化的理解、对世界技术趋势的把握和他特有的对商业模式的深邃洞察力都会带给你极大的帮助。作为 Zoom 的早期投资者，张磊和高瓴不仅很早就意识到实时视频通信的社会价值，而且其投资理念以及关于公司管理和成长的哲学都为我们公司的发展做出了巨大的贡献。张磊的很多观点都汇集在《价值》这本书里。好好读一下，你会受益无穷。

### 格雷格·彭纳　Greg Penner
#### 沃尔玛董事会主席

自从张磊在 20 年前离开耶鲁大学以来，我一直密切关注着他的职业生涯，见证着他创立高瓴的非凡历程。他极富创造力，有远见卓识，同时在投资实践中极其严谨地遵循着规则。很少有人能同时具备这些特质，而这些特质给他带来了惊人的回报。他在本书中写到的反思和经验教训应该对其他投资人和商业领袖有很大帮助。我相信他会被视为我们这一代的本杰明·格雷厄姆或沃伦·巴菲特。

## 高闻　James Gorman
**摩根士丹利董事长兼首席执行官**

毫无疑问，高瓴已经凭借其成功把握主要趋势的能力，成为全球领先的另类投资机构。摩根士丹利钦佩张磊的坚毅、远见和韧性。多年来，与张磊和高瓴团队合作一直是我的荣幸。

## 约翰·沃尔德伦　John Waldron
**高盛集团总裁兼首席运营官**

自成立以来的15年间，高瓴在张磊的领导下迅速从一个构想演变为一支强大的力量。张磊和他的团队在全生命周期的投资能力上实现了独特的融合，并在全球产业转型方面展现出了真正的远见。张磊基于对世界上两个最大的经济体的了解，建立了一家现代化的全球投资公司——他书写的高瓴故事，是一个鼓舞人心且富有启示意义的故事。

纳尔夫·纳韦卡尔　Narv Narvekar
哈佛捐赠基金管理公司首席执行官

在哈佛捐赠基金管理公司，我们有幸与来自世界各地的优秀投资人互动。张磊是难得的人才。他有能力提炼和阐明"什么是真正有价值的投资"。同时，他作为企业家和商业领袖也展现出非凡的才华，使高瓴成为投资机构中的中流砥柱。


彼得·安蒙　Peter Ammon
宾夕法尼亚捐赠基金首席投资官

张磊是真正难得一见的人才——他是一个创业者，却拥有不可思议的投资严谨性和判断力；他是一个投资人，却具有创业者的创新力、创造力和热忱。通过持续的创新，张磊将高瓴打造成一家出类拔萃的公司。高瓴从一家简单的投资公司起步，如今已经发展成一个培养动态的企业家精神和根本性的价值创造能力的生态系统。在构建高瓴的过程中，张磊还重新定义了"成功的价值投资"理念。如果说一本书就像口袋里的花园，那么《价值》将会滋养下一代创业者和投资人，让他们得以成长和"绽放"。

## 苏必德　Peter Salovey
**耶鲁大学校长、心理学教授**

张磊是当今世界上最有智慧、最成功的投资人之一。尽管《价值》不是一本回忆录，但在书中引人入胜又妙趣横生的叙述中，张磊分享了他的价值投资理念以及对人文学科的深厚热爱。可能有许多人都知道张磊的投资能力以及他的投资能力是如何基于艰苦的基础研究建立起来的，但是很少有人知道他对回馈教育事业的坚定承诺。各位读者，请做好开悟的准备。

## 罗伯特·华莱士　Robert Wallace
**斯坦福捐赠基金首席投资官**

张磊是世界上最有才华的投资人之一。在过去的15年中，他将高瓴打造成一个独具匠心的投资巨头。作为一个创业者和历史爱好者，张磊擅长分析和总结过往经历中的复杂性与机遇，并将此经验应用于当下。他的才智、谦逊和不可磨灭的好奇心是帮助高瓴取得成功的关键力量。尽管有些人通过投机也获得了成功，但张磊和他的同事们坚持将成功与成就建立在更加坚实的基础上。他们将严谨的分析、细致的研究与卓越的判断结合在一起，共同致力于实现其长期愿景——真正地创造价值。

**苏世民　Steve Schwarzman**
**黑石集团创始人、主席兼首席执行官**

我很高兴多年来得以认识张磊并了解他的公司——高瓴。张磊的远见卓识和投资头脑给我留下了深刻的印象。他对投资业务有着深刻的理解，并且对于动态世界中的品质和价值有着敏锐的洞察力。我对各行各业的企业家都想要寻求张磊的建议并不感到意外，这也是为什么我相信他在书中分享的见解会给新一代的创业者和投资人带来别样的启发。